让儿童爱上写作的 12 堂公开课

高子阳　著

北京师范大学出版集团
BEIJING NORMAL UNIVERSITY PUBLISHING GROUP
北京师范大学出版社

图书在版编目（CIP）数据

让儿童爱上写作的 12 堂公开课/高子阳著. —北京：北京师范大学出版社，2020.6（2021.3 重印）
（中小学名师指导系列丛书）
ISBN 978-7-303-25694-5

Ⅰ.①让… Ⅱ.①高… Ⅲ.①作文课－教学研究－小学 Ⅳ.①G623.202

中国版本图书馆 CIP 数据核字（2020）第 017439 号

营 销 中 心 电 话　010-58802135　58802786
北师大出版社教师教育分社微信公众号　**京师教师教育**

RANG ERTONG AISHANG XIEZUO DE 12 TANG GONGKAIKE
出版发行：北京师范大学出版社　www.bnup.com
　　　　　北京市西城区新街口外大街 12-3 号
　　　　　邮政编码：100088
印　　刷：北京京师印务有限公司
经　　销：全国新华书店
开　　本：787 mm×1092 mm　1/16
印　　张：14.5
字　　数：245 千字
版　　次：2020 年 6 月第 1 版
印　　次：2021 年 3 月第 2 次印刷
定　　价：58.00 元

策划编辑：伊师孟　　　　　　责任编辑：杨磊磊
美术编辑：李向昕　　　　　　装帧设计：李向昕
责任校对：康　悦　　　　　　责任印制：马　洁

管建刚

子阳是一座移动的书柜。

这不只是我一个人的感慨，所有听过子阳讲座的人，都会不得不由衷地发出这样的感慨。这一刻我要补一句，所有看过这本书的人，也会不得不由衷地发出这样的感慨。不说里面出现的各种绘本、桥梁书，光子阳推荐的一百本适合作文教学的书，我想，听说过这些书的语文教师也不多，用"寥若晨星"来形容也不见得有什么过分。

一个看过这么多书的人，他的想法自然不一样。

一个想法不一样的人写的书，自然也很不一样。

这是一本不一样的书。这本不一样的书来自一位不一样的语文教师，他一年又一年做着不一样的作文教学，这个人说，"让100％的学生热爱汉字、喜欢写作、热爱阅读"。

一个不痴迷作文不痴迷阅读的人，不可能说出如此痴狂的话来。一个在书斋里做研究的人说出这样的话，我们完全有理由怀疑他说了大话、空话乃至假话，而子阳，一直在自己的班级里，从未离开，他是站在自己班级的正中央向我们发出他的声音的，这个声音里夹杂着孩子们的读书声和欢闹声，流淌着孩子们对阅读和作文的喜爱。子阳的狂热不是虚狂，不是站着说话不腰疼。他的学生每一次作文都在课上完成，这是一个了不起的奇迹。是的，我用了"奇迹"这个词。作文的苦恼远大于抄写、默写和做练习册。全中国有多少语文教师，能把每一课的抄写、默写和做练习册都在课上完成？子阳把最难的作业——作文都在课上解决了。课内作文在课上完成，各项作业都在课上完成，校园里的减负才能真正落实。子阳连最细微的"作文本"都考虑到了。他设计的

"作文纸"配合着 5 课时教学，实用、简便。子阳还提倡把已经写完字的作文纸简单装订一下，由教师暂时保存，待六年级结束，师生将四年的作文纸整理好，让学生自己设计好封面，装订成"我的作文书"。我会心一笑，这不是与每个学期我们进行"我的书"装帧设计大赛不谋而合吗？

子阳不是老学究，子阳这个书柜是活泼泼的。

"什么是好的儿童作文"，这个问题不解决，作文教学改革只能在原有的套路里打转转，看谁的"转转"好看一点；不解决这个问题，所有的作文教学改革，大抵都只能算"五十步笑五十一步"。子阳说"儿童应该清楚的作文标准"，我很喜欢"儿童"这个词。子阳说儿童的写作是浪漫式写作而非精准写作。他从"浪漫"的四种解释——①纵情，任意；②犹烂漫；③罗曼蒂克，富有诗意，充满幻想；④引申指风流，不拘小节——得出儿童写作是允许有任何错误的，长短不该有什么限制，内容想写什么就写什么，他们想写多少段就可以写多少段，自由选择。我想到了"有意思作文"和"有意义作文"。"有意思"这个事是个人化、情绪化的。你觉得有意思，他并不一定觉得；学生觉得有意思，教师未必觉得，反过来也是。心情好的时候觉得有意思，心情孬的时候觉得没意思。"有意思"和"没意思"跟对或错也没有必然的对应关系。子阳的儿童作文标准一下子说到了我的心坎上。

《义务教育语文课程标准（2011 年版）》说要让学生"懂得写作是自我表达和与人交流"，这一条放在了七条建议的首位。到了 2018 年，小学高段的这七条作文教学建议压缩整合成了五条，第一条还是要让学生"懂得写作是自我表达和与人交流"，一字未动。这跟子阳说的"学生该知道什么是写作，为什么要写作"如出一辙。"为什么写作"是方向，是基础。方向对了，走慢一点不要紧；基础扎实了，楼造得慢一点不要紧。方向错了，马跑得再快，车夫的驾驶本领再好，口袋里的盘缠再多，不只没用，还会起反作用；基础没打好，楼盖得越快越高越危险。今天，那么多小学生讨厌写作文，那么多大学生再也拿不起笔来，跟他们从小没明白"为什么要写作"有着很大关联。我常说，很多很多的学生十年来从来没有写过一篇作文，他们只是写了一篇又一篇、一年又一年的那个名叫"作文"的作业，源头是学生不知道什么是写作、为什么要写作。子阳看到了"源头"，抓住了"源头"，在"源头"上下了功夫。

子阳这个书柜，暗藏着一双火眼金睛。

子阳这个书柜，常常语不惊人死不休。比如——

"孩子天生会写，不是天生会读"。

我倡导"先写后教，以写定教"，教惯了的教师总有疑虑，不教学生怎么会写呢？尤其一二年级的教师。我终于可以理直气壮地用子阳的观点来答复了。子阳看过的书比我吃过的盐还多。看子阳的书，我常有浏览"作文教学百花园"的错觉。读子阳的书，很多新鲜的信息扑面而来。朋友们爱跟子阳聊天，陪子阳喝一点儿小酒，子阳一开口就有那么多的也不知道是从书柜的哪扇门里冲出来的话，直撞你的脑门。子阳用《非暴力沟通》佐证，"先教再写，教了很多，学生才写，这是一种隐形暴力，是老师在控制着学生写作"。这几天，秦老师要上写话公开课，秦老师坦言不清楚写话该教什么。我想起了子阳的观念，"学生天生会写"。我说你找个班级什么也别讲，让学生看了图就写，看能写出什么样子。第二天，秦老师带了一叠作文纸来："真没想到，一年级小孩不教也能写。"老师什么也没讲，居然一半学生写了 150 字左右，还有几个学生竟写了两三百字，一大张方格纸全写光了，还在喊："老师，我还要写！"

"学生天生会写"鼓舞了我，"先写后教，以写定教"不仅适合高年级，而且更适合低年级。成人对一二年级学生的思维的把握、心灵世界的认识，比起三四年级、五六年级更难。大多一二年级的语文老师所提供的句式，都成人化到机械的地步，例如，在什么时间谁在做什么？谁做了一个什么动作、心里会想什么？年龄越小，孩子的语言越有诗性的跳跃啊。正如子阳所言，"学生长期在隐形暴力的状态下接受一次又一次训练，怎么可能会爱上写作呢？"若不是取消了写作前指导的"隐形暴力"，秦老师大概就听不到一年级小朋友兴奋的"我还要写"的喊声了。

子阳这个书柜，总给我带来莫名的兴奋，莫名的愉悦。

子阳和我从不同的地方出发，结果我们总在同一个地方相遇。

2013 年《小学语文教师》推出《管建刚和他的阅读教学革命》《"管建刚和他的阅读教学革命"的大讨论》《"管建刚和他的阅读教学革命"的再讨论》，感谢所有提出质疑的朋友，有了质疑我可以不浮躁，可以看到自己存在的不足；我也不能不感谢子阳和支持我的朋友，没有子阳和朋友们的温暖我也许挨不过那个冬天。这些年，"指向写作的阅读课"得到越来越多的教师的认可，今年，《指向写作：我的 9 堂阅读课》一书也出版了，书中的点评均出自子阳一人之手。为什么找子阳？亲爱的读者在这本书里一定找到了答案——子阳说，"把课文的写作智慧教出来"。

子阳有一个"512 课外作文"。学生每天用 10～20 分钟最少写 5 行，三四年级努力做到每天写 1 页 10 行，五六年级努力做到每天写 2 页 20 行，这跟我们的"每日素材"，何捷的"百字作文"有着异曲同工之妙。"512 课外作文"也好，"把课文的写作智慧教出来"也好，子阳都干了很多年，我们彼此启发、彼此印证。有一种想法叫不谋而合，有一种相遇叫不期而遇。一辈子如此相遇的人不多，也不用多。子阳是一个。

子阳微胖，子阳的头发有点灰白了。

子阳的大女儿结婚了，子阳的小女儿也结婚了，子阳快要当外公了吧。子阳看起来越来越像个和善的好外公了。生活里的子阳跟文字里的子阳大不相同，文如其人，这个说法骗了很多人很多年。生活里的子阳随和得像个老好人。一个生活里的老好人，学术上又不丢掉他的尖锐，不丢掉他的野性，不丢掉他的桀骜不驯，还有什么比这更楚楚动人的？

子阳这个书柜，上了点年纪的书柜。书柜只有上了点年纪，才装得下千年的文化。

每次见到子阳，我就这么想。

序二 也许，我们真的错了

PREFACE

何捷

认识高子阳，源于批判。而且，似乎他至今依然在教育批判的道路上，阔步前行。我望着他的背影，感觉到高大，更体验到纯真。

说是准备出版书，要我作序。眼前这部《让儿童爱上写作的12堂公开课》，勾起我好多的回忆，和高子阳的交往，就是一个关于批判的故事。

大约十年了吧，应《江苏教育》的邀请，我到华西村上课，课后有一个交流互动的环节，我负责介绍"小学写作教学"。正当我讲得热火朝天的时候，台下跳上一人，那就是日后我的挚友——高子阳。

不过，此刻他跳上讲台，接过带着我无限尴尬气息的麦克风，对我的发言进行批判。即便事后我的老高兄不承认这段逸事，但它确实曾经在近千人面前演绎过。高子阳的观点与我针锋相对，他对我所讲的内容持否定态度。我们的相识，就是在千余人的见证下开始的……

这不是重点。

因为大概半小时的会后，在台下，我们已经挽着手，边走边聊了。于我而言，那一天之前，从未见到过如此真诚的人。所以，特别欢喜和他交往。以至于今天，我们成为无话不谈的挚友。不过，他的批判风格依然没改。也请大家不要天真地以为：与高子阳成为好友，你就能幸免于他的批判。

越是真诚的人，越是直言不讳。这几年来，在和他相处的过程中，我们一直在相互批判中不断深刻认识对方。其间，也不断有传闻入耳，高子阳在与他人的各种争论中，坚持己见，丝毫不退让……我很惊诧，因为这样的执着与天真，在周遭，实属稀罕。

不管是我去他的家乡昆山学习，还是他来我所在的城市福州讲学，每逢见面，我们都会自然地卷入一个个热点话题的争论中，直到挥手作别。有一次，我们在昆山乘车，他介绍"茅盾文学奖作品是否适合学生"的话题，听得我入迷，以至于最后要换乘……的确，他的主张，乍一听起来有一点奇怪，认真思考后，却发现这才是正宗。例如，他说"背诵不要太过分"，他的观点中带有对思维的敬重；他说"之前的教材好陈旧"，果然，今天他以全新的姿态拥抱统编教材，所以也才有了这部书；他说"好多地方的阅读推广是极度扭曲的"，有时候我们也发现不对劲，但不知道怎么改；他还常对我的教学实践提出批评，例如，我喜欢用绘本教写作，而他则喜欢解读绘本讲故事，当然，也讲到其中的写作迁移……可爱之处在于，在他批判之后，又主动拷贝给我近千本绘本资料。亲爱的高子阳，这是要感动我吗？还是对批评我之后的抚慰？一切都不在意了，我欣然接受情深义重却又保持着上古天真的他。

我相信，人品决定着学养。跟老高交往，没错。

多少人禁不住批评，多少友谊在批评中翻船。你可能以为，照我们这样交往下去，用不了多久就会分道扬镳吧。不，更让你意外的是，这样特殊的交往方式，不但没有影响我们的友情，反而使得我们的内心更充满了一种期待——干脆面对面来一场疾风骤雨式的争论吧。于是，在每年的暑假，我们都会相聚河北，共同举办我们两个的语文教学研修营。临近时，我们心里都在期盼着那长达三天的"面对面"，以及持续三天的争论不休。因为每一次争论之后，于我而言，都胜过读书一年。

写到这儿，我不禁想起高子阳那冰冷的眼镜片背后折射出来的、善良而热切的眼光。我相信，你看到以上这段文字，会和我一样喜欢这个大男孩。老高善于后发制人，总是先让你侃侃而谈，之后再缓缓地提出自己的主张，可一轮到他说，就一发而不可收，连珠炮似的，让你无回击之力；老高善于以理服人，他不跟你比谁的嗓门大，谁的气场强，他就是一个又一个地说理，说到让你不得不佩服的境地；老高也知道"得理后饶人"，每次辩论的最后，他不会置你于死地，也不会露出胜利者的微笑，因为那和思想入侵没什么区别，他只是为了分享你从未涉及过的，一个全新的研究领域。

这，就是我和他在争论中交往的深刻体验。想一想，是不是很有趣。

重点来了——阅读高子阳的书，依然能发现可贵的批判精神。这一次，阅读《让儿童爱上写作的12堂公开课》，带给我对自我的批判。我发现：也许，我们真的错了。

我们是谁——

我们，是和我一样，持有陈旧教学观念，固守陈旧教学态度的人。

我们，是和我一样，在极其微观的事情上分毫必较，却又找不到重点，格局不高的人。

我们，是和我一样，带有强大自恋情绪，不肯轻易改变的人。

我们，就是每一个需要这部书的人。

为什么"我们"错了呢？同样执教语文，我们教得那样辛苦，即便带有对语文深深的爱，也难以让这份爱化为学生的学习主动力，化为学生言语生命成长的助推力。有的时候，我们教得那样用力，学生反而开始逃离语文的乐园。而在高子阳的这部《让儿童爱上写作的12堂公开课》中，我一下子明白过来：也许，我们真的错了。

读完全书，你会感觉到高子阳的教学有三个特点，这正是每一个读者要在这部书中汲取的力量。

其一，高子阳教得明白。他明白自己在做些什么，他的教学主张很清晰；他明白学生应该做什么，他的教学指令很明确；他明白语文是什么，作文是什么，他的教学效果很显著。跟随着他学语文的学生，未必在现在有什么大成就，成绩上有什么大飞跃，但在将来的学习中，在人生的发展道路上，在语文素养的厚积过程中，他们将彰显出无可比拟的发展潜力。因为高子阳借助作文教学，将一股"活学"的力量输入学生的意念之中，转化为他们源源不断的成长动力。

其二，高子阳教得很简单。看他的《让儿童爱上写作的12堂公开课》，你会发现高子阳的教学步骤是那么简单。没有繁缛的环节，没有精雕细琢的刻意，没有让人崇拜的技巧，他所用的方法，几乎就是讲授法。老高很朴实，不会表演，这也让他不会瞎闹，不会用所谓的现代化教学技术来包装课堂，不会套用各种噱头，不会用各种形式来武装自己。上课，就是上课；教学，就是教学，简单带来高效。

其三，高子阳教学不辛苦。高子阳在课堂上，看起来真的不累。他喜欢闲庭信步，喜欢面带微笑和孩子聊天。聊着聊着，就把课文教完了。你不得不说，这就是我们想要的理想境界——教师不累，学生不累。一味讲究不累，并不是好事，还要看最后的效果。在《让儿童爱上写作的12堂公开课》一书中，高子阳用三种方式来展示效果：第一种，用数据来说话。书中出现的数据之多，一定会让你惊讶，你会怀疑他是不是教语文的。悄悄地说一句，他可不是小学语文教师出身哦。第二种，用实证来说话。书中出现的一个又一个鲜活的例子，一节又一节的课堂实录，让你看得清清楚楚，看得实实在在，看到效果究竟有多好。第三种，用对比来说话。高子阳的书和你看到的其他名师的书有一个明显的差别——信息量巨大。老高的书中天南地北，古今中外，他为我们找来各种能够比对的数据，为我们收集整理各种想象不到的素材，让你在一本书的阅读中，纵横千里，穿越古今，贯通中西。

这本《让儿童爱上写作的12堂公开课》，你会看到很不一样的作文教学观，因为他确实在做研究，在做真的研究。

每一次和高子阳谈话，我都有一种愿望：你能不能把和我讲的写下来？我觉得，老高说的，就是我要的，就是每一个教师成长时需要的养分。直到看了这本《让儿童爱上写作的12堂公开课》才知道，他真的做到了。就像他之前答应我的那样，他做到了，他知道一线教师和我一样需要改变，需要成长。此刻，他又成了我们的崇拜者。

当我写下这些文字时，很奇怪，我依然感受到了一种批判的力量……

我时常想：如果我的生命中没有遇到高子阳，也许我真的会错得更厉害。因为我曾经沉迷于自己营造的一种教学假象中，曾经陶醉在自我欣赏中。而高子阳的出现，他带给我的严密的教学系统，鲜明的教学主张，独特的教学理念，犹如一盆清水，把我彻底浇醒。我相信，和我一样，在迷迷糊糊中教语文，在浑浑噩噩中应对人生的你，也需要阅读这一本《让儿童爱上写作的12堂公开课》。

一本好书，让儿童爱上写作，让你知道语文。在语文学习的路上，阅读《让儿童爱上写作的12堂公开课》，你能少走弯路，少受辛苦，少折磨自己。在这本书中，你将看到批判的力量，你会交往到一个无比真诚的朋友。

序三　气象万千的"儿童写作学"

PREFACE

丁素芬

那天，我和子阳正聊着统编版五年级下册第二单元"5课时读后感教学"。他突然话锋一转："管建刚和何捷正在为我的新书写序，你也写一篇如何？"

我还没有反应过来，他就把书稿发过来了。

我笑了，这就是子阳的方式，不过招，直截了当。就这样，我应下了人生第一篇书序。

在我眼里，子阳是"超级独行侠"，一个人就是一个团队，一个人抵得上一个团队。他最怕麻烦别人，出了不少书，只有《与孩子共读共书》请了朱永新教授作序，因为那本书是子阳送给女儿的新婚礼物。这次，"独行侠"一下子从"左极"跳到"右极"，着实让人猜不透。

猜不透就对了，据说，这是天才的思维方式。这种说法我是相信的，在儿童阅读与写作这件事情上，子阳执着多年，做了如山似海般的研究，让我惊讶、惊叹，甚至叹为观止。这源于他对儿童世界的长久探索，当然，还有令我羡慕的天然禀赋。

一、关于子阳

知道高子阳的名字，缘于早年的"教育在线"。我特别欣赏他博客首页的几句话："因为我是小学老师，所以思考的事只能是小事，大事我也做不了，但我深信一句俗话'干什么，吆喝什么，当一天和尚撞一天钟'，但要把钟撞响，撞得有味道。"

近距离见到他，是在苏州市的一次创意作文研讨会上。他说，教作文是一件好玩的事情。我有点不信。他又说，他正在研究"让100％的学生爱上写作"。我更怀疑了，这怎么可能呢？"绝对可以的，大于

50%就约等于 100%了嘛,一点一点改变。"幽默智慧,又带点儿调皮不恭,这就是高子阳。

不久,他寄给我一套新作,最有意思的是书名——《写给讨厌写作的学生》(包括好玩的童书、好玩的童诗、好玩的表达、好玩的写作四本)。嗬,我喜欢他童心未泯的表达式。2015 年,带有鲜明高子阳特色的书《我的课胜过你的》出版了。这家伙,语不惊人死不休,好大的口气!他又逗我:"不忽悠,你怎么能读呢?"读后,除了"创意""胆大""绝妙",我找不出其他词来形容他的教学观和新课堂。他的课,确实胜过循规蹈矩的你和我的课。

他是个十足的创意顽童,他的脑袋里永远有新鲜的玩意儿。他想到什么就立刻去做。他说要写一千本图画书的创意写作,就真的一天一本写下来;他说用多长时间写一本书,就能迅速屏蔽干扰,专心写作,到期准时完成书稿;他说要花一年时间把统编版 300 多篇课文一天一篇读完,肯定就能看到他公众号里的每天读一篇……这份执行力,这股坚韧劲儿,不服不行。

他喜欢"哈哈""呵呵"地笑,他也会为一本图画书感动到泪流满面。当然,他更乐意认真地和你针锋相对,争辩教学观点。这时候,他会摆出一副"谁也说服不了我"的架势,像一只"犟龟",认定一条路,就矢志不渝地向前走,他相信会迎来隆重的庆典。面对周遭的质疑之声,他或沉默不语,或不定期甩出几个重量级"炸弹",发出不容置疑的回响。

子阳实在是个有趣的人,他有一颗赤子之心,可爱、可敬。

二、关于《让儿童爱上写作的 12 堂公开课》

《让儿童爱上写作的 12 堂公开课》不是单薄的教学设计,也不是清一色的课堂实录,它是子阳多年的写作思想、写作实践,上接"天气",下接"地气"。书中没有一句艰深难懂的话,他用朴素的、俏皮的,甚至是接近儿童的语言为读者讲述儿童的写作。

(一)这是一本稀罕的"写作奇葩说"

子阳喜欢说"玩作文",他就是个"作文玩家"。他的"玩"可不是突发奇想,拍脑袋式的。所有的玩法都能找到最初的种子,都经历了生根、发芽、开花、结果,一点点壮大成熟。没有实践的栽培,就不能说得理直气壮。对于"写作"二字的内涵,子阳就做过"挖井式"的深究。英语、日语、意大利语、葡萄牙语……纵向到底,横向到边。这一挖，果然挖出了宝——人为什么要写作。这一思想成了子阳写作教学的源头，他认为"写的动机"是必须要教的，否则写作就成了"无所谓的、可有可无的练习"，这太无趣了。

子阳说得最多的是"5课时作文教学法"。他彻底打破了传统的2～3课时作文教学的固定模式，主张通透式地教作文。也许你会惊呼：5课时怎么教？哪里有时间？

且看《写一个小实验》的5课时目标——

第1课时，通过现场做的一个小实验给孩子一个独特的写作思想（小实验可以写成一本书）；

第2课时，介绍一个小实验，训练学生玩一玩非连续性文本写作（简单的实验报告）；

第3课时，现场做一个验证性实验，写写自己的发现；

第4课时，回忆性实验习作（写一次小实验）；

第5课时，点评学生上节课作文，认识世界大实验。

老实说，读到这里，我真的呆住了——这是我不能抵达的写作教学格局。5个教学目标里，包含着多少趣味、思想和能力啊！这哪里是一次小小的习作教学，他是带着孩子欢愉地奔跑在广阔的写作天地里。作文教学，不是要让孩子的写作之路越走越窄，而是要让他们的写作人生越走越宽。从这个意义上说，子阳所践行的，不仅是写作教学，更是写作教育。

12堂公开课，堂堂有奇思。一个小小的作文本，在子阳的创意改造下，也能变普通为神奇。书中原貌呈现了"十有作文纸"样式，哪个年级用几页几开，草稿区、修改区、正式誊写区、同龄作文区、名家作品区……清清楚楚，拿来就用。

如果要评出最能说的小学语文教师，我投子阳一票。他是儿童读写的"说客"，所有的创想，所有的理据，都被他说得"天花乱坠"。再不想读书写作的孩子，对写作教学再无感的教师，被他一"忽悠"，准来劲儿，都想去试试。

因为热爱，所以不遗余力。

（二）这是一本神奇的"写作统计学"

子阳是一个超容量的数据库，是最新版的"百科全书"。毫不夸张地说，《让儿童爱上写作的12堂公开课》是"万书之书"，一本书，带出了一个图书馆。以统编版三年级上册第二单元"写日记"为例，5课时作文课，推荐了《金鱼日记》《永田爷爷的动物观察日记》《院子的日记》《捣蛋鬼日记》《航海日记》等 60 余本书。子阳的读写观里，有这么一句话——量比质更重要。并不是说读书不求"质"，而是强调，在儿童阶段，量的积累是首要的。量，关乎兴趣，关乎储备，关乎速度。他坚信量变与质变的唯物辩证规律。

他认为，课程标准中"九年 400 万字阅读量"的保底要求太低了。他做了大量的国际阅读调查，在对比中给出了新的思考。他用自己的实践带我们一起思考，一起再实践。本书的第一节公开课就是"读书千本以上，作文能响当当"，天哪，动辄成千上万，胆小的教师可能要被吓坏了。其实，你要是研究子阳的"1525＋N"课程，就会发现，这是为儿童制订的终身读写计划，它的变量曲线是递减而非递增。阅读量的思维变革背后，始终有儿童读写之规律存焉。

《让儿童爱上写作的 12 堂公开课》里，还有统编教材的习作统计，百本写作之书的统计，各种典型教学案例的统计……其信息量之大，超出想象。

这样的创意写作，好玩刺激，又严密精准。

（三）这是一本系统的"写作建筑学"

如果仅仅是创意的罗列，当然不能算高超。子阳是写作的设计师，更是建筑师。

从"让 100％的学生喜欢写作"到"512 作文课"，再到"1525＋N多读多写体系""3211 整本书多读多写实验体系"，子阳的写作教学研究步步升级，层层叠加。他择高处而立，向宽处而行，乐趣无穷，乐此不疲。教师如此，学生亦然。

他的研究，我称之为"儿童写作学"。我不知道"写作学"中有没有这样的分支，也不确定这样表达是否恰当。但有一点可以肯定，子阳对儿童写作规律的探究是披荆斩棘、入木三分的。二十年，初心不改，热忱从未减退，成果有目共睹。眼前这本《让儿童爱上写作的 12 堂公开课》是他这些年的智慧精华。打开它，你会进入一个气象万千的儿童写作世界，你会和我一样难以置信：他的脑袋怎会装得下这么多东西？又怎会生产出这么多主意？这，绝对是一门学问。在这个领域里，子阳特立独行地建构起自己的"儿童写作学"。

他的"儿童写作学"里写道：

儿童写作应该是浪漫式非精准式的写作。

课内习作就应该慢教、细教、通透地教，决不能草率为之。只有这么做，这么写，这么评，学生写作素养才能逐步地真正养成。

解读教材，需要细致、全面、深刻，最好要有独特的发现，这是深入的过程。没有深入，不可能有科学的取舍，也不可能有属于自己班级的那个浅出。

好的作文纸有一种力量，能够把学生带入写作之中，因为这里有"写作对话"，有指导孩子如何写下去的"写作对话"。

我国小学语文老师那么多，约上一群志趣相投的伙伴，分任务做一做，肯定能做出一套相当有影响的书。

……

三、感谢子阳

合上书，我的脑海里留下了丰富的"读写"二字。是的，子阳的"儿童写作学"超出了写作的意义，他对"读"与"写"做了密切的贯通。他认为，世界上最好的家庭作业是每天读书。人的成长离不开科学的重复。多读多写，是科学重复之道，是人生成长之正道。

我很喜欢子阳创作的一首小诗：有人，读了一棵树，创作了一句话；有人，读了一棵树，创作了一首诗；有人，读了一棵树，创作了一则寓言；有人，读了一棵树，创作了一篇童话；有人，读了一棵树，创作了一封信；更有人，读了一棵树，创作了一本厚厚的书。因为他们眼里，一棵树远不止一棵树。然而也有人，读了一棵树，没写一个字。因为在他们眼里，一棵树只是一棵树。

他以千万本书，播下了亿万颗种子。写作，就是让种子发芽、生长的美好之事，功德之事。

此篇谈不上是"序"。作为好朋友，比诸位读者先读一步，这是我的幸运。但愿我的先读，能带你看到书中不同凡响的亮光。

感谢子阳。

目 录

CONTENTS

第 1 堂课　读书千本以上，作文能响当当

为什么，我的孩子那么讨厌写作文呢？

为什么，一提写作，就像要他们的命似的？

为什么，孩子半小时也写不了几行呢？

为什么，我的孩子写下来的东西没有味道，看不下去呢？

……

原因很多，先说其一。请数一数你们家有多少本书，你为孩子买了多少本书，你为孩子读了多少本书，你的孩子自己读过多少本书。四个数字，能看出你的孩子的写作处于何种水平。

我在《大量阅读的重要性》中读到这样一段文字：美国内华达大学有一个研究报告，研究调查的对象包括了 27 个国家，共 7.3 万名学生，目的在于调查他们受教育的时间长短。调查发现，家中有藏书的孩子，大学毕业的比率比起家中没有藏书的孩子，多出了 20％。另外，家中藏书量若超过 500 册，孩子受教育的时间也平均多出了 3.2 年。这显示出家中藏书的多寡，和孩子受教育的时间长短，有很大的关联。而且研究人员还发现，每个家庭收入的多寡，是影响孩子受教育长短的原因之一，世界各国皆然。研究人员麦坎还指出，在中国大陆，家庭藏书超过 500 册的家庭，孩童接受教育时间比没有的家庭，平均多出 6.6 年；在美国，同样的情形下，则多出 2.4 年。[①]

这些数据让我惊讶，不管你是否相信，反正我信！我教书 30 多年了，从数千名学生的差异中，早就感受到藏书超过 500 册的家庭的孩子的精彩。

韩国有个陈庆惠，她很厉害！她的一双儿女，在夫妻俩的教育下，成绩相当不一般。儿子 18 岁博士毕业，女儿 10 岁考上大学。对此，我惊讶过，但我不羡慕。我从她的著作《妈妈学校》中知道，这两个孩子不

---

① 李家同：《大量阅读的重要性》，117 页，北京，中国人民大学出版社，2012。

是神童，但其成功的原因让我惊叹不已，让我在所有的家长培训会上反反复复地讲。这对夫妻真的了不起，是许许多多年轻父母的楷模。他们俩做了什么事值得这么宣讲？陈庆惠与其丈夫从孩子 6 个月开始至 3 岁结束，每天至少读 20 个故事给孩子听，从未间断。一天读 20 个故事，一年要读 7000 多个，三年间，给孩子读了 20000 多个故事！听 20000 个故事长大的孩子，与只看电视、玩一个又一个玩具、听断断续续的话语长大的孩子怎么可能一样？不要说孩子听 20000 个故事，孩子在上小学前，如果能听父母读一两千个故事，小学作文也会好得不得了。

此时，不少家长定会默默地说："真的对不起孩子！"孩子 0～6 岁期间，家长没有大量读故事给孩子听，的确对不起他们。还有没有办法弥补呢？有！但请大家一定相信我下面所说，如果你不相信，小学六年很快会过去，中学六年不需要结束时，你们一定会后悔。

如果你的孩子正在读一年级，无论如何也得让他们读完 1000 本图画书（绘本），一天拿出十来分钟，一年就可以完成 1000 本书的阅读。许多家长会计算，这得花不少钱。是的，网上购买，打折之后，一本也要 10～30 元，1000 本图画书需要两三万元。教育本身就是投资。不花钱、少花钱想读 1000 本图画书也有可能，你孩子读的学校如果有几千种图画书，如果校长与其语文教师非常重视阅读，这一任务就能完成。从目前我国 20 多万所小学来看，这样的学校，千分之一都难有啊！如果几个家庭建立一个阅读共同体，每家拿出几千元，书的问题就能解决。对于一个班级来说，如果家长委员会重视，一个家庭拿出二三百元，书的问题当然就能解决。可以这么说，只要家长们认为这是相当必要的，真想去做，这都不是问题。1000 本图画书读完，阅读习惯就能初步养成，认识的字词句也会悄然增多，而一个个故事必能激发孩子编造一个个故事。有家长肯定会问，有那么多图画书吗？有！进入 21 世纪，我国的出版社用了近 20 年的时间，完成了 16000 余种图画书的翻译出版。世界一流的图画书，可以说基本收罗在内。这些图画书的内容和形式都属于上乘，可放心购买。这些年，我国童书作家也有不少原创图画书，可以买给孩子读读。

如果你的孩子正在读三年级，赶紧给他们买 500 本以上的桥梁书。桥梁书，是图文比例约 1:1，文字在 1500～20000 字，是介于图画书与纯文字书之间的书。桥梁书是作家了不起的创造，是专门给二年级至四年级的学生写的。每天拿出 20 分钟时间就可以轻松读完一本。两年读完 500 本没有任何压力。这类书比图画书便宜多了，500 本，三五千元。我国是从 2008 年左右开始翻译出版桥梁书的，如今有 3000 多种了。如果有学校愿意为孩子建立桥梁图书馆，很多孩子两年就能读千本以上桥梁书。三四年级学生读了 500 多本桥梁书，写出来的文章与没有读过或读得很少的学生，肯定不一样！

如果你的孩子正在读五年级，赶紧给他们买 200 本 100～200 页纯文字的经典书吧！放心让他们去读这些书，抽出时间让他们读书，绝对不是错误。这方面的书有很多很多，国际安徒生奖、纽伯瑞儿童文学奖的作品两年时间你都看不完！还有很多哲学层面的童书，更能改变学生。

小学六年，如果读完 1000 本图画书、500 本桥梁书、200 本较厚的纯文字书，作文怎么可能写不好呢？

我教"小学语文教材教法"时，查阅了很多资料，知道中美学生写作方面的差距。到了小学教语文，我才知道小学生喜欢写作的真的不多。最近看《中美写作教学对话十五讲》[①]一书，清楚了当下中美学生写作方面差距没有缩小，为何？

美国全国性的教育大纲"各州共同核心标准"，对不同年级的阅读范围、阅读量有着明确的要求和定量测评。其中一条标准要求，小学毕业生至少需要阅读 1404 本课外读物，阅读量占到全部 K12 年级阅读量的 77.6%。

美国中小学生为何喜欢写作？我认为跟他们六年读书千余本密切相关！有人说，我国《义务教育语文课程标准（2011 年版）》也有课外阅读量的规定。是的，有！我们的规定是多少呢？一二年级读 5 万字（相当于 50 本图画书），三四年级读 40 万字（相当于 50 本桥梁书），五六年级读 100 万字（相当于 10 本 200 页的书），七至九年级读 260 万字（10 万字一本书，只有 26 本书），高中三年读 300 万字（10 万字一本书，30 本书）！

对比中美小学生课外阅读量，我们的读书量只约相当于美国中小学生的 1/7！如果家长相信我，就让你们的孩子小学六年读完 1700 本书，做到了，你的孩子的阅读也会达到很高的水平。

要想写好作文，要想写出来的文章跟他人不一样，读书一定要超过千本。读书超过千本的学生，往往就停不下阅读的脚步了，因为他们的

① 曹勇军、傅丹灵：《中美写作教学对话十五讲》，上海，上海教育出版社，2018。

阅读习惯真有了，阅读素养当然也随之而真有了。而这种阅读停不下来，才能验证"读书破万卷，下笔如有神"是一条真理。

有的家长会问，买来那么多的书，就只用读给孩子听这一个方法吗？这一个方法足够了！读给孩子听，要不要问一些问题呢？尽可能不要问，问多了，孩子就会抗拒读书，适得其反的事尽可能不要做。问，大量地问，可以不要，而让孩子听后讲一讲，与孩子就某个问题进行讨论、争辩，是很有必要的。

只是读，不让问，让孩子讲一讲，讨论、争辩，我的孩子就能写作文？不少家长心里的小鼓肯定咚咚敲响。不要多想，还有教师的教呢！这本书的后面就是专门写给教师看的。有的家长担心教师不看，这是可能的，因为好多教师没有这本书。所以，我建议家长买这本书送给你孩子的语文教师，并与该教师讨论讨论，如何让孩子爱上写作。

读书千本以上，作文能响当当，绝对不是空话！

如何带着学生读 1000 本桥梁书、500 本桥梁书、200 本较厚的童书，如果用这些书引导学生写作，请关注我的公众号（公众号名称叫"第一语文"，ID：rjzmgz），也可以直接扫右边的二维码。

很多教师与家长找不到这些书，可以直接按照下面方式查找（我的公众号里都有，并不断更新）：

1. 一二年级该读的 1000 本图画书（附书单）

https://mp.weixin.qq.com/s/x6sxuPYtd1Y5Cf-r2vbNRA

2. 三四年级可读的 500 本以上桥梁书（附千本书目）

https://mp.weixin.qq.com/s/DNxnhhfBTZ9_G4H8rgi__A

3. 五六年级该读的 200 本纯文字经典童书（含插图）（附 550 本书目）

https://mp.weixin.qq.com/s/7ctD6Y2GrrByomXhokLRhw

4. 儿童哲学课程构建（附书单）

https：//mp.weixin.qq.com/s/T35c5yhrZozIq8duwOiRGA

如果家长（含教师）愿意带着孩子（或学生）看我公众号中的文章，跟着我六年，就能读完 2000 本书。我在讲每本书时，一定会讲这本书给予写作的智慧，如果你愿意让你的孩子择其写作主题常常写之，爱上写作那是肯定的。

第2堂课　学生该知道什么是写作，
　　　为什么要写作

一、什么是写作？什么是写作能力？什么是写作教学？

《义务教育语文课程标准(2011年版)》是这样表述的："写作是运用语言文字进行表达和交流的重要方式，是认识世界、认识自我、创造性表述的过程。写作能力是语文素养的综合体现。写作教学应贴近学生实际，让学生易于动笔，乐于表达，应引导学生关注现实，热爱生活，积极向上，表达真情实感。"

这是非常概括的解释，是课程标准上写着的，语文课本上没有出现的解释，所以很多的小学毕业生，不知道课程标准中的这一解释，即使初中生、高中生，毕业了也未必说得清。那"写作"一词的原始意义，师生又知道多少呢？

2008年7月，中央电视台、国家汉语国际推广领导小组办公室共同举办首届"在华留学生汉语大赛"，在决赛现场，评委赵宏丽导演现场这样讲汉字中的"写"字：

"写"这个字上面是秃宝盖，是房屋的意思，下面不是"与"，繁体字是"鸟"，也就是屋里有个鸟是"写"。这个鸟要在屋子里生蛋、生存、飞翔。而"写"这个字与北京奥运会场馆"鸟巢"不是一样的吗？多美呀！太有生命力了！太有创造性了！

"写"怎么可能与"鸟"有关呢？我知道20世纪初期，俄国著名导演爱森斯坦根据汉字"听、奥"的繁体字，创造了蒙太奇理论，并成为蒙太奇之父，难道鸟巢的设计者赫尔佐格和德梅隆，也受到了汉字的启发？我立即翻开《说文解字》《汉字源流字典》《汉字寻根》《汉语大字典》等书，读着读着，心跳加快，汉字"写"太神奇了！我又读了"作"字源流，恍然大悟！

写的繁体字是"寫"，形声字，篆文从"宀"（读 mián，房屋的意思），"舄"声（"舄"这个字读 xì，象形字，金文像一只喜鹊扇动翅膀张大口喳喳叫的样子。喜鹊善叫，鸣叫时不断扇动翅膀，这是喜鹊的特点）。而这个字的本义之一就是喜鹊。"寫"就是屋中扇动翅膀、边叫边飞的喜鹊。因为"喜鹊"，"舄"的读音后来又演变成读"què"。

《说文解字》"宀"部中说："寫，置物也。"本义是"把东西放在屋里"。这是写的本义之二。隶变后楷书写成"寫"，现在简化成"写"。后来这个字的意思发生了非常大的变化，引申为输送、倾吐、倾诉、宣泄、去掉、书写（用笔作字）、描摹、叙述、创作、写作等。

另外，"写"乃"泻"的本字。《周礼·地官·稻人》载"以浍写水"（浍kuài：田间水沟）。清人段玉裁注："写，凡倾吐曰写。"人人会倾吐，所以人人会写。这是写的本义之三。

关于"作"字，《说文解字》中说："作，起也。"而作为"起"的东西，是通过人的行为动作做成的，因此"作"又有制造、创造性的含义。在先秦两汉期间，只有具有创造性撰述的文章才能叫作"作"，而那些阐述性的撰述的文章是不能称为"作"的。所以在先秦两汉，作文就是指那些创造性的文章写作。

原来"写作"是这样的！反复阅读、思考"写""作"两字，祖先创造的这两个字，让人油然起敬！因为这两个字造得真好、真绝、真有魅力……分层整理，感觉这两个字包含着如下多层意思。

第一层是"鹊叫如人写都是表达"。喜鹊叫、善叫是喜鹊的表达方式；人会说、善说，会写、善写这是人的表达方式。虽说人鸟不同，但祖先用这种方式作比，其实是利用喜鹊的叫、善叫告诉人类，人人会写，更要善写。而人鸟相比，最大的不同是人创造了文字，人会使用语言文字。如果人放弃了这个显著的不同，自然就可以得出"人不如鸟也"之结论。

第二层是"为人类的创造而写作"。一切真正有意义、有意思的写作都是创造！爱写作，就是拥有并热爱创造！就是爱用文字表达人类的若干创造，并且诱发后人不断地去创造！人民教育家陶行知先生说："人人是创造之人，时时是创造之时，处处是创造之地。"先生还有一首《手脑相长歌》——"人生两个宝，双手与大脑。用脑不用手，快要被打倒。用手不用脑，饭也吃不饱。手脑都会用，才算是开天辟地的大好佬！"人人都有创造力，人人都有一双手和智慧的大脑，如果放弃了写作，一切创造不能变成文字，社会发展速度肯定是停滞不前，文字的发明也就失去了任何意义。所以说，善于写作就是一生拥有创造，一生愿意用文字表达最有魅力的创造，这是一件非常伟大的事，是后人不断感恩前人的事。

第三层是"只要活着就能够写作"。一只善于鸣叫的喜鹊，肯定是一只活着的、生命力极强的喜鹊，一只生命垂危的、死去的喜鹊是叫不出什么声来的。祖先用这种方式告诉人们，一个人只要活着，无论他处于什么境地，都会有源源不断的、创造性的生活，虽然人的身体或许会因为某种原因受到某种限制，但是人的心灵，谁都限制不了，只要心灵不被限制，写作就能够进行下去。现在的写作是什么样子的？小学生、初中生、高中生、大学生、退休前甚至退休后，均是人生最美好的时期，但如此美好的时期，却有很多人放弃了手中的笔，早早地讨厌写作，这种被称为"过早死去式无写作之人生"，"忘记自己还活着的人生"真有些愧对祖先！

第四层是"人人都会吸纳倾吐"。吸纳与倾吐是一组相对应的词，是一组决定人生命长度、高度的词，也是人人天生拥有的词汇，也可以说是人天生的一对能力。吸纳就是阅读世界，每个人的每一天都在阅读世界，既然阅读，吸纳那是阻止不了的。倾吐就是表达，人人每天都在表达，写作是表达的一种，口头表达加上书面表达，这样的人生才最有意义。人人既然有这种和谐一致的能力，就说明人人天生在读、天生会写，如果强迫自己不读不写，就等于将正常的自己变得不正常。

第五层是"人人都是会移置事物的"。"将物品从他处移置到房子里来！"怎么移？地球上有那么多、那么大的房屋吗？可以这么说，地球上没有哪个人能够把"月亮"移进自己的屋子。怎么办？祖先早就给我们想好了，"用文字写作"就能解决这一难题。即把现实中的物品、事情刻写在龟甲、竹片、绢布、皮革、器皿、纸张等上面，换言之就是在房屋里用文字记录万事万物，一代接一代地记录。如此，人们就能可持续性地拥有过去、记录现在、想象未来……人类发明创造出来这么多的文字，不就是这个目的吗？老祖宗这样的创造美不美？神奇不神奇？太美了！太神奇了！人们一代代承接前人的创造，打造美丽的今天，开辟幸福的未来，这就是人天生拥有移置能力的表现。人人天生会移置，意味着人人天生会写作。

第六层是"只要有家的人就能写"。孩子们都有家，教师们都有家，绝大多数都有家。家是写作必有之条件。什么是家？凡·高晚年曾经画了一幅"家"，这幅画非常简单，屋里有一张床，一个桌子，两把椅子。凡·高晚年就在这样的家里绘出了人生最美好的篇章。有床，可以躺在上面休息、思考；有桌子，可以在桌子上吃饭、写写画画；有两把椅子，可以坐着吃、写、画、创作，宾客来了可以交流。这简单的三大件东西，今天的你我他都有，甚至比这还要多，还要好。有了这一切，写作还有什么困难吗？我想最大的困难是很多人不愿意用"写作"来爱、来使用、来创造这个家吧！

第七层是"当下习作的说法不妥"。写作的本意一定要有创造性。当下，一二年级是"写话"，三至六年级是"习作"，七年级以上才称为"写作"，庆幸之事，《普通高中语文课程标准（2017 年版）》终于出现"创作"一词。争论这些名词好像没有多少意义。事实告诉我们，没有必要如此细分。从 1992 年义务教育小学语文教学大纲首次使用"习作"至今，实践充分证明这种分法没有让绝大多数的学生喜欢上写作。所以，返回至原点，直接叫写作好，孩子讨厌写作不是因为叫"写作"的错。我们应该相信，始终以"创作"之理念要求、训练，天生会写的孩子才能写出好的作品。这是"写作"给予我们的自然规律，是科学的规律，人为地将写作教学分解为写话、习作、练笔等，真的没有这个必要。按照祖先早已确立的"写作、创作"之路坚持走下去，以既有的文字，创造未知的世界，书写每个人的智慧，才是最重要的。

如何让汉字"写作"走进学生的心灵深处？三年级第一次习作教学，就要先讲"写作"，就要把"写作"的诸多意义讲出来。讲一遍，学生听不懂，就讲两遍；讲两遍，听不懂，就讲三遍……科学地使用"反复"，把"写作"讲到每位学生的心灵深处，就像每个刚刚出生的孩子就反复接受自己名字、"爸爸"和"妈妈"等话语一样。

反复讲，就是反复刺激师生的大脑皮层，促其永远记住，并真正使用好汉字"写作"；反复讲，是提醒每位同学，人人都能写，千万不要说自己不会写、不喜欢写；反复讲，就是引领学生别忘记经常用文字把人世间的精彩记录下来；反复讲，就是呼唤每位学生永远莫忘记与创新创造为友；反复讲，才能让 100％的学生喜欢写作变成现实；反复讲，才能诱使学生写出一篇篇创意之作。

二、懂写作才能去爱写作

懂写作才能去爱写作，这不是空话。其实，知道什么是写作，还应该明白人为什么要写作。人为什么要写作，不是简单理解"写作"一词的意义并通过很多次实践就可以清楚了的。

有一年，我教三年级，一位学生居然问我："人为什么要写作?"我没有直接回答她，而是有了下面的对话：

"如果全世界的人都不写文章，你说世界会变成什么样子？想一想。"我面带微笑地、轻声地问。

"我们就没有语文书了。"一个男生抢着说。

"是的，如果没有人写文章，真的就没有课本了。"

"我们再有钱也买不到课外书了。"一个女孩子有点伤心地说。

"我知道你特别喜欢看书。是的，如果这个世界没有人写文章，我们也就买不到一本书。世界上也就不会有钱这个东西了，因为钱上面也有'文章'。"

徐同学站了起来说："高老师，如果全世界的人都不写文章，那我们就不要学习文字了。"

"你说的太棒了！大家给他鼓掌!"掌声立即响了起来。

"是的，文字的发明就是让我们每个人方便写文章。"

张同学说："如果全世界没有人写文章，全世界就不会有学校了。我们就不用读书了。"

"那你们就轻松了，就不要写任何文章了，也不要考试了，就可以自由自在整天玩了。什么都不要学了，你们就可以像猴子、小狼、野兔等一样在森林里跳来跳去，吃生东西了……"

"是不是我们就不要直立行走了?"邵同学问。

"这可是一个好话题，我真的还没有想到这点。没有文字之前，人早已经直立行走了。这是我以前学过的。有的同学可能在课外书中看过。你这么一问，让我突然明白了。上天把人造出来，就让人与其他动物不一样，能直立行走，制造工具，发明文字，写好文章……我真的应该好好感谢邵同学。"

"呵呵……呵呵……呵呵……"全班同学就这样笑了起来。

"如果人类没有文字，不去写文章，我想肯定盖不出来现在的大楼，肯定看不到现在的电视，更不会有什么宇宙飞船，当然也不会有现在的网络、电脑游戏……肯定与其他动物一样，不需要盖房子，住山洞就行了；不需要电脑、手机，因为至今没有听说哪类动物会像人类一样制造并使用手机的；不需要制造火车、汽车、飞机，用四条腿跑就行了……"

此时，这群顽皮的小家伙都不笑了，从他们明亮的眸子中，我读出了他们在思考人与动物的真正区别。

"看来，我们每天都要好好读文章，要感谢几千年来，无数的人们给人类留下的文章、书籍。而我们也要继续写下去，这样后人才能看到你们的文章和书籍。我说这些，你们这些小家伙懂了吗？"

孩子们拼命地点头、点头、点头。

这是一群十来岁的小孩子逼着我给他们上的一节"写作理论课"，也是我教小学以来，第一次这样说着写作的小理论。人为什么要写文章？人与动物的区别之一就是能使用文字记录世界、创造世界。当然，人为什么要写文章，还有更细化的东西。

后来，我在一本写作教材中读道：写作是人生存的第一技能，写作是人人都能够做好的大事，写作让你成为创造性的思想者，写作能让你真正提高阅读技能，写作为你走进真实生活做准备，写作能让你变得更加主动做事，写作是一种预言让你预测世界，写作让你理清头绪组织思想，写作让你双手更巧脑子更灵，写作就是让你记下自己的智慧，写作能让你和文章等建立联系，写作让你与他人更有效的交流，写作能让你掌握语言规范标准，写作能让你的一生更有责任感等七八十条呢！细化得有点让人受不了。

再后来，我又在一本中小学生作文教学用书中读道：写作可能是为了指控别人，为了做广告，为了引起注意，为了表达支持，为了幽默，为了道歉，为了控诉，为了应用某物，为了宣布某事，为了评价，为了安排，为了表达，为了许多询问，为了感慨，为了写遗嘱，为了禁止，为了敲诈，为了取消，为了庆祝，为了挑战，为了解释，为了沟通，为了抱怨，为了隐瞒，为了确认，为使人迷惑，为了关心，为了使人信服，为了纠正错误，为了批评，为了决定，为了宣称，为了定义什么，为了诈取什么，为了描述什么，为了表达不同意，为了阻止什么，为了表达异议，为了装模作样，为了鼓励某人，为了使什么可能发生，为了开导谁，为了娱乐，为了激发起什么，为了惊叹什么，为了给什么找借口，为了解释什么，为了探索什么，为了提示什么，为了传达什么，为了使什么广为人知，为了引导，为了说明，为了加强印象，为了施加影响，为了使人知道，为了提示某人，为了玩笑，为了评判，为了销售，为了误导，为了讲故事，为了商议，为了记录，为了引起注意，为了使人为难，为了预订什么，为了说服谁，为了抛弃，为了安抚，为了延迟，为了预言，为了组织，为了保护，为了质疑，为了检测，为了表达极大的愤怒，为了复述，为了责骂，为了反驳，为了详细叙述，为了拒绝，为了提醒，为了否认，为了提要求，为了做总结，为了计划什么，为了使人被诱惑，为了卖东西，为了分享，为了威胁，为了交易，为了训练，为了促使什么，为了警告什么……

用上述理念编出来的写作教材，学生接受训练的目的就会相当明确，少一次训练，对于学生来说都会有影响，而我们的小学习作教材在这方面稍显缺失。

看看统编本三年级上册的第一次习作课：

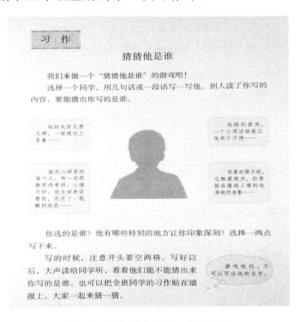

图 2-1　三年级上册第一次习作课

反复读图 2-1 中的文字，我们能知道学生第一次写作为什么要写"猜猜他是谁"吗？教材上没有文字介绍，教学参考书上也没有说明。没有明确的教学方向，教师自然无从下手。

再看看三年级上册的习作二：

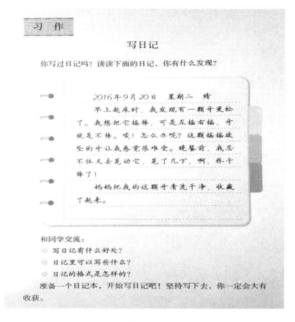

图2-2　三年级上册第二次习作课

应该说，这一次的习作教材中出现了"人为什么要写日记"的字样（见图2-2），即"写日记有什么好处？"对于刚刚学写日记的学生来说，会有哪些答案呢？这可能是一个未知数。其实人为什么要写日记？为了记住，为了写书，为了让更多的人记住自己……这一切，得研究很多很多日记，才能明白。为了学生更好地理解，需要教材直接地告诉他们。

三年级的教材是这样的，四年级至六年级的习作教学有详细介绍吗？我们快速读一读四年级至六年级六本小学语文教材中的习作一，看看有没有？

统编本四年级上册习作一：推荐一个好地方

水乡小镇让我们赏心悦目，游乐场让我们兴奋不已，书店让我们流连忘返，住家附近的小树林是我们快乐的天堂……每个人都有自己喜欢的地方，你愿意和大家分享吗？推荐一个好地方给同学吧。

你们打算推荐什么地方？这个地方在哪里？它有什么特别之处？写出推荐的理由，吸引大家去看看。

如，推荐一个古镇：

◇ 这个古镇真美……

◇在那里可以了解以前人们的生活……

◇这个古镇有很多好吃的……

写完了，自己先读一读，看看有没有把这个地方介绍清楚，有没有把推荐的理由写充分。再读给同学听，请他们提出修改建议。

举办"最受欢迎的好地方"推荐会，看看哪些地方最吸引大家。

统编本四年级下册习作一：我的乐园

我们的生活充满了欢乐，你的乐园在哪儿呢？

我的乐园有：满是玩具的房间、班级图书角、自己家的院子、学校的篮球场、爷爷的菜地、村头小河边的草地。

你的乐园是什么样子的？在那儿你最爱干什么？这个乐园给你带来了怎样的快乐？让我们把自己的乐园介绍给同学吧。写之前，可以照样子填一填下面的表格。

村头小河边的草地	草地上有绿草、野花、昆虫、鹅群……	放风筝、看天空变化的晚霞……	在大自然中自由玩耍，真快乐！

写完后，把习作读给同学听，让他们也来感受你的快乐。

统编本五年级上册习作一：我的心爱之物

每个人都有自己特别钟爱的东西，像琦君笔下故乡的桂花，冯骥才眼中可爱的珍珠鸟。你的心爱之物又是什么呢？

是你最爱的玩具小熊，还是你亲手制作的那个陶罐？

是你养了三年的绿毛龟，还是你在海滩上拾到的一只贝壳？

是爸爸奖励你的那双旱冰鞋，还是妈妈在寒冷冬夜为你赶织出来的围巾？

是好朋友转学时送你的风铃，还是舅舅在你生日时送的那只瓷虎？

……

想想你的心爱之物是什么，写写它是什么样子的，你是怎么得到的，为什么会成为你的心爱之物。

学习本单元课文的写法，围绕心爱之物，把自己的喜爱之情融入字里行间。

办一期"我的心爱之物"习作专栏，贴上习作和图片，和同学分享。

统编本五年级下册习作一：那一刻，我长大了

翻阅影集、日记……回忆自己成长的历程，有没有某一个时刻、某一件事情让你突然觉得自己长大了？

◇今年我过生日，妈妈给我切蛋糕的时候，我发现她的眼角出现了浅浅的皱纹……

◇今天爷爷走了很远的路，给我买了一双心爱的球鞋。接过爷爷递来的球鞋，我感觉手上沉甸甸的……

◇三年级的时候，第一次在全校开学典礼上发言，我很紧张。看到同学们鼓励的目光，我又有了信心……

这次习作，写一件自己成长过程中印象最深的事情，要把事情的经过写清楚，还要把感到自己长大了的"那一刻"的情形写具体，记录当时的真实感受。题目自拟。

写完后和同学交流，看看有没有把"那一刻"的情形写具体，根据同学的意思进行修改。

统编本六年级上册习作一：变形记

《花之歌》是花的自述，想象奇特，读来很有趣味。如果你有这样一个机会，把自己变成另一种东西，会发生什么呢？

你可以变得很小，如一只蚂蚁，一棵草，一粒石子；也可以变得很大，如一头大象，一辆汽车，甚至是一个星球。

变形后，你生活的世界将随之发生改变。

◇如果你变成一只蚂蚁，可以在笔杆上散步，可以在书桌上探险；可能会结交几位蚂蚁朋友，可能会跟着哪只小昆虫去探索一个全新的世界……

◇如果你变成一盏路灯，你将无法移动，每天都有形形色色的人从你面前走过，你会看到很多发生在路上的故事……

选择下面的题目来写你的故事，也可以自拟一个有趣的题目。

地球自述

我是一条幸福的蚯蚓

飘在天上的日子

夜晚，一棵大树下的故事

发挥想象，把你变形后的经历写下来吧。写完后，和同学交换习作，看看他们对你的"世界"是不是感兴趣，再根据他们的意见修改自己的习作。

统编本六年级下册习作一：家乡的习俗

"离家三里远，别是一乡风。"我们的祖国幅员辽阔，民族众多，每个地方都有自己独特的风俗习惯。

你的家乡有哪些特别的风俗习惯？请你介绍一种风俗，或写一写你参加一次风俗活动的经历。

如果是介绍一种风俗，写之前，先查阅资料或问问长辈，深入了解这种风俗，想一想这种风俗的主要特点是什么，可以分几个方面介绍，重点介绍什么。在介绍的时候，可以适当写写自己对这种风俗的实际体验。

如果是写自己参加风俗活动的亲身经历，则可以把这种风俗的特点或来历自然地穿插在合适的地方，如，"听爸爸说，这个习俗大有来历呢……"或"我查资料得知，元宵象征着……"然后重点描写活动现场的情况和自身的感受。

如果你对这种风俗习惯有自己的想法，也可以表达出来。

写好以后和同学分享，根据同学的意见进行修改、完善。如果有条件，可以将全班同学的习作集中在一起，编成一本民俗作品集。

这三个年级的六个习作一教材，是不是没有一次明确地告诉师生为什么要写这些习作？如果把三至六年级所有的习作教材拿来读一读，会发现这是一种共同性的缺失。不告诉学生，教师也不去研究，一次次习作教学师生就共同没有明确的针对性，这些习作不就沦为一次又一次无所谓的、可有可无的练习吗？

如果我们把所有版本的小学语文课本中的习作放在一起，阅读、思考、研究，一定会发现这是一直被忽略的问题。我真诚建议教材修订能够得以重视，因为目的就是方向，方向偏了、模糊了，写作动力就弱了，时间久了许多人的写作动力也就没了，没有了写作动力，绝大多数学生讨厌写作就会继续存在。

第3堂课　一次课内习作最少需要用5课时来教

用几课时教一次课内习作？多年来，绝大多数一线教师教一次课内习作，用的是2～3课时。我认为，这是不科学的。

一、传统课内习作教学模式

2019年秋季，全国九年义务教育阶段全部使用统编本教材，很多小学语文教学类报纸杂志在很长一段时间内发表了各册习作的教学设计，教师们都会看到一次次习作都教2课时左右。那当下的每次课内习作，两三课时的习作教学又分别教什么呢？

第1课时：教师用20分钟左右的时间，设置情境，与学生对话，一层一层地向学生讲述怎么写这篇文章、注意事项等，接着就是学生打草稿，教师巡视给予部分学生指导。而草稿大多难以在课堂内完成，下课后学生会接着写。另外，学生还要自己修改修改，誊写好交给教师。

这是一线教师相当普遍的习作教学第1课时教学样式。名师公开课的第1课时教学，大同小异，绝大多数名师也是先讲后写，但很少让学生在课堂上写一篇完整的文章，因为时间不允许。他们大都让学生快速写个片段（习作时间8～15分钟），然后读学生所写片段，瞬时点评给台下教师听。

由于我国中小学班级人数较多，批改一次学生作文需要很长时间，用时一般在1周半左右。第1课时与第2课时教学时间大概相差一周半或两周。

第2课时：教师把批改后作文发给学生，做简单讲评。教学方法大致是读几篇教师认为的好作文，然后讲一讲这次习作大概有哪些问题。这是通常所说的作文讲评课，也叫作后讲评课。

第3课时：绝大多数教师的单元习作教学是没有第3课时的，个别

有想法的教师会偶尔做做。有了这一课时，上面的第 2 课时就变成了第
3 课时。那第 2 课时教什么呢？就是把作文带入班级里，指导学生批
改、写几句评语、再次修改。这一做法，可以减轻教师的批改负担，对
学生习作也会有些帮助。

我国绝大多数的三至六年级的小学语文教师，使用如上课内习作教
学模式，也是几十年没变的习作教学模式。而这种模式的确找不到多少
创新点。那这种模式，能让学生爱上写作吗？事实证明，确实有难度。

二、一次课内习作，到底需要多少课时来教？

我国 2001 年、2011 年的义务教育语文课程标准都明确规定：小学
课内习作一年 16 次左右。一年 16 次课内习作，就是一个学期要写 8 篇
文章。

教学计划写得非常清楚，从三年级开始，每周有两节作文课。我一
直认为，作文课不能做其他事情。一个学期 20 周左右，40 节左右作文
课，8 次课内习作平均一次习作用时 5 课时。如果去掉复习考试，一次
习作最少该用 4.5 课时。

研究日本、美国、德国等国家的课内写作教学，发现他们一次作
文要写 4～5 周（他们一年的课内写作总共写 6～8 篇），按照我们的算
法，他们一次作文要写 8～10 课时。对比之下，一次习作教 5 课时都是
少的。

什么样的写作教学是科学的，是最能让学生爱上写作的？肯定不是
2～3 课时的写作教学，没有时间保障，不能细细地去教学每一次习作，
想让尽可能多的学生喜欢上写作，简直是天方夜谭！

根据这样的研究结果，为了使全体学生真正地喜爱课内习作课，我
不得不将难以改变的每学期 8 次习作，扎扎实实地用 5 课时来教每一次
课内习作。过去，我教苏教版小学语文教材，除三年级每学期 8 次课内
习作外，四至六年级的课内习作每学期只写 7 篇，7 次习作，每次 5 课
时，正好。现在统编本教材一学期要写 8 次习作（六年级下册安排 6 个
单元，只写 6 次），每次用 5 课时来教，的确相当紧张。

5 课时教学一次课内习作的教学模式是怎样的？三至六年级，5 课
时教学一次课内习作的模式是一样的吗？不可能一样。

比如，三年级课内习作 5 课时教学模式与其他年级有很多不一样。三年级是起步习作阶段，每一次习作教学内容都是不一样的，也没有什么关联，所以 5 课时中的每一课时教学内容也不会有什么规律可循。只有一次习作教 5 课时，这个时间是固定的。

(一)一谈 5 课时习作教学

下面以统编本三年级上册第二单元"写日记"为例，谈一谈我的 5 课时习作教学。

第 1 课时

1. 一句话日记。给学生准备一张四五行作文格，先指导学生完成"(   )年(   )月(   )日 星期(   ) 天气(   )"，接着读作文格下面的问题，边读边想，选择一个问题，快速写出一句话日记。

(1)我今天吃了什么。

(2)我今天怎么到学校来的。

(3)我今天在语文、数学、英语等课堂上学了什么。

(4)我班级中的某个人做了某件事。

(5)我今天看到的天上云彩。

(6)我今天与谁说了什么话。

(7)我的小宠物。

(8)我听到了什么声音。

......

2. 同桌互换读作品，看看同桌所写。如果同桌需要帮助，请快速帮助一下。

3. 教师朗读学生的一句话日记。

4. 教师大声朗读一本书《金鱼日记》。这是美国儿童文学作家德文·斯克里恩与美国插画家蒂姆·鲍尔斯共同创作的一本图画书，常骥超翻译，北京联合出版公司出版。这是一本有 14 篇日记，以及多幅图组成的书。大声朗读这本书给学生听，只需要 10～12 分钟。这本书能解决什么问题呢？

(1)第一天的日记：我在鱼缸里游来游去。

(2)第二天的日记：我还在鱼缸里游来游去。

师问：两天的日记有什么不同吗？所有的学生都能发现第二天比第一天的日记多一个字"还"。是的，作家通过这一点告诉读者，写一句话日记是可以的，但第二天的日记怎么也得比第一天多最起码一个字。多，就是进步；多就是变化。（这是降低写作恐惧感的教学，学生一定能明白其中的道理）

（3）第三天的日记：我仍然在鱼缸里游来游去。也许，我应该打个盹儿。可鱼儿不用打盹儿，所以，我继续游来游去。

教学中，千万不要把第三天的日记一股脑全给学生。应该分三段，一段一段地呈现给他们。当学生听到"我仍然在鱼缸里游来游去"后，一定会大笑并且说："比第二天又多一个字，写日记太简单了!"（降低写作恐惧感立即就见效）此时，教师一定要好好表扬学生。接着讲，这个作家还写了一段呢！请听："也许，我应该打个盹儿。"同学们肯定会跟着读，教师可以顺势说出："这就是有趣。"（板书"有趣"）接着读"可鱼儿不用打盹儿，所以，我继续游来游去。"学生听到这里会笑得不行了。教师问："三天的日记，大家都看到了。主要写得什么?"学生回答："写金鱼在鱼缸里游来游去。""是的，简简单单，清清楚楚，明明白白。"（这是写作风格的教学，哪怕一句话也要写清楚，重视简洁，考虑读者）

教师继续问："第三天的日记与前两天不一样！都写三段了！你们觉得第四天会写什么呢？请同学们猜一猜。"我在多个班级实验过，大多数学生都会说："作家肯定还会写'在鱼缸里游来游去!'"（这是预测式教学）

（4）一起读第四天的日记："来了一位小伙伴，我不太喜欢他的样子。他一句话也不说，只是吐泡泡。"读后问学生："你们为什么都猜错了?"学生定会大悟："再写'游来游去'，这本书就一钱不值、没有人读了。"学生的答案就是这么纯粹！事实就是如此。

（5）接着读第五天的日记："泡泡先生呆呆地看着我，还是一声不吭。我向他问好，可他回答：'咕噜咕噜……'哇，真有点儿恐怖！"

师问：这一天的日记与前四天的日记有什么不同？

同学们发现了"说话句"。

我顺势而问："你们都 10 岁了，你们这些年都与哪些人说过话?"

学生们都笑了，他们说自己与爸爸、妈妈、爷爷、奶奶、外公、外婆、父母的同事、邻居、伙伴、教师、同学、宠物、玩具……我说："把每天你们所说的话写下来就和这位作家的水平一样了!"

（6）接着把后面的九篇日记读完。学生一定会发现接下来的九篇日记完全不一样，有的是三段，有的是四段，有的又回到了一段、两段，有的是十几段，最后一篇超级长超级长。时长时短，越写越有意思，越写越好玩。

5．总结。

今天的日记，刚才完成后，明天就要写第二篇日记了，写什么呢？你们都清楚。

第 2 课时

1．讨论并知道人为什么要写日记。

（1）上节课，你写了什么日记，还记得吗？（如果学生说记得，那就没有必要让他们说了）

（2）上周二，你做了哪些事，还记得吗？

（3）上个月的 10 号，你做了哪些事，还记得吗？

（4）三个月前的 10 号，你做了哪些事，还记得吗？

（5）六个月前的 10 号，你做了哪些事，还记得吗？

（6）一年前的今天，你做了什么事，还记得吗？

（实践表明，唯有过去的某一天是自己、父母等人的生日或其他有纪念意义的日子才可能会被记得，其余的事，大多都忘掉了。）

讨论：为什么很多很多自己做过的事大多忘记了呢？怎么才能记住自己每一天的许多事呢？通过讨论寻找方法并揭示写日记的好处。

2．疯狂式阅读（1）。

《永田爷爷的动物观察日记》是法国瑟伊编写的图画书，北京科学技术出版社出版。这套书共有 10 本，分别讲述了蚂蚁、乌龟、鳄鱼、鼹鼠、狐狸、蜗牛、青蛙、企鹅、猫头鹰、刺猬 10 种动物，大声读一本，只需要 2～3 分钟，一套 10 本读完也就是 25 分钟左右。这套书的神奇之处就是用有趣的画面和简单的语句来点燃孩子们对观察周围世界的热情，而这套书还能帮助学生打开春天的门，寻找到一个个神奇有趣的动物，更能让人走进遐想联翩的大自然。教师买了这套书，拍成图片，制作成幻灯片，课堂中读一遍就行，不会有任何难度。

3．今天的日记写作。

听完这十本书，写一篇比昨天最起码多一个字的日记如何？作为回家日记完成。（给学生准备一个 5～8 行格子的日记纸）

第 3 课时

1．大声读学生第 2 课时之后写下的日记（听书日记）。

2．疯狂式阅读（2）。

为学生提供如下日记图画书菜单：

(1)《泰格的丛林日记》，［波兰］普热梅斯瓦夫·维和特洛维奇著，［波兰］艾米莉亚·佐贝克绘，谢萌译，阳光出版社，2018。

(2)《蜘蛛的日记》，［美］朵琳·克罗宁著，［美］哈利·布里斯绘，侯超译，北京科学技术出版社，2019。

(3)《苍蝇的日记》，［美］朵琳·克罗宁著，［美］哈利·布里斯绘，侯超译，北京科学技术出版社，2019。

(4)《蚯蚓的日记》，［美］朵琳·克罗宁著，［美］哈利·布里斯绘，陈宏淑译，北京科学技术出版社，2013。

(5)《院子的日记》，［葡］伊莎贝尔·米尔斯·马丁斯著，［葡］贝尔纳多·卡瓦略绘，杨磊译，广西教育出版社，2014。

(6)《和青蛙在一起》，［日］松桥利光著，［日］木场叶子绘，张东君译，北京联合出版社，2016。

(7)《和鸟儿一起睡午觉》，［日］松桥利光著，［日］木场叶子绘，张东君译，北京联合出版社，2016。

(8)《兔子怕怕》，［日］松桥利光著，［日］木场叶子绘，张东君译，北京联合出版社，2016。

学生点选出二三本，老师用 10～15 分钟大声读给学生听。条件好的学校，可以把这些内容全做成幻灯片，学生手中如果有平板电脑，可以直接点读多本。

3. 日记写作。

听、看这么多的日记书，有没有你感兴趣的地方？如果有，就写下来。(给学生准备一张 5～8 行格子的日记纸。现场写，8 分钟内完成)

(这种日记不需要传统方式的批改，教师一眼就可以看出学生所写的东西，直接简单地给他们优或者加几个星就可以了!)

第 4 课时

1. 教学内容：三段式日记操练。(一篇日记最少写三个自然段的专门教学)

2. 素材及段的确立：

(1)第一段：今天上了哪些课？数一数。(数学、语文、英语、科学、体育、音乐、美术、道德与法治……)你觉得哪一门课，你最想在日记中写一写。

(2)第二段：哪位老师给你们上的课？这是每个学生都能写清楚的。

老师，你们都熟悉，可以多写几句这位老师。写什么内容，你自己定。

（3）第三段：今天在这门课上，你听懂了哪些内容？请多写几句。

（4）第四段：也可以写写自己的小感受。

3. 时间要求：(1)20 分钟内完成；(2)课堂交流 10 分钟。

4. 作文纸准备：一页纸，10～15 行。

5. 读者寻求：你写了谁，下课后就把日记交给那一位老师，请其写几句鼓励的话(其实这就是习作评语)。

第 5 课时

1. 看四个微视频。

（1）第一个视频：通过 6～8 分钟的微视频，向学生介绍《亲爱的汉修先生》《再见了汉修先生》。这是专门教学生写日记的好书，纽伯瑞儿童文学金奖作品。主人公鲍雷伊从一个只能写一两行，错别字还不少的孩子，通过一封封及一篇篇日记写作后，变成了热爱写作的少年。书中有很多方法，学生一读就知。

（2）第二个视频：通过 6～8 分钟的微视频，向学生介绍《捣蛋鬼日记》。这是一本非常有趣的书，这本书能让小朋友关注身边捣蛋鬼的事，把他们作为日记的内容，写出一篇篇有趣好玩的日记。

（3）第三个视频：通过 6～8 分钟的微视频，向学生介绍《小屁孩日记》(中国版、美国版各 20 册)。美国的那 20 本已经拍成三部电影了，插播几分钟的片段给学生看，告诉学生坚持写日记，将来说不定自己的日记也能拍成电视剧、电影。

（4）第四个视频：通过 6～8 分钟的微视频，向学生介绍《航海日记》，这是航海家哥伦布的一次航海的记录，哥伦布已经离开人们 500 多年了，为什么人们没有忘记他，并知道他 500 年前做了什么？因为这本日记书！同学们如果都写日记书，500 年、1000 年，甚至几千年后，都会有人知道你们现在做了哪些事。

使用四个微视频的目的在于告诉学生，读了这些书，你才能学会写日记，日记才能越写越长，越写越有味道，才能感觉到写日记是非常好玩、特别有价值的事。告诉学生，天天写写日记，很快就能完成一本书，因为日记能够让你写出人生的第一本书，而不停止地写日记，就可以完成更多的书。

2.“百千万页日记写作工程”仪式。

师：从今天开始，我们一起共写 100 页、1000 页、10000 页的日记，看看各需要多少天。一直写到六年级结束，看看我们共能完成多少页日记。

我在多个地方上了第 1 课时，还具体地讲了 5 课时教学设计。学生们非常喜欢，教师们也感觉到，这样的日记教学才是真正意义的创意味很浓的日记教学。不少教师问我要课件，5 课时实验下来，效果真的非常好。我在一个三年级班里试验了 5 课时，该班真的写至学期末，即使考试到来，也没有停止。从期末考试的作文中可以清楚地看到效果，每个同学都能把给的格子写完，写出来的东西还很有味道，对照班的学生与之差距相当大。如果此课只教 2 课时，不可能有这样的效果。另外，统编本四年级上册，又有一次日记习作，即习作三"写观察日记"，我知道三四年级教学要求肯定不一样。假如三年级我们能这样教，学生真的坚持写了一年，四年级的这次日记教学就没有多少必要了，除非里面有创意十足的要求。

(二)再谈 5 课时习作教学

下面以统编本三年级下册第四单元"写一个小实验"为例，再谈我的 5 课时习作教学。

第 1 课时

教学目标：通过现场做的一个小实验给孩子一个独特的写作思想。(小实验可以写成一本书)

教学过程：

1. 边写边教写起来。

(1)【出示】我是高老师，今天我要教大家写"关于实验"的文章。

师：文章的题目暂时不要写，读这句话，看看能否将这句话变成你文章的第一段？

生：今天，高老师要教我们写"关于实验"的文章。

(学生快速写下来)

(2)【出示】这个小实验的名称叫《左手和右手》，实验的目的：看看我们有什么样感觉？

师：读一读这句话，看看能否把这句话变成你文章的第二自然段的内容？

生：这个小实验的名称叫《左手和右手》，老师想让我们体会有什么感觉？

（学生快速写下来）

（3）实验开始：请同学们伸出左手，然后伸出右手。请用右手打自己的左手，用力、用力、用力打。停下来说一说什么感觉。

生：又麻又痛。

师：刚才是右手打了你的左手，把你打得又痛又麻，现在用你的左手报复一下右手，用力、用力、用力打。体会一下有什么感觉。

生：还是又麻又痛。

第三自然段写作：

【出示】高老师让我们先伸出（　　　），接着让我们（　　　），再让我们（　　　）。我们的感觉是（　　　）。你喜欢这个小实验吗？

师：快速填空，变成这篇文章的第三自然段。

（学生快速写第三自然段）

（4）魔法小实验。

师：同学们！刚才小实验的确不好玩。因为让你们又痛又麻。我呢，有一个神奇的魔法，能够让你们非常快乐的玩起来。什么样的方法呢？全世界人的左手都叫左手，右手都叫右手，一点创造都没有。请大家给自己的左手起个名字，右手起个名字。然后右手打左手时，就叫着名字打，看看有什么不同。

（同学们给自己的左手、右手起名字。然后开始玩。笑声不断）

师：有什么感觉？

生：太好玩了！

生：太有趣了！

生：居然感受不到痛和麻了！

（5）第四至第 N 自然段写作：

【出示】高老师说他有个神奇的魔法，那就是给（　　　），我的左手叫（　　　），右手叫（　　　）。

现在不是左手打右手，也不是右手打左手，而是（　　　）。

同学们实验着，个个（　　　）。这时的感觉是（　　　）。

为什么会这样呢？

（学生快速写作）

师：这样的写作难吗？

生：不难！

师：好玩吗？

生：好玩。

2. 读整本书给学生听。

这本书的名字叫《左手右手捣蛋鬼》，[澳]索尼娅·哈特尼特著，外语教学与研究出版社。

这本书共有八章，分别是：

第一章 我的左右手朋友

第二章 捣蛋鬼弟弟

第三章 谁干的？

第四章 撒谎

第五章 艰难的决定

第六章 小皮的腿

第七章 左手右手去度假

第八章 真相大白

比如第一章的内容：

我叫汉娜。这是我的两只手，他们的名字分别叫萨迪和拉茨。

我们和我的爸爸、妈妈，还有我的竹节虫——小皮，住在一起。以前，我想要只狗狗，但是妈妈说我还太小，不能养狗。

等我长大了一些，我却只得到一只竹节虫。爸爸耍赖皮，说："别忘了，还有萨迪和拉茨哟。"

萨迪和拉茨又不是狗狗！"

"但是他们疯起来就像两只小野兽啊。"爸爸狡辩道。

这些都是我喜欢的：

紫色的东西、瓢虫、小马、眼神神郁的洋娃娃。

当我很乖的时候，我会：

挠挠爸爸的耳朵、摸摸妈妈的头发、摇摇奶奶的大肚子。

萨迪和拉茨喜欢做这些事情：

吱嘎吱嘎地捏，咯吱咯吱地挤，啪啦啪啦地拍。

萨迪和拉茨还喜欢水虎鱼。

萨迪是老大。她的个头和拉茨的一样，但是她更调皮。

萨迪希望自己长大后变成一条龙，拉茨希望自己长大后变得更加强壮。

萨迪让拉茨做什么他就做什么。

他们组成了一个不错的团队。

　　他们喜欢把东西扭成一条，拧啊拧，揉呀揉，发出咔嚓咔嚓的声音。

　　当萨迪和拉茨横冲直撞的时候，大家可要小心啦！

　　对了，家里还有个人我没说呢。

　　是我的小弟弟。我真希望他是只小狗。

读完这一本书，只需要 12～15 分钟。

3. 讲什么是创意。

师：前面我们写的关于左手和右手的文章，是没有什么创意的。听了这本书，大家一定会感觉到这样的写作自己也能行。因为每个人起的名字不一样，所写的文章、书自然也不一样。什么是创意？什么是创意写作？写出来的文章不一样，就是创意十足的作品。

4. 讲小实验与写文章、写书。

实验就是动手动脑试一试

反复地试

大胆地试

边试边看边想边写

实验要一步一步地做

不管成功与失败

最后肯定有结果

把结果藏起来

世人不知，自私、可惜、遗憾

把结果变成文章和书

有趣、好玩，那是真正的幸福！

5. 小实验写成大文章。

上学期开始，我们就开始写日记了。如果你愿意，每天给自己的双手起不同的名字，玩转这个实验，每天都会写出好文章，要不了多久就能写成一本书！不要瞧不起这个小实验，小实验可以写成大文章呢！

第 2 课时

教学目标：介绍一个小实验，训练学生写一写非连续性文本写作。（简单的实验报告写作）

教学过程：

1. 出示并每人发一张图表。（根据教材改制而成）

师：今天的作文，就是听老师讲实验，然后把这张表填写好。

实验名称	
实验准备	
实验过程	第一步：
	第二步：
	第三步：
	第四步：
实验结果	

2. 读一则报道。

师读：

中央电视台举办的 2019 年"3·15"晚会上有这样的报道：医院废弃的注射袋经过加工后，最后变为儿童玩具和菜袋。

我们手中的不少玩具有可能就是这些废弃物变成的。

师：想不想自己做一些安全的塑料玩具？

生：想！

3. 写下实验名称。

做最安全的塑料玩具。（生写）

4. 实验前准备。

实验前需要哪些准备？请看下面的图，看看是否认识这些东西，并写下来。

准备的材料：牛奶、白醋、锅、勺子、旧丝袜、各种各样的模子。

5. 实验步骤。

第一步：出示图，并请同学们看图并说一说第一步做什么。

（学生说后再写，多位学生补充说完，然后再写）

（学生写：第一步，先把牛奶倒入锅里加热。在快要沸腾时，把锅端下来）

第二步：出示图，并请同学们先看图再说一说，接着写下来。

（一名学生先说，多名学生补充说，然后写下来）

（学生写：第二步，接着往热牛奶中加一勺白醋，然后搅一搅）

第三步：出示图，并请同学们先看图再说一说，接着写下来。

（一名学生先说，多名学生补充说，然后写下来）

（学生写：第三步，等牛奶凉了后，会产生很多很多白色的小块儿。这时候该做什么呢？把它们装进旧丝袜里，把水挤掉）

第四步：出示图，并请同学们先看图再说一说，接着写下来。

（一名学生先说，多名学生补充说，然后写下来）

（学生写：第四步，最后，把挤掉水分的牛奶块儿放到不同形状的模子里，将模子放在通风处晾干）

6. 实验结果。

全部晾干后，用牛奶做的安全的塑料玩具就成功了！

师：老师只是用这个实验，带着大家学会写实验记录，如果能加上一点思考，比如为什么牛奶加白醋可以制成安全玩具，就是一份非常完整的实验报告了。

7. 疯狂式读书及小作业。

师：同学们，想知道这个实验是从哪里来的吗？

我给大家介绍一套书。这套书叫"科学小种子"系列，这是一套非常好玩的关于小实验的图画书。这套书共 12 本（《了不起的塑料》《大树，变成了什么？》《美味的面食世界》《呀，生锈了！》《有趣的浮力游戏》《狐狸叔叔的厨房》《无敌大力士》《一起分分类》《谁的本领大》《弹一弹，跳一跳》《大家来玩跷跷板》《肥皂泡泡飘啊飘》），每本书只要五六分钟就可以读完。

【小作业】每一本书的后面都有一个实验，你们可以在家里选择一个或两个做一做，一边做一边记一边思考，一个个实验报告就能完成。

第3课时

教学目标：现场做一个验证性实验，写写自己的发现。

教学过程：

1. 导语。

师说：亲爱的同学们，在科学研究上，只有第一，没有第二，也就是你做的实验与得出来的结论如果早就有过，这个实验就不是你的，你绝对不能以你的名字发表，除非你有了新发现、新成果，否则就是抄袭、就是作弊。而原创性的实验及结论，如果通过无数人的反复实验仍发现不了你实验得到的结果，也说明你的那个实验有可能是假的，这就是学术上的诚信问题。

2. 教师带着学生快速阅读《苹果里的五角星》。

邻居家的小男孩是我家的常客，差不多每天都要跑来向我报告幼儿园的新闻，或者显示显示他学会的新本领。一天，他来到我家，从桌子上拿起一把小刀，又向我要了一只苹果，说："大哥哥，我要让你看看里面藏着什么。"

"我知道里面是什么。"我瞧着他说。

"不，你不知道的，还是让我切给你看吧。"说着他把苹果一切两半。我们通常的切法是从顶部切到底部，而他呢，却是拦腰切下去。然后，他把切好的苹果举到我面前："大哥哥，看哪，里头有颗五角星呢！"

真的，从横切面看，可以清晰地看出，苹果核果然像一颗五角星。我见过许多人切苹果，他们对切苹果都不生疏，总是循规蹈矩地按通常的切法，把它们一切两半，却从未见过还有另一种切法，更没想到苹果里还隐藏着"五角星"！

第一次这样切苹果的，也许是出于无意，也许是出于好奇。使我深有感触的是，这鲜为人知的图案竟有那么大的魅力。这个秘密不知从什么地方传到那男孩的幼儿园，然后又由他传给我，现在我又传给你们大家。是的，如果你想知道什么叫创造力，往小处说，就是换一种切苹果的方法。①

3. 一起通过实验验证，看看苹果里有没有五角星。

实验步骤：

（1）我拿来一个苹果，我在想，它的腰在哪里呢？

（2）我用尺子量了一下它的身高，7厘米呢！

（3）我就1厘米1厘米切，看看苹果的腰在哪里，看看能否切出五角星。数一数，切六刀就可以了。

第一刀切下去，是这样的！

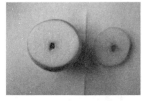

发现一个洞，看来苹果的腰不在1厘米处！

第二刀切下去，是这样的！

发现一个黑点，看来苹果的腰不在2厘米处！

第三刀切下去，是这样的！

奇怪，出现了好怪异的星星，苹果的腰是不是在这里呢？

第四刀切下去，是这样的！

怎么没有五角星呢？不过，苹果的腰，应该在这里！

第五刀切下去，是这样的！

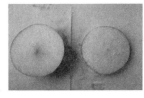

什么星都没有了！最后一刀就不需要切了。这次实验，我找到了苹果的腰，但没有切出来五角星。

4. 讨论。

通过这次小实验，我们发现苹果里根本没有五角星。为什么呢？与

---

① 张庆、朱家珑主编：《义务教育课程标准实验教科书 语文 四年级·下册》，南京，江苏教育出版社，2018。

学生全面讨论。

5. 回家试一试。

看看切几个苹果能切到五角星？思考并写下来，为什么有的能切出来，有的切不出来？也可以尝试切其他水果，看看有什么新发现？

第 4 课时

教学目录：回忆性实验习作（写一次小实验）

教学过程：

1. 打开课本，读一读习作四。明确这次习作写的实验，是回忆性实验，即过去做过哪些实验，想好了，就开始写。

2. 师：同学们都上过科学课，科学课上老师做过哪些实验？

（请列出几个来）

3. 反复看看，自己列出的几个实验，想一想哪个实验还有印象？

（学生说一说）

4. 这个实验用了哪些器材？

5. 实验的每一步做了什么？仔细想。

6. 这个实验告诉你什么？

7. 想好后，立即写下来。

（誊写后，交老师批改）

第 5 课时

教学目标：点评学生上节课作文，认识世界大实验。

教学过程：

1. 读几篇学生作文。

2. 根据学生作品，说一说此次习作还有哪些问题。

3. 看图。

（教师们可以以"太空育种"搜索图片，一定会发现太空茄子、太空辣椒、太空南瓜、太空黄瓜、太空小麦、太空水稻、太空丝瓜、太空葫芦、太空草莓等的图片有很多。你可以把这些图片做成幻灯片，让学生一幅幅地看）

（学生是在惊叫声中读完图片的）

师：亲爱的同学们，这些果实的种子你知道是怎么来的吗？科学家把我们百姓种的蔬菜、庄稼等种子带入太空，在太空待上一段时间再拿回地球。经过种植，科学家以此验证了，有的原来小的果实变大了，当然也有大的变小。为什么呢？这些植物的基因因为太空辐射而产生了变化！这个实验，不是小实验，只有科学家们共同努力才能做得了。我们班中，将来肯定有这样的科学家，因为还有很多很多实验等待着大家去做呢！

4. 实验室介绍。

(1)贝尔实验室。

(2)加州大学伯克利分校的劳伦斯伯克利国家实验室。

(3)麻省理工学院的林肯实验室。

(4)加州大学的洛斯阿拉莫斯国家实验室。

(5)布鲁克海文国家试验室。

(6)加州理工学院的喷气推进实验室。

(7)美国橡树岭国家实验室。

(8)阿贡国家实验室。

(9)德国的联邦技术物理研究所。

(10)英国的国家物理实验室。

(11)欧洲核子研究中心。

(12)华为实验室。

师：同学们，你们可以到网上查找一下这些实验室，读一读。多么希望大家将来能到这些实验室里去实验、研究和创作。

5. 你想拥有一个实验室吗？

师：我读过很多教育方面的书，知道好多国家的大人给自己的孩子建立了实验室。请大家好好想想，给自己设计一个实验室。设计好了，读给父母听，与他们讨论讨论，看看能否给你们真的建立一个小实验室。如果真的建了，那就好好做实验。请记住，做实验，一定要将实验写成文章。

(三)三谈 5 课时习作教学

下面以统编本五年级下册习作二"读后感"为例，三谈 5 课时习作教学。

第 1 课时

教学目标：

1. 认识什么是读后感，什么是大读后感，什么是写读后感。

2. 如何写大读后感。

教学过程：

一、玩转三个图文字，知道什么是读后感

1. 出示"感、后、读"三个图文字让学生去看去想，然后自由地说。

2. 把三张图重组放在一起，告诉学生这就是"读后感"。

3. 分别讲述汉字"读、后、感"的源流，将这些字的甲骨文、金文、大篆、小篆呈现给学生。

(1)读：言字旁，表示按照文字念。右边是卖，表示读如叫卖，嘴巴要出声。本义是诵书，分析理解书上文字的意义。引申义有看、研究等。

(2)后：甲骨文中这个字的意思是母亲生子。后来变成从"彳"(甲骨文中这个字像纵横相交的十字路口，道路、慢步行走的意思)，从"幺"(小，排行最末的)，从"夂"(迟缓的意思)，表示走在后面。"后"和"後"本来是两个字，简化后变成一个字，与"前"相反。

(3)感：从"心"(古文字形像心脏)，从"咸"(表示众人喊杀声连天，即众人齐声呼喊)，感，表示整个心在呼喊，整个心受到感动。

4. 什么是读后感？什么是写读后感？

读后感就是读人、读事、读万物后，心中产生的感动、感想。

写读后感，就是读后把心中的感动、感想用文字写下来，写成文章、写成书。

二、以一幅图为例，讲读后感的样式

1. 出示一张结满苹果的苹果树图，让学生读图、说图。

2. 有人读了苹果树写了一首诗，《苹果熟了》：苹果熟了/苹果树/

就不高昂着头了//（学生读后，谈谈这首诗）。

3. 老师大声朗读《母鸡和苹果树》。这是一篇童话故事，读后让学生明白，看一幅图，照样可以创作一篇童话故事。

4. 介绍与"苹果"有关的童书。

(1)《五个苹果折腾地球》郑渊洁

(2)《苹果裙的秘密》伍美珍

(3)《星星月亮苹果树》李姗姗

(4)《苹果小人儿》金波

(5)《夏天里的苹果梦》王宜振

(6)《苹果树下的书香》徐鲁

(7)《首先有一个苹果》[日]伊东宽

(8)《环游世界做苹果派》[法]玛乔丽·普赖斯曼

(9)《苹果派》[英]凯特·格林威

(10)《谢谢你，小苹果！》[奥地利]布丽吉特·威宁格

(11)《好大的红苹果》[日]垂石真子

(12)《爱心树》[美]谢尔·希尔弗斯坦

(13)《自由的苹果：海莉·塔布曼》[美]葛兰妮蒂·提莉·特纳

(14)《苹果蛋糕》[荷]尼恩科·范希荷顿

(15)《一个红苹果》[日]岩村和朗

(16)《好大的苹果》[日]阳野道子

(17)《苹果艾玻和牙仙子》[英]杰娜·安思蓓

(18)《一个苹果对半分》[法]维若尼可·马塞诺

(19)《苹果树上的外婆》[奥地利]米拉·洛贝

(20)《寻找苹果树》[美]巴巴拉·本尼斯

(21)《苹果树》[英]约翰·高尔斯华绥(1932 年诺贝尔文学奖获奖作品)

让学生看这些书的封面，快速简单地介绍这些书。学生在听中，肯定会明白：一幅图画，看完之后，拼命想，拼命写，能写出一本又一本书，这就是超级读后感。

5. 出示我写的几句诗。

亚当夏娃偷吃了苹果/从此人知道了羞耻//牛顿发现苹果从树上掉下来/不是掉到天上/发现万有引力//乔布斯啃了一口的/那个苹果手机//那几年大人小孩都在唱的/现在早就忘记的/"你是我的小苹果"//

问：我们每个人的苹果树、苹果是什么呢？这是同学们可以思考，可以去创作的。

三、讲一首我创作的"诗"，知道人为什么要写读后感

1. 师读《一棵树远不止是一棵树》。

　　有人，读了一棵树，创作了一句话；

　　有人，读了一棵树，创作了一首诗；

　　有人，读了一棵树，创作了一则寓言；

　　有人，读了一棵树，创作了一篇童话；

　　有人，读了一棵树，给大树写了一封信；

　　有人，读了一棵树，创作出一本厚厚的书；

　　因为在他们的眼里，一棵树远不止是一棵树！

　　但，我们的身边有——

　　很多人，读了很多树，一个字都没写！

　　因为在他们的眼里，一棵树只是一棵树！

2. 将"一棵树"换成"爸爸、妈妈、学校、蚂蚁"等，改写上面的诗。

3. 探讨人为什么要写读后感？原因之一：不写会永远忘记！可惜！原因之二：读是欠债，写是还债！给学生讲大数学陈省身与吴文俊的故事。

四、以读一本书为例，谈如何还债

1. 怎么还债？介绍还债方法。

(1)读一篇文章、一本书、一个人、某件事等还一句话！

(2)读一篇文章、一本书、一个人、某件事等还一段话！

(3)读一篇文章、一本书、一个人、某件事等还一首诗！

(4)读一篇文章、一本书、一个人、某件事等还一封信！

(5)读一篇文章、一本书、一个人、某件事等还一长文！

(6)读一篇文章、一本书、一个人、某件事等还一本书！

2. 以读《西游记》为例谈还债。

(1)"一句话"读后感：唐僧带着徒弟到西天取经，真好看哟！

(2)"一段话"读后感：《西游记》里的人物有情有义、有血有肉。孙悟空疾恶如仇，英勇无畏；猪八戒好吃懒做，纯朴天真；沙和尚任劳任怨，忠心不二；唐僧信念坚定，勇敢善良。我特别喜欢看《西游记》。

(3)"一首诗"读后感：大闹天宫/乱了乾坤纲常/宇宙失衡/天地灾祸横生/苍穹如血/赤焰翻腾/众星陨落/大地龟裂/天庭有孙大圣翻云倒雾

闹九霄/人间有王莽篡政应劫生/数百年杀伐/荼害众生/苦海茫茫 彼岸何处寻？//直至那/盛世大唐/圣人出/结佛缘/轮转十回偿万难/师徒四众/扫除千魔/涤荡尘心/金刚不动只向西/妙音佛法洪万里/力挽众生出苦海/成就了/千古西游/人神共传奇！//

（4）"一封信"读后感。

肥肥猪八戒：

你好！

我是一个小学生，叫杨赛男。

趁着今天上作文课，给你写一封信。你去看望你那美丽的新娘了吗？她可能生了个小八戒哦！

你可知道我们穿的是什么样的衣服吗？可不是像你那样，把大肚皮露在外面的衣服呀。我们那儿只有那些身材苗条的美女们才露一点点平坦的肚皮，那才叫漂亮呢，而且衣服颜色明艳，式样繁多，好看极了！嘻，羡慕我们吧。

你和你的那些神仙师兄弟们不是能呼风唤雨、腾云驾雾吗？今天，我们凡人也做到了。只要哪里久旱不雨，我们就可以冲着那里的天空放几个大炮，雨滴马上就哗啦啦地下起来了，根本就不用去请龙王爷来帮忙。哎，你不是一直惦记着嫦娥姐姐吗？人类也已飞到月亮上面去看过了，发现那里除了一些环形山以外，连嫦娥姐姐的影子都没有，是不是那里的生存环境太差了，嫦娥姐姐又搬回到人间来居住了呢？你可得去打听打听。

这下，你可能要问了，我们是怎样飞上天去的呢？这就是我们人类爱动脑子，勤奋向上的结果。这不，我国自行研制的"神舟六号"宇宙飞船成功发射升空，载着费俊龙、聂海胜叔叔在太空遨游了 115 小时 32 分，太空之旅 325 万千米呢。怎么样？你那本领最大的孙悟空师兄，一个跟头也就十万八千里，他得翻多少跟头呀？看来，你得认我们这些凡人为师父了吧！你看，我们人类的科技多发达呀。

猪八戒，我真希望你能改掉好吃懒做的毛病，穿过时空，到我们现实生活中来，让我们来教你怎样腾云驾雾，成为本领更大的"神仙"吧。

盼望你尽早来到人间和我们一起快乐地玩耍。

祝你一天比一天帅气。

一个喜欢你的小学生：杨赛男

2006 年 5 月 16 日

（5）一篇长文章读后感：有人写了《西游记 488 处错误》，这篇文章一看就知道很长。

（6）一本"书"读后感：如《漫话西游》《大话西游》《梦幻西游》《西游记研究》《李卓吾先生批评西游记》《西游证道书》等。

五、介绍美国学生如何写读后感

师：有一本书叫《朱小蔓与朱小棣跨洋对话》。朱小蔓教授问她的弟弟朱小棣："美国人是如何培养中小学生创造性的。"朱小棣总共谈了五点，其中第一点是"美国中小学培养学生的创造性有很多办法，首先是美国非常注重阅读和写作，而阅读和写作是很能培养创造性的。读书以后通常要写读后感，仅读后感的写作，美国教师就让孩子用很多种模式写。比如，一种是想象自己就是作者，写一封信给朋友，介绍这本书；一种以书中主角的口吻来写几篇日记，通过日记反映书中的主要内容；还有一种是假设你组织了一个活动，请作者来参加，你作为主持人，向听众介绍作者和他的书等，形式非常灵活。"

第 2 课时

教学目标：读文章学写诗歌型读后感。

教学过程：

一、读教材，明确习作任务

1. 师生共读习作二的教材内容。

写读后感

我们读一篇文章或一本书，往往会有自己的感想。有时一些人物会给你留下很深的印象，如安徒生童话中的小人鱼；有时一些情形会让你受到触动，如《祖父的园子》中"我"跟着祖父学种菜的温馨情景；有时文字中蕴含的道理会让你深受启发，如《铁杵成针》揭示做事要有恒心的道理。把读一篇文章或一本书后的感想写下来，就是读后感。

选择读过的一篇文章或一本书，写一篇读后感。先简单介绍一下文章或书的内容，可以重点介绍你印象最深的部分。再选择一两处你感触最深的内容，写出自己的感想，感想要真实、具体。可以联系自己的阅读积累和生活经验，也可以引用原文中的个别语句。

题目可以是"读《×××》有感"或"《×××》读后感"，也可以将它作为副标题，再自拟主标题。写完后读一读，看看有没有把自己的感想表达清楚，再和同学交流。

2. 写这篇作文前，学了几篇课文了？

生：8 篇。分别是《古诗三首》《祖父的园子》《月是故乡明》《梅花魂》《草船借箭》《景阳冈》《猴王出世》《红楼春趣》。

二、学生习作、交流

1. 师：课文学过 8 篇了，大家都非常熟悉。请选择一篇，写读后感。怎么写，不需要教，相信大家能写好。

2. 写作时间：10 分钟。

3. 写完之后交流 3～5 篇。

三、用"我"的读后感来教

师：上个学期第五单元，我们学过《太阳》《松鼠》，"我"读完之后写的读后感是：

读《太阳》有感

高子阳

太阳月亮星星
天天看着我们
我们也常常看着它们
你认识它们吗？
你知道它们吗？
你读懂它们吗？
你会写它们吗？

靠我们的简单观察想象
写下来的太阳月亮星星
只能是神话诗歌童话和小说

认识太阳知道月亮读懂星球
写真正的它们
只有在科学家的书里徜徉

走进图书馆
进入天文台
读起来

一本一本又一本
不读你写不出漂亮的文章
也不会用列数据和打比方

读《松鼠》有感
高子阳

非常敬佩布封
没有一年两年的观察
写不出《松鼠》

如果你看过《动物世界》电视片
几十分钟介绍的那个动物
既让人汗毛竖起
也会让人赞叹不已
只有制作人知道
多少汗水多少风雨多少危险
才凑够这几十分钟

有关动物的说明文
非常难写
特别是那些——
野生动物
稀有动物
没有长时间的观察记录
你只能咬断笔头两手空空

师：其实，你们也可以把这 8 篇课文一一写成"诗型读后感"。

四、诗型读后感教学

1. 给学生读《格林童话》中的《睡美人》。

2. 意大利国际安徒生奖获得者贾里·罗大里读完这个童话写下了一首诗，请看：

睡美人

[意]贾里·罗大里

童话在哪里？

每个家里有一个。

在桌子的木头里，

在杯子里，

在玫瑰里。

童话躲在里面，

很久了，不说话。

她是一个睡美人，

需要将她唤醒。

如果没有一个王子，

或者一个诗人把它亲吻，

有个孩子将会

白白等待她的童话。

3. 世界上有很多作家创作过这样的诗歌读后感。

五、修改或重写自己的作品

1. 修改自己的课文诗。

2. 试着把本学期学过的课文一一改成诗，在日记本上进行这一写作练习。

3. 如果可能，以后所学的每篇新课文就写一首课文诗。

第 3 课时

教学目标：读新闻写读后感。

上课教室：未来教室(计算机室)。

教学过程：

一、给大家读一则新闻

1. 文字材料。

(1)读一则当天国内的重大新闻。

(2)读一则当天国际重大新闻。

2. 图片材料(找一组图片式新闻给学生看)。

二、读写任务

师提出以下要求：

1. 请大家进入"中国新闻网"、"中少在线"、"中国儿童中心"等网站自读新闻，看文字、图片、视频都可以。时间：15 分钟。

2. 自主阅读新闻，其中肯定有一则新闻让你有想法、有感受，请快速写下来。时间：15 分钟。

三、习作交流

读三五篇学生文章，读评结合。

四、为什么要读新闻写感受

世界这么大，每一分每一秒，世界上都有这样那样的事发生。很多很多事能引发我们思考。有的可以写成读后感，这个读后感也叫评论，还有人看到一则新闻，竟然能将新闻变成书。

读图画书《有个性的羊》，知道这本书就是由一则新闻创作出来的。

五、读书看电影任务布置

请读一本新童书，在父母的陪伴下看一部电影。读后观完，把自己的感想写在日记中。

第 4 课时

教学目标：读"书"写读后感(1)。

教学过程：

一、读两本我国作家的图画书，现场第一次习作

1. 大声朗读《老鼠嫁女》，这是我国的原创故事图画书，由金波主编，李蓉绘画。

2. 大声朗读《老鼠娶新娘》，这是我国张玲玲和刘宗慧创作的图画书。

3. 读后交流，现场第一次习作。

(1)这两个故事有什么相同点和不同点？

(2)你喜欢哪一个？请写出详细的理由。

(3)时间：8 分钟。

(4)写后交流 2～3 篇。

二、读两本外国作家的作品，现场第二次习作

1. 大声朗读《老鼠邮差转一圈》，这是加拿大玛丽安娜·迪比克的作品。最后一幅图画的是什么，写的是什么呢？让学生猜结局。

2. 大声朗读《小老鼠和大老虎》，这是美国庆子·凯萨兹的作品。最后一幅图画了什么，写了什么呢？让学生猜结局。

3. 现场第二次习作。

(1)中国作家与外国作家写老鼠，你认为有什么不同？

（2）时间：5 分钟。

（3）写后交流 2~3 篇。

三、推荐阅读有关书籍及大写作任务

1. 如果你有兴趣，接下来的时间，读一读下面关于"老鼠"的书，写一篇《中外作家笔下的老鼠》肯定没有问题。

《可爱的鼠小弟》（26 本）

《图书馆老鼠》（6 本）

《胆小的老鼠》

《小老鼠的漫长一夜》

《小老鼠忙碌的一天》

《城市老鼠与乡下老鼠》

《睡鼠的睡梦时光》

《14 只老鼠》（14 本）

《森林中的小老鼠一家》（7 本）

……

2. 如果读一些关于"小狗"的书，写一篇《中外作家笔下的小狗》肯定行。

3. 如果读一些关于"兔子""猪"的书等，肯定能写……

四、小结

这种读后感是大量阅读之后，通过对比研究写下来的，这样的文章也叫论文。

第 5 课时

教学目标：读"书"写读后感（2）。

教学过程：

一、课堂写作任务布置

1. 你最近看的一本是《　　　　　　　》

2. 你用多长时间读完的？

3. 读了这本书，要写一篇读后感。

4. 选择自己喜欢的方式，完成一篇读后感。

5. 时间：20 分钟。

二、学生写作并交流

1. 学生写完之后，让他们朗读并修改。

2. 学生交流作品。

3. 教师最近读书后写下的读后感展示。

三、"我喜欢的 100 本书"读后感启动仪式

从一年级到现在,你们肯定读过不少书。今天晚上回家看一看有多少,把目录列出来。然后,用 100 天的时间,用你喜欢的方式写这些书的读后感。一天一篇。如果你愿意做,这学期一定能完成一本厚厚的书——《我读的 100 本好书》。我们中国,或许还没有哪所学校做过,大家敢做,或许就是中国第一,也可能是世界第一。

如上方式教学读后感与传统的读后感写作教学差异非常大。这样教学,学生可能会喜欢写读后感。如果按照教材来教,学生能够完成习作任务,但可能很难因为这次训练而喜欢上写读后感。而用 5 课时来教,就对学生进行了一项专业训练,他们会爱上写读后感,这就是专业化读后感教学的价值所在。

三、通用型"5 课时赏评式课内习作教学模式"

什么是"课内习作教学"?我个人认为,课内习作教学就是每次习作教学要在课堂这个单位时间内完成,也就是说要在课堂这个单位时间内完成作前指导、起草、修改、誊写、批改、讲评等。看到这一解释,几乎所有的语文教师都会说:"不可能在课堂中完成!"因为"誊写、批改"不可能在课堂内完成,长期以来,都是在课外完成的。难道课程标准中使用的"课内习作"有问题?而我觉得"课内习作"(我更喜欢"课内写作")的提法非常好,这是减轻语文教师作文教学负担的提法,是真正引领学生喜欢课内写作的提法,是向习作课堂要质量的提法。如果继续将某环节放至课外,就不叫课内习作,应该叫课内外结合式习作,但课程标准中没有这一说法呀。

面对这一难题,我创造了"5 课时赏评式课内习作教学模式"让所有的习作教学任务都在课堂中进行,不再延伸到课外,实验十多年了,师生共同喜欢。

第 1 课时

第一,相信学生人人能写!用 7 分钟以内的时间,把习作教材转化成"我"一定能够完成的写作话题,并激活学生快速思考"我要写什么"。

我研究了过去十几套及正在使用的统编本所有语文教材的习作,发

现所有的内容都可以转化成"我的( )"之话题，比如统编本教材三年级上册的八个单元，可分别转化为：我的(那位特别同学我会写)，我的(一天我来记)，我的(故事我的童话)，我的(续写比你好)，我的(缤纷世界我能写)，我的(周围有美景)，我的(一个想法与你不一样)，我的(玩我清楚)。实践证明这种转化可一下子点醒学生，一下子把学生带到写作的真实情境之中，使他们快速书写起来。三年级开始写作，学生都十岁了，相信他们、尊重他们，完全可以从第1课时开始就能写作。

第二，余下的30多分钟，教师要营造一个安静的外部环境，让学生迅速地将心里所想变成草稿。教师尽可能不要巡视，要相信学生能完成草稿。因为巡视会切断儿童的灵感，让思维中断。放手，给学生自由，学生在桌子上写，教师在讲台上写，连音乐都不要放，安静之下，笔走才能如飞。

第三，布置学生课后阅读作文纸反面的内容及相关的整本书。因为"十有作文本"(本书的第6堂课会专门介绍这个作文本)后面有专门的与本次习作相关的整本书阅读。这些书大多是图画书、桥梁书，20分钟左右就可以读完。这种阅读能够帮助接下来的自主修改。

第 2 课时

过去，学生打完草稿之后，教师让其简单修改就誊写了。这一做法事实证明是低效的。第2课时的任务重在自主修改及认真誊写。如何自主修改？

第一，让每位学生利用10分钟时间，大声朗读自己的草稿作品最少7遍，在朗读的过程中完成自主修改。为什么最少读7遍？我调查发现，学生写完草稿，大多是边读边改，读自己的草稿并没有真正的"反复"。教育家叶圣陶先生是如何教叶至善的？叶老坐在椅子上，让叶至善大声朗读自己的作品，一遍一遍又一遍地读，当叶老说停止时，叶至善的文章就自己改好了。叶老说，反复读，自己一定能发现很多问题，能正确流利地把自己文章读好了，修改自然就完成了，因为这能做到真正的文从字顺。叶老说："什么是通顺？通则顺，顺则通，不通则不顺，不顺则不通。"把大声朗读作品的时间充分地给学生，这是过去的习作课堂所缺少的。

第二，学生朗读的过程中，教师走进学生中间，听学生读作品，可以听六七个学生读完。在听的过程中，利用2～3分钟的时间，点出学生的共性问题。这是先写后教的"第一次教"。

第三，让学生用 20 多分钟的时间认真誊写，并完成"十有作文本"中评价表里的自主评价。

第四，学生交来作品后，传统做法，也就是教师们最讨厌的，就是立即一本一本地批改。把批改的环节放在课外，教师肯定累。把学生叫到教师面前批改，是好办法，但教师们普遍不用，因为太难实现了。我的做法是不要这些传统，但教师应该尊重学生的作品，这种尊重就是快速阅读全体学生作品，不要写批语，好的句段快速画下来就行，为后面的精彩讲评做准备。快速阅读中，肯定会确定需要课堂现场细改的作品，当然也能发现佳作。从欣赏的角度阅读学生作品，最多一节课就可以读完，一点都不累。

第 3 课时

第一，教师利用 20 分钟课堂现场面对全体学生，细改 3～5 篇文章。课堂上细改是教师的工作，这也是先写后教的"第二次教"。

第二，利用 20 分钟时间，让每位学生在小组内读自己的文章，让大家互提意见发表看法，可以用不同颜色的笔，在"十有作文本"的空白处写上有关话语。小组评改结束，完成"十有作文本"中的小组同伴评价。小组合作能让学生的写作发生本质性的变化。

第三，教师通过看、听、做、思等全面参与批改，最终要形成一个本次习作讲评思路，课后能根据学生作品，写出高质量的讲评课教案。

第 4 课时

第一，利用 15 分钟时间，进行每人一句话欣赏教学，即欣赏每位学生精彩的句段。我所观摩到的写作教学公开课，很少有教师能对每位学生进行这样的赞赏。这一赞赏非常重要。我在广西给一个五年级班上作文课。第一天下午用 40 分钟上第 1 课时，学生写 30 多分钟。晚上读完所有学生作品，然后制成幻灯片，第二天上课用。当时那个班 72 个学生。当我大声读每个学生一句的精彩话时，学生们都感动了。下课了，不少学生告诉我，他们是第一次被教师读自己的作文。

第二，利用 10 分钟左右的时间，选出共性的问题句段，进行巧妙讲评，引起学生足够的重视。这是"先写后教"的"第三次教"。这一教，能让学生豁然开朗，知道共性的问题，让写作来一次质的飞跃。

第三，教师读自己第 1 课时创作的作品，接受学生的评价，以此提高学生认识。这是"先写后教"的"第四次教"。教师的作品最能改变学生，因为教师的高度，他们看得最清。

第四，就此次习题再创造一个新的话题，引领学生利用 5～6 分钟的时间快速思考，引导学生去写作，与课外作文打通，这是"先写后教"的"第五次教"，这一教，其实是告诉学生，单元中的任何一次课内习作都没有结束，只是开始，继续写下去，文章才能越来越好。

第 5 课时

第一，引导学生再次修改，将自己的文章完善成一篇合格的、可以持久记忆的文章。（我多在计算机房上此课，让学生把文章输入电脑发给老师。2017 年 3 月，我开了个人公众号，我曾经每天推送一位学生的作文。所以，我告诉学生一定要输入电脑，一个学期结束，七八篇文章给我，以方便展示）

第二，同学们以小组为单位，为本次习作绘制封面。

5 课时结束，我会把最终的这篇文章，打印装订成书，人手一本，方便全班学生阅读。原来手写的作文纸记录了整个写作过程，这是非常有价值的原装书。

我在数百场儿童写作教学讲座中讲过这一课堂教学模式，教师们都说喜欢。他们感受到了这样的教学质量高，关键是能减轻师生在教学写作方面的负担。

5 课时课内习作教学模式，需要教师们创造性地研读教材，能够根据深刻解读创造性地设计。而教学需要模式，但不可以模式化。不管怎么设计，心中要有"为了让每位学生爱上这一次训练"的信念，设计好，反复琢磨，再去实践，效果肯定比 2 课时好。

我知道，很多教师认为 5 课时太多了，其实不多。假如一次课内写作就要写一个月，那就是 8～10 课时了。课内写作就应该慢教、细教、通透式地教。只有这样，学生才能清楚如何写好每一次作文，决不能草率为之；而长期这么做、这么写、这么评，学生的写作素养才能逐步地养成。

第 4 堂课　统编本习作单元的创新教法

　　统编本小学语文教材的三至六年级每册都有一个单元为专门的习作单元。这类教材编写模式是：语文元素（导语）＋两篇精读课文（有识字任务，但课后习题指向习作）＋交流平台（集中展现两篇课文给予学生习作单元的主题认知）＋初试身手（重在模仿，写一个小片段）＋两篇习作例文（从方法、技巧上继续讲述训练主题）＋单元习作。

　　三至六年级，习作单元的核心主题分别是：观察、想象、把事情写清楚、按照顺序写景物、写说明性文章、描写人物、围绕中心意思写、表达真情实感。既然有核心主题，每册这一单元的课文教学就不能像其他单元的课文教学一样，两篇习作例文及正式习作也都要有特别的教法。如果课文像原来那样教，一篇课文教 1～3 课时，一篇例文教 1 课时，交流平台初试身手再教 1 课时，课内习作再教 5 课时，肯定是不行的。统编本小学语文教材每册内有 26～28 篇课文，不可能有那么多的课时让你用。思来想去，巧妙取舍、大阅读参与，整个习作单元仍然使用 5 课时来教，努力让习作单元真正发挥其作用。

　　下面以三年级两个学期的习作单元为例，谈谈如何用 5 课时来实施教学。

一、三年级上册习作单元 5 课时教学模式

　　这一习作单元的核心主题是——观察。

　　"观察"是一种精准细致化写作的表现，这一单元的学习，是在学生已经学了 4 个单元课文，写了 4 次课内习作的基础上进行的。三年级上册习作二"写日记"，如果不当成单一的习作来教，至这一单元学习时，每个学生应该写了不少日记了，装订起来肯定是一本小书，如果教师从写书的角度引导学生写习作二，诸多学生可能有相关的观察记录。如何

以 5 课时的思维教学这一习作单元呢？

第 1 课时　清清楚楚将"事物"映入学生眼帘

教学内容：课文《搭船的鸟》。

教学时间：1 课时。

《搭船的鸟》教什么才能让学生眼睛一亮，并认识"生活中不缺少美，只是缺少发现美的眼睛"，知道何为留心观察周围事物？以什么样的训练，让每位学生真正参与进来？我的教学设计如下。

一、家庭预习作业

设计一个学习单，让学生在家预习，完成学习单的内容。学习单可从以下四个方面设计：一是在家多遍朗读课文，二是自学课后生字词，三是把生字词写美一点，四是简单地列出你从课文中读到的人物。

二、课堂教学

1. 通过朗读等方式检查预习情况。

2. 按照"人物、动物、静物、景物"细致地寻找文中所有的"物"。师生共同在《搭船的鸟》中找到如下信息：

(1)课文中的人物有：我(3 次)、我们(3 次)、母亲(3 次)、外祖父(2 次)、船夫(1 次)。

(2)课文中出现的动物：小鸟(也叫翠鸟，作者写它是彩色的、美丽的、羽毛翠绿、翅膀蓝色、红色长嘴、能冲进水里、衔着并吞掉小鱼)，小鱼，鹦鹉。

(3)课文中出现的静物、景物：船(作者写了船舱、船篷、橹、船头)，蓑衣，家，雨，水等。

——找到这些人和物的目的是让学生清楚，这些"人"和"物"是每个人都可能看到过，也可能早就知道的；而整体呈现课文中的人与物，就是为了唤醒学生对"人"和"物"的认识与理解。

3. 非常规习作。

(1)尽可能写出非常多的人物名称：如爸爸、妈妈、爷爷、奶奶、朋友……越多越好。

(2)尽可能写出非常多的动物名称，越多越好。

(3)尽可能写出非常多的静物名称，越多越好。

写作要求：如果字不会写，暂时可以写拼音，但写完后，一定要通过查字典的方式将拼音替换成汉字。三年级开始写作文，不能因为识字少、年龄小，就可以用拼音替代，有了这个规定，学生们查字典、词典的习惯才能一步步地得以养成。

4. 展示部分学生习作，交流他们写下的人、物。

5. 这一课的习作如何评价？一是自主评价，二是同桌评价，三是教师课后快速评价。（不需要写任何评语，合格或优秀即可）

第 2 课时　认识好文章的标准

教学内容：课文《金色的草地》。

教学时间：1 课时。

第二篇课文不可能用本单元第一篇课文方法来学。选择什么样的内容来教，能够让学生知道这篇课文是如何写观察的，并且豁然开朗呢？研究这一单元，我有一个重大发现，即这一篇文章告诉了学生一篇好文章的四条非常独特的标准。而认识并按照这四个标准去写作，观察之事才能更加有效地落实。因此我确立了下面的教法。

一、家庭预习作业

设计一个学习单，让学生在家预习。学习单的内容：一是在家多遍朗读课文，二是自学课后生字词，三是把生字词写美一点，四是清楚早上、中午、傍晚的蒲公英各是什么样子的。

二、课堂教学

1. 通过朗读、交流等方式检查预习情况。

2. 在朗读课文之后共同讨论如下题目。

(1)这篇课文所写的事是作者（ A ）

A. 身边的真人真事　　　　B. 想象中的事

C. 他人的事　　　　　　　D. 遥远的外国人的事

(2)你认为这篇课文哪一段写了"好玩的事"（ B ）

A. 第一自然段　　B. 第二自然段　　C. 第三自然段　　D. 第四自然段

(3)你认为这篇课文哪一段写了"有趣的事"（ C ）

A. 第一自然段　　B. 第二自然段　　C. 第三自然段　　D. 第四自然段

(4)读这篇课文，哪一段的文字能让你露出笑容（ B ）

A. 第一自然段　　B. 第二自然段　　C. 第三自然段　　D. 第四自然段

(5)你觉得课文中哪一些话特别有味道、有意思极了（ C ）

A. 当蒲公英盛开的时候，这片菜地就变成金色的了。

B. 并不引人注目的蒲公英，给我们带来不少快乐。

C. 它和我们一起睡觉，和我们一起起床。

经过讨论，总结出这篇课文给予我们好文章的四条标准就是：一是写身边的事；二是写好玩的事；三是写有趣的事；四是写出来的文章能让读者笑一笑。

这篇文章还告诉我们什么是有意思的文章，符合这四条标准的文章就是有意思的文章。相信同学们以这四条标准去观察，写出来的文章就不一样。我还建议大家接下来的一段时间里，共读"永远的雷梦拉"系列童书，这是美国儿童文学作家、纽伯瑞儿童文学奖获得者贝芙莉·克莱瑞的作品，新蕾出版社。这套书共有 8 本，学生们都能看懂，每一本书都是按照这四个标准写的。

第 3 课时　写熟悉的动物

教学内容：用例文《我家的小狗》教习作。

教学时间：1 课时。

如何用这篇习作例文教习作呢？编者用"作者观察得真仔细，他发现'王子'学'狗'的时候叫得最欢"，"'王子'竟敢跟火车赛跑，真有趣"，提醒我们，这是重要的。我觉得，还有更重要的。所以，我这样教：

1. 先写后教。

导语：这节课，我们来写一条小狗。好多人都喜欢养狗，相信同学们中也有不少家里有养小狗的，清楚狗的一些事情；没有养过的，对于狗也不陌生。请大家自由写，没有任何限制。

(1)可以给狗起个名字。

(2)写你和狗的事。

(3)自由书写，能写多少就写多少。

(4)时间：15 分钟。

2. 写好之后，朗读几篇学生作品。

3. 与例文比智慧。

(1)教师大声读《我家的小狗》。

(2)讨论：说一说你写的狗与捷克的博·日哈的作品，有什么不同的地方。

(3)重点讲述：这一单元，前面所学的两篇课文，都没有直接对话句。这篇例文有"直接对话句"，即让动物说话，这也是这篇习作例文最突出的表达形式。然后，用课文中的三处对话来讲怎么写好小狗，不可缺少的方法就是让小狗说话，一定要与小狗对话。只有在文章中使用一些"对话句"，你的文章才能写得有趣、好玩。

4. 疯狂式阅读。

(1)《爱咆哮的守卫狗》，[英]迪克·金-史密斯，马鋆译，新蕾出版社，2012。

(2)《狗狗好饿呀》，[日]清水真裕文，西村敏雄图，郭佳川译，少年儿童出版社，2017。

(3)《乐婆婆和她的小狗》，[丹]依卜·斯邦·奥尔森文图，陈婷译，安徽少年儿童出版社，2014。

(4)《丑狗辛普》，[英]约翰·伯宁罕著，杨玲玲、彭懿译，北京联合出版公司，2015。

学生选择一本，教师朗读，也可以学生自行阅读。

5. 当天日记。

重新写或继续写自己的小狗。学生写好后，自评。最后让父母看一看，写几句赞美的话。

第4课时　植物、水果我会写

教学内容：用例文《我爱故乡的杨梅》教习作。

教学时间：1课时。

多年的教学实践发现，写好杨梅等水果，体验式习作是可以用的。用这次例文来教学，流程如下：

1. 先写后教。

(1)拿出水果吃起来，慢慢吃。

(2)吃了几口停下来，看一看，接着写这个水果。

(3)想怎么写就怎么写。

(4)时间：15分钟。

2. 写好后，读几篇学生文章进行简单交流。

3. 与例文作者王鲁彦比智慧。

(1)教师大声朗读例文。

(2)请同学们说一说，自己哪个方面比作家写得好。

4. 疯狂式阅读。

(1)《我的苹果》，[日]宫本忠夫文图，彭懿、周龙梅译，河北少年儿童出版社，2014。

(2)《想吃苹果的鼠小弟》，[日]中江嘉男文，[日]上野纪子图，赵静、文纪子译，南海出版公司，2014。

(3)《一个红苹果》，[日]岩村和朗著，彭懿译，接力出版社，2012。

(4)《一个苹果对半分》，[法]维若尼可·马塞诺著，[法]维基尼尔·葛兰绘，谢蓓译，接力出版社，2011。

(5)《小马小熊和苹果树》，[德]西格丽德·霍克著，陈俊译，二十一世纪出版社，2006。

学生选择两本，教师大声读，或者学生自读这些图画书。

5. 当天日记。

把自己写的水果改好一点。写好之后，读给父母听，也请父母用几句话来赞美你的文章。

第5课时　写一首关于缤纷世界的诗

教学内容：写一首诗——《我们眼中的缤纷世界》。

教学时间：1课时。

有了前面4个课时的读与写等训练，孩子们已经轻松地完成了3篇习作，以学生已经写下的文章来研究交流平台及初试身手的内容，一定会发现那些内容可以不要。读这一正式习作教材，知道教材规定学生写最近观察时印象最深的一种事物或一处场景。这一看似不高的要求，其实对于三年级的学生来说，难度较大。如何让学生轻松地写出眼中的缤纷世界呢？我觉得应该让三年级的学生写写童诗，儿童是天生的诗人。另外，写印象最深的一种事物或一处场景，也没有明确的文体要求。所以，这一次习作，我确定的文体是写诗。教学流程如下：

1. 上课前带着学生到校园里寻找落叶。（学习第五单元时，正处于深秋时节，校园里肯定有不少落叶，用一些落叶写诗很有意思）

2. 课堂上请同学看落叶，看几分钟，不需要问他们什么。快速请他们自由书写几行小诗。

3. 学生写8分钟左右即可。

4. 朗读学生作品，提出修改意见。

5. 给学生读一首以落叶主题的诗。

秋

沙白

湖波上

荡着红叶一片，

如一叶扁舟

上面坐着秋天。

6. 给同学们读一本图画书《落叶跳舞》。这是日本作家伊东宽创作的一本图画书，蒲蒲兰翻译，二十一世纪出版社出版。整本图画书的画，全是落叶做成的。孩子看了，会尖叫的，会立即把手中的落叶变成一幅幅图画与文字，而这本书的文字也是一首诗：

沙沙沙，起风了。
轻轻地，风停了。
我们是奇妙的
落叶呀。
静悄悄的冬日树林
我们欢快地起舞，
悠悠地飞起来
自在地滑下来，
转啊转，转圈圈，
慢慢地停下来。
冷冷寒风中
我们热烈地跳舞
忽——地飘向远方
突然静止
层层叠叠聚起来
哗——地散开去
乘着强劲的风
冲上天空
咯咯咯，笑着转起来
笑嘻嘻，摇摇摆摆
我们是奇妙的
落叶哟

7. 想不想把自己的那首落叶诗变长一点，变美一点？想不想，把手中的落叶，变成一幅图，在画的边上写上几行诗呢？

8. 学生再次创作。时间：8分钟。

9. 布置一个任务：请同学们把这首诗输入电脑，教师将其装订成书，这可是我们班同学写的第一部诗集——《落叶情》。

这样教三年级上册习作单元，也许许多的教师们都没有尝试过。只要你常看小学语文教学类杂志，上面发表的该单元的解读、设计，大多也不是这样教的。打开教学参考书，关于这一单元的教学参考，也不是这样给教师们提出参考建议的。不得不说，这一单元很多教师模糊不清，不知道应该怎么教，专家们也没有给出实操性特别强的建议。我听过多位教师上了这一单元的课文、例文、习作，总感觉有许多不对劲。而我的这一设计，通过省内外及同事的实验，他们都说教学效果前所未有的好。

二、三年级下册习作单元5课时教学模式探究

三年级下册第五单元的核心主题是想象。如何通过 5 课时的教学，让三年级学生认识到"想象力比知识更重要"，能够"走进想象世界，感受想象世界的神奇"，最终也能"创造自己的想象世界"，我进行了如下设计。

第 1 课时　走进想象世界，感受想象世界的神奇

教学内容：《宇宙的另一边》

教学时间：1 课时。

1. 认识一些数学诗，感受想象力的独特。

师：同学们好，今天我给大家上一节"数学课"。

生：啊！

师：请看《数学诗》这本书。我用这本书给你们讲数学，讲"数学诗"。

这本书是美国儿童文学作家贝琦·佛朗哥著、美国插画史蒂文·沙莱诺绘、林良翻译的，由重庆出版社 2018 年出版的一部绘本。

请看一首非常特别的诗——

鸟窝
一鸟儿

绳头　羽毛　树枝　树叶

师：这首诗，你读懂了吗？

生说：……

再请看一首特别的诗——

枫叶

＋水塘

───────

红色的小船

师：这首诗，你读明白了吗？

再来看一首——

落叶

风 ）秋天

一 颜色

───────

冬天

师：这首诗就是"秋天除以风，商是落叶，落叶乘以风等于颜色，秋天减去颜色等于冬天"。这首诗明白了吗？

师：这本书有近百首这样好玩的诗，比如"雨滴乘以荷叶"，你们认为等于什么呢？

生说：……

师："雨滴乘以荷叶，等于绿色盘子里的珍珠。"这本书给我们一个公式"文字＋数学＋季节＝数学诗！"如果你喜欢，可以买来读一读。读了这几首诗，你想怎么评价这本书的作者？

生：太有想象力了！

师：想不想玩玩这样的诗？

生：想！

2. 读《宇宙的另一边》。

今天，我们来学习一篇课文——《宇宙的另一边》。请大家读读课文。

（生读）

师：请同学们谈谈作者的想象力。

生说：……

3. 一次好玩的写作。

师：同学读完这篇课文，一定感受到了作家奇特的想象。课文的第8、第9自然段，其实也能改写成两首"数学诗"，一起玩一玩。

第 8 自然段，同学们肯定改成了：

$$
\begin{array}{r}
大地万物 \\
+\quad 一场雪 \\
\hline
一片白茫茫
\end{array}
$$

第 9 自然段，同学们肯定改成了：

早春二月×竹外桃花三两枝×春雨贵如油＝春风又绿江南岸＝碧玉妆成一树高，万条垂下绿丝绦＝儿童散学归来早，忙趁东风放纸鸢。

师：请同学们玩起来，用自己的想象力玩起来。用加减乘除看世界，世界到处都是诗。当然需要你有一定的想象力。

4. 再读《宇宙的另一边》，然后读一读我读这篇课文后创作的一首小诗：

宇宙的另一边
高子阳

宇宙是什么？
科学家说：
"宇宙是万物的总称，
是时间和空间的统一。"
好难懂，好难懂。

宇宙是什么？
科学家说：
"宇宙等于
空间加上时间加上物质再加上能量。"
好难懂，好难懂。

宇宙是什么？
科学学家说：
"宇宙在时间上没有开始没有结束，
在空间上没有边界没有尽头。"
好难懂，好难懂。

宇宙的另一边有什么呢?

小科学家最牛

凭借着想象

给我们绘制出

一种秘密

一种思考

宇宙的另一边

有什么?

有一篇你一定会写得

非常棒的文章和诗!

第 2 课时　神奇的"变变变"

教学内容:《我变成了一棵树》。

教学时间:1 课时。

1. 先写后教。

(1)《我变成(　　　　)》,请在括号里写上一个词。

(2)写好后读一读。

(3)想一想你为什么要变成(　　　　)? 写一写原因。

我为什么要变成(　　　　),因为(　　　　　　　　)。

2. 读几位学生写的文章。

3. 把你们刚刚写的《我变成(　　　　)》与课文比一比,看看你的文章缺少什么?

(1)学生读课文。

(2)学生谈感受。

(3)分享教师根据这篇课文所写的诗:

变变变

谁不会变?

变成一棵树

顾鹰已经写完

不要再写树了，要写就写——
我变成一个鸡蛋
一堆蚂蚁
一群扑向天空的鳄鱼
一颗属于自己最亮的星星
一个世界上从来没有的物体

变变变
谁不会变？
变得让你永远想不到
写下来的文章
写出来的书
才会让无数读者
真心拥抱

4. 读两本桥梁书《妖怪列车》《月亮的蛋》，25 分钟读完。

(1)用两本书及课文简单讲述"交流平台"中的三句话。

(2)日记写作：中日作家想象力对比，你觉得顾鹰与两本桥梁书的作者，谁更有想象力？写一篇小文章，谈一谈自己的看法。写好之后，读给父母听，看看他们怎么说？

第 3 课时　梦想的世界很好玩

教学内容：用例文《一支铅笔的梦想》引导学生习作。

教学时间：1 课时。

1. 先写后教。

(1)请同学们写五个梦想，每一个写一句话就行。时间：8 分钟。

(2)读几位学生的梦想。

2. 大声读课文《一支铅笔的梦想》。

(1)说说作者怎么写一支铅笔的梦想，写了哪些梦想。

(2)读了这篇课文对比自己刚才写的几条梦想，你有什么想法呢？

3. 读图画书《梦想家威利》(安东尼·布朗文/图，徐萃译，二十一世纪出版社，2013)，图画特别有趣，特别有意思，文字却相当简单，拼起来，就是一首诗：

威利幻想着——有时候，威利幻想着他是一个电影演员，或是一个歌唱家；一个相扑手，或是一个芭蕾舞演员……有时候，威利幻想着他是一个画家，或是一个探险家；一个作家，或是一个潜水员……有时候，威利幻想着他不能跑了；但是，他能飞。他是一个巨人，或者他是一个小不点儿……有时候，威利幻想着他是一个乞丐，或是一个国王。他身处诡异之地，或是苍茫大海……有时候，威利幻想着变成凶猛的怪兽，或是超人。他幻想着回到从前……当然，有时候，是未来。威利幻想着。

4. 根据例文和老师读的书，能否将自己的五个梦想变成一篇文章或者一首诗呢？当然也可以把"我"变成你想变的事物，小狗，蚂蚁……自己确定，在剩下的时间里完成这篇想象文章或诗。

5. 课后请同学们将写好的文章或诗，打印出来，全班同学共创一本书《最牛的想象世界》。

第 4 课时　用"换换换"的智慧玩想象力

教学内容：用例文《尾巴它有一只猫》来教学习作。

教学时间：1 课时。

这是一篇很特别的文章，有的学生读了数遍也难以理解猫的尾巴与猫的关系。其实作者说得很清楚，用了好几个例子来讲述这种反过来思考问题的逻辑。如何带着学生理解这篇例文？

1. 师生共读《尾巴它有一只猫》。

2. 换换换。

(1)一换：即将"猫"换成牛，把"狗"换成"羊"。先写后读。

(2)二换：把"尾巴"换成"四条腿"。先写后读。

(3)三换：把"尾巴"换成"树叶"，把"一只猫"换成"一棵杏树"，把文中的"跳蚤、狗"换成你想换成的事物，写一写。

3. 读一本桥梁书《换换书》，林世仁的作品。这本书的"换换换"，独特得让你怎么都想不到，越读越有味道，越读越能感受到作家神奇的想象力。

4. 日记写作：把已经写过的一篇文章中的人物以奇特的方式换一换，写一写。

第 5 课时　奇妙的想象

教材给学生提供了 7 个题目，学生可以选择其一，写一篇想象力丰富的习作，也可以自己拟定题目。有两本图画书，一本是《迟到大王》（[英]约翰·柏林罕文/图，党英台译，明天出版社，2010），一本是《我没有做作业是因为……》（[意]大卫·卡利文，[法]本杰明·修德图，李一慢译，北京联合出版公司，2016），都非常有意思，因此我有了新的教学思路。

1. 从一年级到现在，我们班有没有迟到的同学？我们班有没有没写作业的同学？（肯定有）老师非常清楚，他们迟到、没写作业的理由，要么是路上堵车，要么是忘记写了，总之一点想象力都没有。请大家展开想象的翅膀，想想几条迟到的理由，不写作业的理由，然后写一写，时间：10 分钟。

2. 朗读几位学生的作品。

3. 与两位作家比智慧。大声朗读《迟到大王》《我没有做作业是因为……》。

4. 学生修改自己的文章，让自己的理由妙趣横生，绝对不能与读过的书中的一样。

5. 学生进行本堂课的第二次写作。时间：10 分钟。

6. 同桌交流并做出评价。

7. 日记写作：把教材提供的 7 个题目变成接下来的 7 篇日记。

三年级下册习作单元，我在多地以如上的方式教过，反响特别好。不少教师与教研员说，终于找到了习作单元的教学策略了。

统编本教材三年级习作单元 5 课时模式，是基于课程标准、基于学情的一种教学探究，是一种全新的教学模式。而四至六年级的每册的习作单元都可以使用这样的模式来引导学生写作。我知道，这一教法，需要整合教材，需要教师对整本书、写作理论、学生特征等很熟悉，对教师的要求很高。但实践证明，这一教法，是在快乐读写中，寻求到的适合的、能让师生共同减轻负担的写作策略；这一教法，也是极具创造性的，是对 10 多页习作单元教材的再创造；这一教法，是为了真正提升学生的读写素养而做的思考与实践，一旦设计好，实施起来也是简单的、高效的。四至六年级的 6 次习作单元如何按照 5 课时来设计？建议读者试一试。

第5堂课　习作教材的解读、建构与重构

　　阅读统编本教材习作单元定会发现：除三至六年级每册中专门的习作单元，其他单元的习作教材只有一页纸。如何教好这一页纸？正确、全面、深入地解读教材，应该是第一位的！解读得好，设计才有可能妙，课堂教学质量才有可能高。不解读，就上课；简单地看一看，就写教案；大概地思考一下，就制作幻灯片，并走进课堂；阅读一遍教材，知道了单元作文题目，把题目写在黑板上，找篇范文指导学生模仿或套作，学生写好之后改一改，简单批改一下，就接着教下一单元……这样的教学方法肯定不能再用了。

　　肯定有教师说，读完教学参考书发现统编本小学语文教材的确有不少创新之处，但教学参考书的习作部分的编写仍然非常传统；看名家教学设计(统编本一出来，不少名师带着团队快速地编写了很多习作教学设计之书)，我买了几套研读，然而他们对教材的大多理解我也难以苟同。假如习作教材、教学用书编得很细致，一线教师就不需要深入解读习作教材了，但事实并非如此。

　　新课程改革以来，教材解读得以重视，但大多集中于课文的解读。以"习作教材解读"在中国知网中查文献，结果只有1篇《聚焦"观察"，学习表达——统编版语文三年级上册习作单元教材解读与教学建议》[①]；以"习作解读"查寻，2004至2018年，只有12篇文章大概涉及习作教材解读；以"小学语文教材解读"查询，共45篇；以"课文解读"查询，共50篇；以"教材解读"查询，共有881篇文章。这一查寻有何意义？略加思考就可以看出我国小学语文教学方面的专家、学者、名优教师等在习作教材解读上涉足较少。

　　另外，这几年，习作教材的解读，多是片段式的语言，很简单的，

---

① 王露：《聚焦"观察"，学习表达——统编版语文三年级上册习作单元教材解读与教学建议》，载《小学教学研究》，2018(10)。

整体来说大而化之。例如，《我来编童话》的教材解读：

《我来编童话》是统编教材三年级上册第三单元的习作内容。此次习作是基于本组童话的学习基础之上的，旨在让学生感受童话丰富的想象并试着自己编童话。本单元的四篇童话充满了丰富的想象：树与鸟之间的深厚情谊令人感动；蟋蟀竟然能在牛肚子里旅行；一棵树有着自己的美好愿望；蚂蚁队伍中也有极强的纪律和温情……这些课例为本次单元习作做了示范。

本次单元习作出示了"国王、啄木鸟、玫瑰花、黄昏、冬天、星期天、厨房、森林超市、小河边"等词语。这些词语被排成三行，而且这些词语又被分成了三个色系，形成三列。从中，我们不难发现：第一列词语是童话故事的角色，第二列词语是故事的时间，第三列词语是故事的地点。故事中的人物、时间、地点三大要素已经提供。激发学生的想象力，把故事的精彩部分写具体，是这堂习作指导课的重点。

语文课程标准关于"写作"的目标，第一学段定位于"写话"，第二学段才开始"习作"，这是为了降低写作起始阶段的难度，旨在培养学生的写作兴趣和自信心。因此，此次习作教学要以激发学生的写作兴趣、培养学生的写作自信心为总体目标，并要求学生在写完后先检查一下自己的习作，然后把自己写的故事和同学交换读一读，取长补短，学习二次修改。①

再如，三年级下册第五单元即习作单元的整体解读：

本习作单元是聚焦想象力的——读想象力极强的童话故事，感受大胆想象的奇妙；编想象故事，体验想象世界的美妙。感受作者想象的大胆奇特和琢磨作者怎样把"大胆奇特"的想象编成故事，是这个单元最重要的教与学的目标和任务。

《小真的长头发》②极其夸张地写小真头发的长度和用途。（可以钓到鱼，可以套住牛，可以当被子盖，可以晾衣服……）编故事的技巧比较简单，主要以人物对话的形式来写，让主人公小真说自己的长头发，并且以重复"还有呢……""而且啊……"来推进故事发展，颇有"孩子气"。

---

① 施黎明：《〈我来编童话〉文本教学解读及教学活动设计》，载《小学语文教师》，2018(10)。

② 2019 年春季教材使用这篇课文，2020 年春季教材改为《宇宙的另一边》一文——作者注。

　　《我变成了一棵树》更"无厘头"地将"我"变成了一棵树，并让树上长满各种形状的鸟窝，住进小兔等各种小动物，甚至连妈妈也住进了"三角形的鸟窝"里，还在里面吃东西。编故事的技巧主要有三点：一是人物对话；二是心理描写——"我"由于变成了树不能发声；三是巧妙地设计故事的开头和结尾，增强故事的艺术性。

　　两篇习作例文更适合三年级的学生"模仿"。《一支铅笔的梦想》写了"一支老憋在抽屉里的铅笔"的五个梦想。从内容上说，铅笔不管有什么梦想——都受铅笔"形"的限制(如萌出嫩嫩的芽儿，跳进池塘变成小伞，长成长长的豆角、嫩嫩的丝瓜，当鸟儿的船篙、蚂蚁的木筏，当小松鼠的撑竿、小猴子的标枪)，这就是想象的合理性。从表达形式上看，一是结构简单，文章开头、结尾呼应，中间五个"梦想"各自成段；二是情节重复，五个"梦想"的结构都是"第……个梦想，是……哈，多么好玩！多么开心！"。看，作家都这么编故事，有什么难呢？卢颖的《尾巴它有一只猫》，更有些"强词夺理"的味道，"猫"可以说"我有一条尾巴"，为什么"一条尾巴"不可以说"我拥有一只猫"，有意思吧！

　　是的，既然是想象，就要"奇特""奇妙"，将不可能变成可能，将无变成有，让孩子充分感受到不受拘束不受限，好玩！从想象力的培养来说，"好玩"培养想象力，"好玩"培养创造力；从阅读这种作品来说，在"好玩"中获得审美乐趣；从写想象故事来说，"好玩"就是好写。

　　这是编者选文的用心所在。同样，"初试身手"的设计和习作(奇妙的想象)的设计，一以贯之。①

　　诸如此类的解读，绝对不能用"对"与"不对"，"好"与"不好"做二元判断。但不得不说，这样的解读，是正确之下的笼统，对真正的教学设计用处可能不大。解读教材需要细致、全面、深刻，最好要有独特的发现，这是深入的过程。没有深入，就不可能有科学的取舍，也就不可能有属于自己班级的那个浅出。

　　我是一线教师，是严格的教材执行者、实践者，我们需要那种非常精细、不需要解读的写作教材，这样教起来才会得心应手，教学效率才能提高。我们需要一种写作教材，教师拿来就用，学生看着教材就知道自己要做什么，该读哪些书，到哪里能借到这些书，解决哪些问题才能

---

① 黄国才：《读懂教材　用好教材——统编教材三年级下册教学建议》，载《小学教学(语文版)》，2019(3)。

写好这篇文章……清清楚楚，明明白白。看到这样的教材，学生自然就不讨厌写作文了。让全体学生爱上写作，需要好的教材，好的习作教材解读。

所以，习作教材解读就成了一个新话题，新的研究项目，甚至说是新的课题了。什么样的策略教师最能接受呢？通过对创意写作教学的研究，我们发现"20 个问题法"适合小学习作教材解读。

一、"20 个问题法"的由来

美国自由作家、独立写作培训师雪莉·艾利斯在培训作家上有一种非常特别的手段，那就是用"画"来进行创意写作训练。她给自己规定，为了更好地欣赏每一幅画，当画放在自己的面前，要尽可能地从多个角度描述这幅作品，尽可能联系较多的背景作为铺垫。她创造了"20 个问题法"来理解画作，并以此法在写作培训班中培训学员，效果非常好。

右边这幅画叫《夜游者》（见图 5-1），是美国绘画大师爱德华·霍普的作品，这幅画描绘的是人们坐在城里的餐厅吃晚餐的情景。培训中，雪莉·艾利斯给学员提出以下 20个问题：

图 5-1　夜游者

1. 描述画中的情景。

2. 讲述坐在吧台旁的那位女士的故事。

3. 讲述那位服务生的故事。

4. 从创作方面描述这幅画。

5. 描述画家的色彩运用。

6. 描述绘画技法。

7. 讲述画家的故事，并想象画家创作这幅作品的意图。

8. 描述这幅画给观众带来的情感冲击。

9. 描述你第一次看到这幅画时的感受。

10. 描述这幅画如何反映了那个时代美国城市的夜间生活。

11. 分析这幅画为何至今仍被视为一部如此重要的肖像作品。

12. 描述这个形象如何与你在相似场所的经历相同或不同。

13. 尽可能多地描述和讨论其他方面的细节：男士的帽子、高脚椅、咖啡、香烟。

14. 讨论作品中光与影的作用，这是否同黑白电影有关系？

15. 这幅作品完成于 1942 年，当时的艺术界发生了哪些事情？

16. 讲述那位女士的不同故事。

17. 1942 年的美国正处于战争时期，作品能体现出这一点吗？

18. 请叙述一段这幅作品反映的或让你想起的自己生活中的故事。

19. 描述由这幅画联想到的另一幅画面。

20. 描述不同片段的创作过程。①

细细思考这 20 个问题，每个问题都可以写成一篇文章，把这些文章聚在一起，取取舍舍，巧妙组合，必成一篇好文章甚至是一部好书。这一方法让美国不少作家写出了得意之作。而借用此法研读教材，肯定能让我们的习作教学别开生面。

二、案例一

读统编本教材三年级上册习作二，我提出并解决了以下 20 个问题。

1. 什么是日记？日记与周记、月记有什么不同？（日记就是自己记下自己的每一天。周记多指每周记一次，月记多指每月记一次）

2. 日记的格式是什么？（第一行写上时间，即写清楚年月日。还可以写天气情况，当天的心情等。第二行开始就是正文。日记可以有题目，大多没有题目）

3. 日记为什么要写时间？（人人都会遗忘，如果不写时间，若干年之后看了过去所记的，很难准确地想起是何时发生的）

4. 日记为什么要写天气情况？（不要小看这一点。如果你能写几十年日记，把几十年的天气情况放在一起，你肯定会发现很多东西，甚至你都有可能会成为气象方面的小行家呢！）

5. 教材给我们提供的日记范文没有要求学生写当天的心情，要不

---

① ［美］于尔根·沃尔夫：《创意写作大师课》，史凤晓、刁克利译，北京，中国人民大学出版社，2013。

要让学生写呢？（可以让学生写，也可以不写，自由选择。长时间地记录心情，这个人就能更清楚自己的性格、情绪变化等）

6. 人为什么要写日记？（不写日记，我们生活中的许多精彩瞬间就会随着时间的流逝而被遗忘。子孙后代当然也不可能知道我们做了哪些有意思、有意义的事）

7. 你能列出写日记的 10 条好处吗？（一是让后代也能看到我的过去；二是可以用此写一本书；三是如果未来想成为作家，14 岁之前每天的简单记录，也许足够作为一辈子写作的素材；四是知道自己一辈子到底做了哪些好事；五是日记中如果写了自己读过的书，就可以清楚一辈子读了多少书；六是受了委屈，写在日记里可以发泄情绪；七是把自己的秘密记在这里；八是写着写着就会爱上写作了；九是培养一个良好的习惯；十是记下自己的发现，自己的智慧，这会让自己越来越棒）

8. 日记里可以写什么呢？我能列出 10 个以上可以写的内容吗？（一是写当天看到的东西；二是写当天听到的东西；三是写当天学到的东西；四是写当天想到的东西；五是写当天吃的东西；六是写当天读到的东西；七是写当天闻到的东西；八是写当天弄不明白的东西；九是写当天的奇闻怪事；十是写自己当天最伟大的地方）

9. 教材提供的日记范文是两段，日记可不可以只写一段，可不可以写三段或者以上？（日记可以写一句话，可以写一段，可以写两段，可以写若干段。日记是自由的，想写多少就写多少）

10. 日记真的要天天写吗？（如果能天天写那是最好的。但想养成天天写的习惯是很难的，即使你连续写了三年，也可能因为一阶段不写而永远丢弃这个习惯。如果做不到天天写，能做到经常写，也是值得称赞的）

11. 这一次日记写作，要不要读有关书呢？（必须读有关书籍。读得越多写得越好。没有整本书的参与，这次习作就只能是一次习作）

12. 有关日记方面的童书有哪些？要不要推荐给学生？（目前能够买到的，适合三年级学生读的童书有一百余本，图画书有很多，桥梁书也有，纯文字的书也有数十本呢！要想让学生爱上写日记，知道日记的价值，这些书是必须要读的）

13. 用 5 课时设计这一单元教学，怎么设计呢？（这的确是需要细致考虑的。设计好了，学生自然就会进入日记写作状态。如何设计？根据学生特点，借助整本书的力量，来整合。具体设计在后面介绍）

14. 日记能给谁看呢？如果父母要看我的日记可以吗？（日记最主要是写给自己看的；如果个别日记是老师布置的，老师可以读；如果作者愿意，也可以与朋友分享，但必须慎重选择朋友，因为有的朋友可能不会保守你的秘密；我觉得应该放心让父母读，虽然每个人都有隐私，但在 18 岁之前，父母是监护人，所以日记不应该对父母保密，因为你遇到的很多问题、难题，你的父母如果从日记中早点知道，他们一定会想尽一切办法来帮你解决。这一点，世界上恐怕没有什么人会像你的父母那么用心！写好日记，亲自捧给父母看，永远不是坏事。如果不让父母看，只让你认为的所谓的好朋友看，这是危险的，有时是相当可怕的，甚至有可能会出大事）

15. 日记需要坚持写，如果坚持不下来怎么办？（坚持不下来，是正常的，很多很多人坚持不下来。但只要坚持下来了，这个人一定不一般）

16. 哪些日记不能发表？（如果日记中写了许多不文明的话，或者一看就知道问题很大，会给他人带来伤害，或者是绝密的东西等，不能发表）

17. 哪些日记可以发表？（旅行的故事，对有关问题的思考等可以发表，当然这没有统一标准，只要你愿意，只要你觉得可以公开，就可以发表。比如你建立了一个公众号，你每天在公众号中写下自己的故事，这也是发表，这也是自媒体时代最能促进人爱上写作的事。一个人离开世界若干年后，日记有可能会被后人拿去出版，特别是名人的日记）

18. 教这次习作，关于学生方面有哪些问题？（由于三年级学生处于形象思维向逻辑思维初步过渡阶段，学习成绩会呈现马鞍型变化，即第一学段成绩好的可能会变不好，而成绩不好的可能会变好。另外，一二年级只做了一点点写话的事，从习作角度看，将会有 20％ 左右的学生可能写不了一段话）

19. 这一教材存在哪些问题？（教材仅仅一页纸，给学生提供的范文少，也没有给师生提供要读哪些书。整个写作流程，较为模糊）

20. 我让学生喜欢写日记的办法会有哪些呢？（办法有很多很多，比如"512"日记写作，三年级开始每天写 5 行，至四年级末达到每天写 1 页；五年级每天写 1 页，努力至六年级每天写 2 页）

以上 20 个问题，我只是简单地写了答案，如果详细地论述，肯定超过万字。我在回答这些问题的过程中，如何教学生写日记，立即变得清晰了。在该书的第 3 堂课中所谈的 5 课时教写日记，大家可以找到我重新建构的写日记的教材是什么样子的。

三、案例二

统编本教材三年级下册习作七"国宝大熊猫"教材解读及重构如下。

习 作

国宝大熊猫

大熊猫人见人爱，是我们的国宝。许多小朋友想更多地了解大熊猫，可能有些疑问需要解答：

○ 大熊猫是猫吗？

○ 大熊猫生活在什么地方？

○ 大熊猫为什么被视为中国的国宝？

……

这次习作，就让我们围绕这些问题，介绍一下大熊猫。

可以参考下面图表中提供的信息，也可以再查找资料，补充其他内容。

名称	大熊猫
类别	哺乳动物
食物	爱吃竹叶、竹笋，有时也吃其他植物
分布地区	四川、陕西和甘肃等地

写完后，自己读一读，看看还需不需要补充新内容。如果有不准确的内容，试着用学过的修改符号改一改。可以跟同学交换习作，互相检查一下对大熊猫的介绍是不是准确。

图 5-2　三年级下册习作七"国宝大熊猫"

首先，我们要深入解读这一教材。教材给的资料中可以看到 3 个问题(见图 5-2)，结合资料内容，我们归纳出 6 个问题，这 6 个问题如下：

1. 大熊猫是猫吗？

2. 大熊猫吃什么？

3. 大熊猫生活在什么地方？

4. 大熊猫身上哪些地方是白的，哪些地方是黑的？

5. 大熊猫为什么被视为中国的国宝？

6. 大熊猫属于哪类动物？

接下来教材给出了一些相当简单的答案，这是为了降低写作难度，让无法查找资料的学生用教材上的资料直接去写。如果只用这 6 个问题及教材上的那二三十个字的答案来介绍大熊猫，这样的习作很难让学生喜欢，因为写出来的东西是千篇一律的。而反复读这一教材，我又想到了如下 14 个问题：

7. 全班有多少同学见过大熊猫？

8. 最近大熊猫有没有新的消息？

9. 人类为大熊猫起过哪些名字，我准备给我写的大熊猫起个什么名字呢？

10. 如果我来介绍大熊猫，能否用 5 种以上方式来介绍？

11.《功夫熊猫》中的大熊猫与我们日常所说的大熊猫有什么不同？

12. 这次习作可不可以读一些以熊猫为主题的童书呢？

13. "介绍"是一种什么性质的文体？

14. 可不可以以"图文并茂"的形式介绍大熊猫呢？

15. 中国作家以熊猫为主题创作了哪些童书？

16. 外国有哪些作家以熊猫为主题创作了童书？

17. 这次习作目的是"写介绍"，如何才能让学生写出不一样的"介绍"？

18. 写作的过程中要不要看有关熊猫的视频，有没有这方面的视频？

19. 从来都没有见过大熊猫的同学，怎么完成这篇习作呢？

20. 哪些文章可以作为此次习作的范文？

20 个问题答案一出来，我们就会发现，这一单元的习作要想让学生喜欢，教材必须重新建构。我重构的教材如下：

---

1. 整本书阅读与写作（1）。

英国作家笔下的大熊猫（读下面的开头，让学生接着往下写）

《快乐的大熊猫》，是英国海蒂著，丹尼尔·霍华斯绘，王芳译，北京师范大学出版社出版。

熊猫宝宝伸伸懒腰，打了个哈欠，不过现在她还不想起床。

蜷缩在妈妈温暖的怀抱里，是熊猫宝宝觉得最舒服也最喜欢的事情。

和煦的阳光照耀着她，暖暖的。

"来吧，"妈妈轻声说，"我们去找些美味的嫩枝吧。"

她们走出温暖安全的山洞。熊猫宝宝停下了。从高高的山洞口望去，她可以看见整个山谷。高高大大、绿油油的竹子在微风中轻轻摇曳。

她很留恋自己温暖舒适的家，可是她空空的肚子却咕噜咕噜地开始"抱怨"了。

该吃点东西了。

刚刚就在她们熟睡的时候，下了一场雨。

现在，灿烂的阳光温柔地照射着山谷，一层薄雾充盈在空气中。

山谷里长满了竹子，妈妈知道去哪儿能找到最棒的嫩枝。

不一会儿，她就找到了一个合适的地方。

……

接下来，会写什么呢？大家想，不妨写两段！

2. 研究报告。

请同学们根据下面的要求研究大熊猫，把内容分别写在作文格里，你的小研究报告就完成了。写之前，我给学生读一本书图画书：《熊猫外交家》(保冬妮文，吕佳鑫图，南京大学出版社，2018)。

一、问题的提出

写出自己为什么要研究大熊猫。

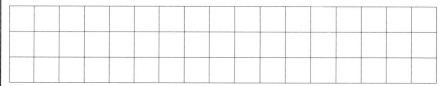

二、研究方法

1. 简单介绍自己到图书馆查阅了哪些书。

2. 简单介绍自己在网上查到了哪些资料。

3. 看一看有关熊猫的电影、电视剧。

4. 如果与他人讨论，可以简单介绍你们讨论的过程、结果等。

三、资料整理

你认为哪些资料，特别值得记在下面？

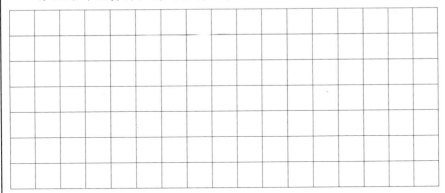

四、结论

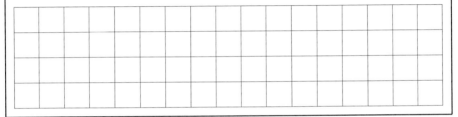

3. 整本书阅读与写作（2）。

　　阅读整本书《当鳄鱼遇见熊猫》（方素珍著，张倩华绘，浙江少年儿童出版社，2015），这是我国作家写下的一个故事：

　　鳄鱼坐在树下看杂志。其他动物因为怕她，都离她远远的。

　　一只熊猫悄悄地走过来，瞄了一眼鳄鱼手上的杂志，小声地问："拿皮包、穿高跟鞋的人，有什么好看呢？"

　　鳄鱼吓了一跳："你、你、你是谁？"

　　"我是熊猫啊！你没见过吗？"

　　鳄鱼摇摇头。

　　熊猫说："这不能怪你啦，是我们熊猫家族快绝种了，所以我很少出来逛。我可以和你玩吗？"

　　鳄鱼点点头。他们找了一个地方坐下来。熊猫指着杂志上的一位女生，问："她是谁啊？"

　　鳄鱼忍不住鼻子一酸，掉下了眼泪："是我的妈妈。"

······
　　教师可以把这本书读给学生听，然后让学生写一个听后感。

4. 如何写介绍？

　　同学们，你们知道什么是介绍吗？

　　介，古代传递宾主之言的人。绍，继续、继承。介绍指相继传话；为人引进或带入新的事物。

　　大熊猫，我们的国宝，数量非常少，肯定有很多人只是在电视、电影、书本中见过它们。更有很多人，只是知道大熊猫的样子，知道它们叫"大熊猫"等简单的信息。为了让他人更清楚地认识大熊猫，为了让没有大熊猫的国家也知道大熊猫，所以要我们写这篇文章。

　　要想写好，就要非常熟悉它。要想写得特别，就要多动脑。美国儿童文学作家谢尔·希尔弗斯坦用诗写动物可棒了，请大家读一读这位诗人是怎么介绍动物的。（以下 5 首诗选自美国谢尔·希尔弗斯坦文/图，叶硕译的《人行道的尽头》《向上跌了一跤》，南海出版公司，2006）

独角兽

在很久很久以前，当地球还是一片莽莽绿原，

那里生活着许许多多动物，我们都不曾看见，

混沌初开的世界里它们自由自在，

其中当属独角兽最最可爱。

那里有绿色的鳄鱼，长脖子的白鹅，

有黑猩猩，还有背着鼓鼓肉峰的骆驼。

猫猫鼠鼠和大象，

最可爱的独角兽你当然不能忘。

可上帝觉得世界的罪恶有些心烦。
他说："我要下场大雨，快往后站。
嘿，诺亚兄弟，我来告诉你怎么办。
去给我造一座水上动物园。
你带上两只鳄鱼，一对白鹅，
两只猩猩，两头骆驼，
你带上猫猫鼠鼠和大象，
诺亚，独角兽你可千万不能忘。"

于是诺亚执行上帝的呼唤，
哗哗大雨落下前，他的方舟刚好造完。
他把动物一对一对赶进船。
它们边走他边向外喊：
"嘿，上帝，我带了两只鳄鱼、一对白鹅，
你的黑猩猩和肉鼓鼓的骆驼。
你的猫猫鼠鼠和大象，
可没看见你的独角兽我好绝望。"

穿过瓢泼大雨诺亚向外张望，
可独角兽却在傻乎乎地藏。
它们还在追追打打，
唉，独角兽们可真傻。
于是山羊们"咩咩"叫，大蛇小蛇扭扭腰，
大象们把鼻子甩甩，小舟在风雨中飘摇。
鼠鼠"吱吱"叫，雄狮吼一吼，
大家都上了船，只剩下独角兽。
我说的是绿色的鳄鱼，长脖子白鹅，
大黑猩猩，还有肉鼓鼓的骆驼。
诺亚叫道："快关舱门，大雨已往下泼——
我们再不能为独角兽耽搁。"

于是方舟开始启航，被潮水推向远方。

可怜的独角兽，只能泪汪汪站在岩石上。

洪水涨上来把它们冲走，

这就是为什么我们今天见不到一只独角兽。

今天我们能看见许多鳄鱼，还有大群的白鹅，

能看见许多黑猩猩，还有肉鼓鼓的骆驼。

能看见猫猫鼠鼠和大象，

可从你出生的时候，你绝对看不见一只独角兽。

红宝石袋鼠

跳跳，咬咬，咬咬，跳跳，

作为一只袋鼠

你还能做些什么，除了

把那柳树从树根咬到树梢？

你在低矮的灌木丛中居住，

远离那大街上轰鸣的交通，

你和另外二十只袋鼠

同住在一间袋鼠小屋……

如果你想跳舞，

你只要把蹄子舞动，

跳上你的袋鼠小屋，

那里是堆满落叶的袋鼠顶棚……

当你在睡梦中惊醒，

绝对不会有好的心情，

你会对周围的人发怒——

这时你是粗鲁袋鼠。

没有袋鼠跳得比你还高，

没有袋鼠长得比你还酷。
它们选你做了王后——
你是它们的领导袋鼠。

它们给你烤了蛋糕，
在上个星期三的下午。
当然，你跳起来踩到了它，
这样它就毁于袋鼠！

小猪

谁来给这小猪洗洗耳朵？
谁来给这小猪梳梳尾巴？
谁来把它又长又尖的钢针擦亮，
再修修它的指甲？

哦，威利来给这个小猪洗洗耳朵，
卡罗可以给它梳梳尾巴，
希尼来把它又长又尖的钢针擦亮
而我要去邮局一趟…

野猪

如果你对我说
一只野猪有二十颗牙齿，
我会说："的确如此。"
如果你说它有三十三颗，
我觉得这个数目没有差错。
如果你大叫"九十九"，
我决不会说你在骗我，
因为野猪嘴里
到底有多少牙齿，
我对此一无所知。

牙疼的鳄鱼

牙疼的鳄鱼，

跑去看牙医，

坐上了手术椅，

牙医问："告诉我，

你为啥疼，疼在哪里？"

鳄鱼说："把实话告诉你，

我的牙齿疼得出奇。"

它把嘴张得很大，很大，

于是牙医爬到它的嘴里，

牙医笑着说："这可真是稀奇！"

他一颗接一颗地把牙齿拔起。

"你把我弄得很痛！"鳄鱼大叫，

"把你的钳子放下让我跑掉。"

可牙医却哈哈大笑，

"我只剩十二颗牙要拔了——"他说道，

"哦，我拔错了一颗，我知道，

可这只不过是一颗鳄鱼牙齿，对吗？"

突然，大嘴"啪"的一声关掉，

从此牙医在地图上再也找不到，

他到底去了东？西？南？北？

没有人能够猜到……

他连新的地址都没有留下。

可他只不过是个牙医，对吗？

这些诗，读一遍大家就会笑起来，就会明白诗人在写什么。请大家根据自己知道的大熊猫，用童诗的方式，幽默地介绍一下大熊猫。

5. 阅读以下几本图画书。

《迷路的小熊猫》(〔英〕埃丽文，杜布拉夫卡图，陶鲁嘉译，广州新世纪出版社，2015)。

《熊猫想要穿裤子》(〔美〕杰硅琳·戴维斯文，辛妮·汉森图，薛婷译，北京，化学工业出版社，2018)。

《熊猫澡堂》(〔日〕tupera tupera 著，彭懿、周龙梅译，桂林，广西师范大学出版社，2018)。

《熊猫一团糟》(〔澳〕克里斯·欧文著，克里斯·尼克松绘，胡羽露译，北京，北京联合出版公司，2017)。

同学们，下面的问题你肯定都有答案了，请根据答案，用一段文字(100 字左右)写一个简单的介绍。

(1)大熊猫是猫吗？

(2)大熊猫吃什么？

(3)大熊猫生活在什么地方？

(4)大熊猫身上哪些地方是白的？哪些地方是黑的？

(5)大熊猫为什么被视为中国的国宝？

(6)大熊猫的家在哪里？

(7)大熊猫经常被作为礼物送到世界许多地方，它们都有名字。你知道有关的故事吗？

……

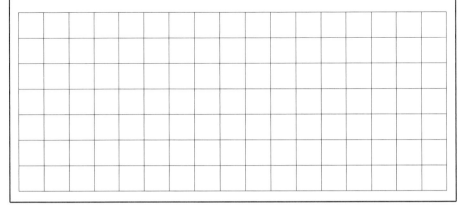

以这个重构的教材来教，学生习作兴趣肯定更浓，写出来的东西肯定更好。看似学生们所写的东西多了，其实都是简单、有趣的写作。教师们不妨试一试，就会知道这样的教材可能才是学生真正喜欢的。

四、案例三

最后说一说统编本三年级下册习作八"这样想象真有趣"的教材解读及教学设计。

我设计的 20 个问题如下：

1. 什么是想象？

2. 写想象的方法有哪些？

3. 什么是有趣？

4. 能否列出 5 篇关于"有趣"方面的短文给学生参考？

5. 写童话故事属于创作还是习作？如果是习作，怎么教？如果是创作，又怎么教？

6. 谁能让母鸡在天上飞，蚂蚁个头比树大，老鹰胆小如鼠，蜗牛健步如飞？

7. 教材中出现了好多"如果"，能否用《如果……》这样的图画书来引导学生写作？

8. 想象类的图画书、桥梁书有很多，哪些可以在这次习作课上使用？

9. 什么是动物的原有特征？文章还要不要写这个原有特征？

10. 学生可不可以在文章中画一些画？

11. 何为大胆想象？想象如果不合理，可以吗？

12. 教好这篇习作，教师要有怎样的想象力？教师能否拿出一篇像模像样的想象文章呢？

13. 三年级的童话故事写作，可执行的作品标准是什么呢？

14. 班级中如果有学生写不出来，怎么指导呢？

15. 班级中如果有学生说得很好，但写出来却一点儿趣味也没有，教师怎么办？

16. 由于我们见到的童话故事都是比较长的，三年级的这篇童话故事可以写多长呢？

17. 童话故事中的动物肯定要说话，如何指导学生写说话呢？

18. 写童话故事，三年级学生的"故事"结构如何引导？

19. 这次习作需要哪些写作技巧引领？如何引导学生用课本中的四

幅图进行习作？

20. 为什么要写童话故事？

根据这些思考，我重新构建了教材，相信读者从我下面的教学简案中，可以想到重构的教材是什么样的。

第 1 课时　童话中动物的名字

教学目标：

1. 清楚并学会给童话中的人物起有点创意的名字。

2. 通过多本书的朗读与介绍，认识故事中的人物是否该有名字，通过听读多个故事，为接下来的写作做好准备。

教学过程：

1. 阅读课本上的习作要求，简单说说教材。

2. 如何写好这个童话故事？与学生商量写作的步骤。

第一步：给童话中的动物起名字。

第二步：童话中的动物做什么事最有想象力。

第三步：让童话中的人物能说会看。

这节课的任务是完成第一步。

3. 你准备用哪个动物做主角（A 角）、B 角、C 角是谁？请思考后写在下面。

故事的主角是：＿＿＿＿＿＿＿

故事的 B 角是：＿＿＿＿＿＿＿

故事的 C 角是：＿＿＿＿＿＿＿

还有哪些动物会出场？

4. 我的主角、B 角、C 角的名字分别是：＿＿＿＿＿＿＿＿＿＿

5. 读故事谈给动物起名字。（这些故事，平时最好读完）

(1)《不认识的狗跟来了》（两个蛤蟆与几个动物都没有名字）

(2)《一本没有人打开的书》（"我"和六个动物都没有名字）

(3)《老鼠娶新娘》（老鼠、猫都没有名字）

这三本书中的动物都没有特别的名字，看来＿＿＿＿＿＿＿＿＿＿

＿＿＿。

(4)《我不知道我是谁》主角兔子叫达利 B，B 角叫洁西 D，其他兔子没有名字。

(5)《可爱的鼠小弟》主角叫鼠小弟、鼠小妹，其他动物没有名字。

(6)《朋友越多越好》鸭子叫达克……

结论：起名字与不起名字要灵活使用。

较厚的书中名字介绍：

(1)《大林和小林》《秃秃大王》；

(2)《麦子鹦鹉历险记》。

结论：特别的名字，让你一下爱上这些书，书中角色的名字起得好，也能让读者记住你的故事。

6.修改名字。

第 2 课时　你的主角要做什么事？

教学目标：

1.写童话故事的第二步教学，即写清楚自己童话中的动物要做什么事才最具有想象力。

2.通过基本的阅读认识什么样的事写出来好玩、有趣、有意思。

教学过程：

1.上节课，我们完成了一件大事，那就是确定了故事中的人物，经过思考给你故事中的人物起了一个满意的名字。

2.这节课，做一件事，就是你准备让主角做一件或几件什么事。

3.请写下来。（学生写作）

4.读书思考。

(1)《变大的老鼠》中老鼠们做了什么事？

(2)《蛤蟆爷爷的秘诀》中的蛤蟆做了什么事？

(3)《大家来玩跷跷板》中的动物做了什么事？

5.修改：让自己的动物主角做一件非常特别的事。

第 3 课时　你的主角要能说会笑

教学目标：

1.写童话故事的第三步教学，让童话中的人物能说会笑。

2.通过几本书的阅读，认识对话的重要性。

教学过程：

1.童话故事中的人物如果都不说话，这个故事会怎样呢？与学生讨论。

2.以《鳄鱼爱上长颈鹿》为例，去掉对话句，读一读。（这套书共 5 本，课前准备好文本，去掉对话句的五篇文章）

3.阅读后大讨论。

4.试写几句话。让自己的那几个动物说几句话。

5. 交流几位同学的对话句，让同学们提出意见。

第 4 课时　完成"我的动物童话故事"

教学目标：

1. 童话故事的第四步教学，完成童话故事。

2. 交流让故事变的更好。

教学过程：

1. 把前面准备好的名字、事、说话拿出来，写作了！

2. 20 分钟完成这个童话故事。

3. 读多位学生的故事。

4. 让写故事的学生谈体会。

5. 小组人员互读故事，提出修改意见，做出评价。

第 5 课时　创造一个世界上没有的动物

教学目标：

1. 延伸性写作，第五步教学：我要创造一个世界上没有的动物。

2. 初步培养独特的创新力。

教学过程：

1. 世界上有很多动物，这些动物都不是我们的创造。这节课我们来创造一个世界上没有的动物。

2. 可以写成文章，可以写成诗。

3. 15 分钟完成。

4. 作品交流。

5. 读谢尔•希尔弗斯坦创作的世界上没有的动物诗。

6. 介绍黄全愈在《黄矿矿在美国》一书中介绍其子黄矿矿的作品，即美国教师让二年级学生写的世界上没有的动物的作品。

7. 修改自己的动物，让这篇文章更好玩。

读到这里，教师们一定会说，这样的解读、教材的建构、重构，会增加不少负担。是的，如果篇篇这么教，教师的确很辛苦。但对于一所学校来说，每个年级都有多位语文教师，一位教师一个学期教一两个单元，还是可行的。同事间共享研究成果，这也是相当美好的事，而解读好一次可以用很多年啊！另外，我国小学语文教师那么多，约上一群志趣相投的教师，分任务做一做，肯定是一套相当有影响的书。而这一做法，一定能让教师教得明明白白，成为真正意义的作文教学"明"师、教学名师。

第6堂课　学生作文本需要彻底变革

我从 2004 年开始做"让 100％的学生喜欢读写"之课题，我研究了一般的"作文本"，这个作文本大家非常熟悉，封面上有"作文本"三个大字，下面是学校、姓名、班级、学号，后有横线以供填写，里面全是空格子。

众所周知，一线语文教师辛辛苦苦教了一个学期，学生认真写了一个学期，没有想到学期一结束，这个作文本大多会变成废品；极少部分的教师，会让学生把作文本带回家，但要不了多久，作文本可能会与其他用过的书本一起被父母当成废品处理掉。而真正能够保留学生作文的教师、家长是极少的。也就是说，全国那么多中小学语文教师，能把自己教学多年的学生作文本当作财富来认识者，没有几位！而把学生作文本全部保存的学校，在我们中国有可能一所都没有。一年又一年，我们就是这样对待作文本的！可惜，可惜，非常之可惜！

这样的做法，不能再继续下去了！我觉得这个作文本应该改革，要将原来的本子换样子，改革成你永远不能当作废品随意丢掉的智慧宝藏。2007 年，我就着手设计这种作文本，并将这个作文本命名为"十有作文本"，"十有"指的是：

> 一有为何写作的巧妙导引；
> 二有学生快速写下的草稿；
> 三有自主修改的话语提醒；
> 四有学生自主修改的痕迹；
> 五有学生正式誊写的作品；
> 六有七星课程标准确认表；
> 七有师生等人的共同评价；
> 八有写作知识技巧等指导；
> 九有教师同龄人作品比照；
> 十有相关整本书阅读提醒。

2008 年秋季开始，我把准备好的苏教版的 58 次课内习作按照下面的方式创造了新型作文纸。三四年级每次习作 8 开纸，正反面印制（见图 6-1），五六年级印制成 6 页纸（见图 6-2），并开始在自己的班级里实验。

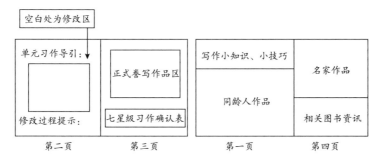

图 6-1 三四年级作文纸（8 开）

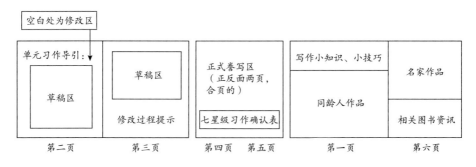

图 6-2 五六年级作文纸（6 页）

每学年结束，把这些已经写完字的作文纸简单装订一下，老师暂时保存，待六年级结束，将四年的作文纸整理好，让学生自己设计好封面，细读自己四年的习作作品，写写自己四年的改变，然后装订成"我的作文书"。

这本"作文书"，教师一定要咨询父母，如果父母不愿意收藏，教师可以收藏。而教师可以建议学校图书馆收藏，并将其收藏在学校图书馆的重要位置，因为这是师生的共同创作。校长还要告诉学生，只收藏 20～30 年，待他们长大后，一定来取。

2011 年之前，我根据 2001 年《全日制义务教育语文课程标准（实验稿）》，制定了七星级习作评价表，《义务教育语文课程标准（2011 年版）》出来之后，我又根据新的要求调整了两个表格（第二学段、第三学段要求不同），如第二学段的七星级作品评价表（见表 6-1）。

表 6-1　第二学段七星级作品评价表

第二学段七星级作品评价表					_____年级第____单元	
七星要求	能正确使用标点符号	我修改了明显错误	我与他人分享了	本次写作自信	文章我写得很清楚	有积累的材料，有新鲜感语句	本次写作我很快乐
自己确认	☆	☆	☆	☆	☆	☆	☆
同伴确认	☆	☆	☆	☆	☆	☆	☆
教师确认	优（　　）☆						

读这一作品评价表，的确有不少教研员、专家认为，第二学段、第三学段每次习作，只用这个评价表，不行！他们认为每次习作的要求都该有各自的标准，并且认为主题不同、文体不同，标准不能这么单一。这样的质疑，好像是合理的，但其实是没有研究透课程标准的表现，我的这七条，全是课程标准中的话语，这些规范是正确的，而学生只有反复地使用，才能在实践中拥有标准，变来变去，那不叫标准！

我在自己的班级实验第二年之后，平行班级的教师看到了我的轻松，期末评作文，看到我的学生的作文很有特色，所以都想用。后来，学校三至六年级每个班都用了这一教学成果，且获得了江苏省基础教育教学成果一等奖、江苏省教育科研优秀成果二等奖。

下面以统编本五年级上册习作六"我想对您说"为例，设计如下作文纸。

习作六

【永远记住写作过程】构思—草稿—修改—誊写—上交—发表【注：这句话从三年级用至六年级不变，目的就是强化这一过程】

【写作导引】

给父母写一封信，请记住不是写给爸爸一个人，也不是写给妈妈一个人，而是写给他们两个人。写什么呢？平时想说的话，不敢说的，或者说他们也不一定听的；回忆他们对你所做的事；可以谈一谈你对某一事物的看法；可以关心父母对他们提一些建议……为什么要写这篇文章？学会用书信的方式与父母交流。

【快速打草稿】（用铅笔快写，用红笔修改）

后面的格子（三四年级20～25行；五六年级25～30行）

如果格子不够，可以写在自己的纸上，粘贴在这里！

【我能修改】《快乐修改诗》（英国乔纳森·斯威夫特）：涂掉，纠正，加字，精练，/增添，删减，写在行间；/要留心，没了想法，/挠头皮，咬指甲。【注：这个修改诗，也可以用四年，以让学生牢牢地记住】

【正式誉写】（用钢笔书写，每一笔都要认真，整个作品干净、美观）

后面的格子（三四年级20～25行；五六年级25～30行）

如果格子不够，可以写在自己的纸上，粘贴在这里！

第三学段课内习作七星级作品评价表（根据 2011 年版语文课程标准制定）

七星要求	行款正确、书写规范、整洁	标点符号正确	内容具体	分段表述	与父母交流修改	重视使用观察、积累的素材	有独特感受、感情真实
自己确认	☆	☆	☆	☆	☆	☆	☆
父母确认	请父母在此处写一写对孩子文章的评价，最好的评价是回一封信。						
教师评价	此次习作如果愿意让老师看，老师可以评价！优（　　）☆						

【好文章需要好思想、好方法】你知道家书的价值吗？

你知道什么是家书吗？就是家庭成员的书信，可以是父母写信给孩子，也可以是孩子写信给父母，也可是兄弟姐妹之间写的书信。

家书的读者是单一的，就是一家人，所以家书可以写任何东西，可以就任何问题展开讨论。

现在是信息社会，很多事打个电话就行，发个短信就行，根本没有必要这么传统地写信了。其实这种认识是不全面的。如果不愿意在纸上写，在 Word 文档里写好，发给父母也行。总之，这种信特别有价值。

常常做这件事，这个家庭肯定不一样。写得多了，几十年后，整理整理，如果愿意公开出版，说不定会成为名著。

另外，写这篇文章的时候应该在一年一度的母亲节、父亲节之时，在这个特别的节日里，给他们写写信，那是世界上最棒的节日礼物。

【修改智慧】请读下面的修辞，看看能否用这种修辞方式来让自己的文章更有味道。

认识修辞呼告

把人、事、物当作可以诉说的对象，用对话的方式来抒发情绪，传达心意，这种修辞法叫作"呼告"。呼告分为对"人""事""物"三方面呼告，用在"事"与"物"上的称为"拟人化呼告"。呼告句在语文表达中，不论是"口说"或"笔写"，都能显示情感的表达，引起读者的注意。

对"人"的呼告

1. 彼得大喊："猎人先生！请不要开枪！我已经捉到了大野狼了。"

2. 服务小姐！你过来！你过来看看！你们的牛奶是坏的，把我一杯红茶都糟蹋了！

3. 小弟弟快回去吧！你若是害怕走夜路，萤火虫会提着灯笼送你回家。

4. 朋友，在你的人生道路，你已经跋涉过多少道路？

对"事、物"的呼告

1. 快乐的暑假，请你赶快来吧！人们想出国去旅游。

2. 白云，白云！请把我的思念，带去给天堂的外婆。

3. 海呀！我了解你那愤怒的吼叫。海呀！我听到了你那痛苦的呼吸。

4. 神奇的魔法石啊！希望你能帮我实现所有的愿望。

由以上的例句，可发现利用"呼告"的方法写文章，可以使文章更富有感情，更亲切感人！

【同龄人作品】——用心写，让自己的文章超过以前的同学！

亲爱的爸爸、妈妈：

你们好！

爸爸，平时因为您的生意很忙，所以我们，一天几乎说不到 20 句话，只要早上一起床，您就出去做生意。每次，我问您去干什么，能不能坐下喝口茶，您总会说："孩子，我现在太忙了，如果不赚钱，你好吃的零食、你的新衣服从哪儿来？"说完后，您就会急匆匆地走了，就是因为这样，我们俩越来越疏远，感情越来越淡。有时，您有空了，就想带我出去买东西，可我每次都拒绝您，为的是什么呢，您还不知道吗？我真的想跟您说，不要再吸烟了，就算您真的想抽，那也少抽些行吗？吸烟有害健康，既害了您自己，也害了我们一家人，我希望您以后可以跟我好好地沟通。

妈妈，我最喜欢的亲人就是您了，从小到大，您对我最好，就算是爸爸赚钱，但给我买衣服、买零食的就是您。每次关注我学习、陪我默写的也是您，翻开我的默写本，签名的地方，都是您的名字！

我其实也很爱爸爸，只是爸爸从来不关心我，天天就知道做生意。

爸爸妈妈，我爱您们！

你们的儿子：郭××

【教师作品】

父亲、母亲：

你们好！

这是我第一次给你们写信。这封信无法寄出，寄出了最多母亲能够收到。

时间过得真快，父亲大人离开我们都 40 年了。这 40 年，父亲啊，您知道我们聚会多少次？您知道您的儿女结婚时是什么样子的吗？您知道您的孙女、外孙、外孙女有多少，他们结婚、生宝宝，您知道吗？姐姐和小妹的孩子，没有外公叫，您知道吗？我的孩子也没有爷爷叫，您知道吗？一年又一年的春节、中秋节，您知道我们是怎么过的吗？您是从来都不请假，一直是没有理由的缺席。

父亲大人，因为您早退，这 40 年，母亲念叨您 40 年，您可知道？您的早退，给予我们的是念想，让我们想着您。这一点，您没有我们的母亲伟大，因为我们永远需要父母的陪伴，我们的母亲做到了。您知道吗？我们都特别想照顾父母到老，我们永远不想有这种心痛的念想。

母亲，我们的老娘，给予我们的幸福，一本书都写不完。我们在享受母亲给予我们的一切时，最怕的就是母亲生病。在我们的记忆中，母亲生了五场病。第一场是父亲离开后的那两三年，我们怕极了，我们怕母亲跟着父亲走，把我们丢下。我的四个姐姐跪在父亲坟墓前一次又一次地祈求……在亲戚的帮助下，住院好多日的母亲回到了我们的身边。第二场病是我工作两年时，还好，住院一周康复。接下来的 20 年里，母亲没有生过什么病。真好，我们的母亲！可是您 85 岁之后时总是跟我们开玩笑,吓唬我们三次了,我们都记得呢。8 年前,我正准备下班,接到母亲生病的电话,一边开车一边流着眼泪,居然车追尾了。6 年前,快要放寒假时,小妹打来电话说您这一次病得很厉害,我心里说不出来的痛。期末考试一结束,我立即回到老家,姐姐都吓哭了。母亲大人,您这次开了 15 天的玩笑话,医生都说这是奇迹!2 年前,您居然在您的孙女马上要结婚时跟我们开玩笑,这么好的日子,怎么会这样呢?固执的老娘,一定要去孙女的结婚现场,不想留下遗憾。您不想坐轮椅,说要自己走到孙女、孙女婿面前给他们祝福。母亲,您拥抱孩子们,孩子们拥抱您的时候,我们都乐得泪满双眼!

母亲,我们最爱的母亲,永远别和我们开这个玩笑,我们需要您永远地陪伴!

高子阳

2019 年母亲节

【经典童书推荐】

《亮晶晶》([美]辛西娅·角畑著,方薇译,接力出版社,2017),2005 年纽伯瑞儿童文学金奖作品,作者是日裔美国人辛西娅·角畑,这是作者第一部青少年题材的小说,本书带有浓郁的自传色彩。《亮晶晶》是一部描写家人亲情和姐妹情深的感人至深的作品。读这本书,你可以感受到作者其实是在用书的方式感恩父母。纽伯瑞奖评委会主席苏珊·福斯特评价《亮晶晶》说:"这部光彩夺目的书以静如止水的笔调叙述了凯蒂的童年之旅,其间包含了贫困、歧视以及家庭悲剧的苦痛。而小读者们在被深深吸引和感动的同时,也从弥漫于全书的哀婉与诙谐的氛围中看到了由内到外散发出来的希望的光辉。"作者的父亲看了书后说自己早已忘了当时发生的事,并且说谁会在乎这些事情,作者却对父亲说:"爸爸,我在乎。"

这十来年,我在省内外做过几百场作文教学讲座,不少教师听了我的介绍,索要我的模板,他们用没用,我没有跟踪调查。但我是边使用边研究边总结,并吸纳教师提出的建议。没有想到,这一作文纸,几乎是所有师生都喜欢。

2019 年秋季,全国中小学生都用统编本小学语文教材。我研究了新教材,以真正的"5 课时教一次习作的思维"研究并设计教学,发现"十有作文本"放在四至六年级最合适,而三年级学生习作需要一点一点地教,这个作文本还需要调整。因此,我又有了三年级作文本设计样式。

例如，本书的第 2 堂课中提到的三年级上册第二单元"写日记"5 课时教学，我的作文纸设计如下。

第 1 课时

（　　　　　）的日记。（请学生在括号中书写自己的名字，告诉学生从今天开始，你一辈子所写的日记，整理成书，书名就是《＿＿＿＿＿的日记》）

一句话日记。（开头一定要空两格，"，""、""。"等标点符号要会准确地写在格子里）

（　）年（　）月（　）日 星期（　）天气（　）心情（　）

听完老师读《金鱼的日记》，你可以接着写一两句。（开头莫忘空两格）

自评	师评
一般（　）还行（　）很棒（　）	合格（　）良好（　）优秀（　）

第 2 课时

你知道人为什么要写日记吗？用日记的方式，想一想，写一写。

（　）年（　）月（　）日 星期（　）天气（　）心情（　）

今天听了《永田爷爷的动物观察日记》，10 本书听完，你肯定有话要说：

自评	师评
一般（　）还行（　）很棒（　）	合格（　）良好（　）优秀（　）

第 3 课时

今天，听过、看过这么多的日记书后，你有没有感兴趣的地方？如果有，就写下来，要把精彩的地方用自己的语言写下来，还要写出喜欢的原因。

（　）年（　）月（　）日 星期（　） 天气（　） 心情（　）

自评	师评
一般（　）还行（　）很棒（　）	合格（　）良好（　）优秀（　）

第 4 课时

今天要写最少三段的日记。

（　）年（　）月（　）日 星期（　） 天气（　） 心情（　）

第一自然段（今天上了哪些课？数一数。数学、语文、英语、科学、体育、音乐、美术、道德与法制……你觉得哪一门课，你最想在日记中写一写）
（第一自然段不要长，2～3行就行。开头空两格不要忘记！）

第一自然段自评	第一自然段师评
一般（　） 还行（　） 很棒（　）	合格（　） 良好（　） 优秀（　）

第二自然段（哪位老师给你们上的课，这个你一定能写清楚。老师，你们都熟悉，可以多写几句有关这位老师的话。写什么内容，你自己定。开头空两格不要忘记！）

第二自然段自评	第二自然段师评
一般（　） 还行（　） 很棒（　）	合格（　） 良好（　） 优秀（　）

第三自然段（今天在这门课上，你听懂了哪些内容？请多写几句。开头空两格不要忘记！）

第三自然段自评	第三自然段师评
一般（　） 还行（　） 很棒（　）	合格（　） 良好（　） 优秀（　）

第四自然段（也可以写写自己的小感受）（如果你愿意还可以写第五、第六自然段。开头空两格不要忘记！）

第四自然段自评	第四自然段师评
一般（　） 还行（　） 很棒（　）	合格（　） 良好（　） 优秀（　）

第二学段七星级作品评价表 _____ 年级第 _____ 单元						
七星要求	能正确使用标点符号	我修改了明显错误	我与他人分享了	本次写作自信	文章我写得很清楚	有积累的材料有新鲜感语句	本次写作我很快乐
自己确认	☆	☆	☆	☆	☆	☆	☆
同伴确认	☆	☆	☆	☆	☆	☆	☆
教师确认	优（　　）☆						

第 5 课时

第 5 课时，没有作文纸，要求学生准备日记本，日记开始在日记本中书写！

再如，统编本三年级下册第四单元习作"写一个小实验"，5 课时所用的作文纸设计如下。

第 1 课时

请在下面第一行的中间写上题目。（可现在写，可以在写的过程中突然想到好题目再补上，还可以文章全写完后再写。总之题目要好。不好的题目要改，修改后的题目可以写在第二行）

第一自然段：把"我是高老师，今天我要教大家写'关于小实验'的

文章。"改成你文章的第一段，写在下面。

（空格稿纸）

第二自然段：把"这个小实验的名称叫《左手和右手》，实验的目的：看看我们有什么样的感觉？"改一改，成为这篇文章的第二自然段。

（空格稿纸）

第三自然段：高老师让我们先伸出（　　　　　），接着让我们（　　　　　），再让我们（　　　　　）。我们的感觉是（　　　　　）。我不喜欢（　　　　　）。把这段话补充完整，成为这篇文章的第三自然段。

（空格稿纸）

第四自然段：高老师说他有个神奇的魔法，那就是给（　　　　　），我的左手叫（　　　　　），右手叫（　　　　　）。

现在不是左手打右手，也不是右手打左手，而是（　　　　　）。

同学们实验着，个个（　　　　　）。这时的感觉是（　　　　　）。

为什么会这样呢？把内容补充完整，完成这篇文章。

（空格稿纸）

	自评	师评
	一般（ ）还行（ ）很棒（ ）	合格（ ）良好（ ）优秀（ ）

第 2 课时

实验名称：
实验准备：
实验过程：
第一步：
第二步：
第三步：
第四步：
实验结果：

	自评	师评
	一般（ ）还行（ ）很棒（ ）	合格（ ）良好（ ）优秀（ ）

第 3 课时

实验名称：
实验准备：
实验过程：
第一步：
第二步：
第三步：
第四步：
实验结果：

	自评	师评
	一般（ ）还行（ ）很棒（ ）	合格（ ）良好（ ）优秀（ ）

第 4 课时

1. 列出几个在科学课上做过的实验:

实验名称:
实验准备:
实验过程:
第一步:
第二步:
第三步:
第四步:
实验结果:

	自评	师评
	一般(　) 还行(　)很棒(　)	合格(　) 良好(　)优秀(　)

2. 作文题目请写在下面。

3. 第一自然段。

4. 第二至四(五)自然段。(写清楚实验步骤)

（空白方格稿纸）

5. 最后一段。（写实验结果及自己的发现、思考等）

（空白方格稿纸）

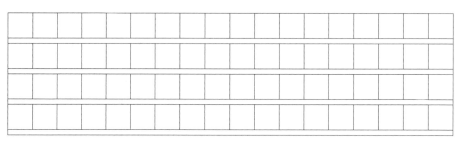

三年级下册第四单元七星级习作评价表							
七星要求	能正确使用标点符号	我修改了明显错误	我与他人分享了	本次写作自信	文章我写得很清楚	有积累的材料，有新鲜感语句	本次写作我很快乐
自己确认	☆	☆	☆	☆	☆	☆	☆
同伴确认	☆	☆	☆	☆	☆	☆	☆
教师确认	优（　）☆						

第 5 课时

　　许许多多其他国家的大人，在家里给孩子建立了一个实验室。我们国家也已经有人这么做了。亲爱的同学们，你想要一个怎样的实验室？想一想，设计设计，玩一玩。请用三四段文字写下来。

（方格稿纸）

下面略去15行

自评	师评
一般（　）还行（　）很棒（　）	合格（　）良好（　）优秀（　）

　　看到上面的作文纸，教师们肯定觉得繁杂！是的，使用前的设计的确挺耗时的，但一旦设计好，在班级里使用时，定会发现这些作文纸有一种力量，能够把学生自动带入写作之中，因为这一作文纸里有不少与学生非常重要的"写作对话"，指引他们如何写下去的"写作对话"。2018

年 9 月至 2019 年 6 月，全国只有部分省市使用统编本三年级教材，我在国内上了很多次三年级习作教学公开课，我一直使用如上的作文纸，学生们可喜欢了，不少教师拿过去开始试用，他们反馈效果特别好。

有人会问，四年级的每一次习作也要这样吗？如果三年级用了一年，如此 16 次的训练，他们对如何拟题、开头、分段写作、结尾，就有了整体的认识，就没有必要这么细了。直接用前面讲的"十有作文纸"就可以了(如果愿意细化，学生一定喜欢)。当然，最理想的作文本应该是写作教材与作文本完美的统一，教材与学材的统一，是用起来非常方便的那种本子。而这样的作文本也是一种创造，接下来我会推出三至六年级的专用作文本之书。

第7堂课　把课文里藏着的写作智慧教出来

　　我研究了 50 多个国家的中小学母语教材中的课文、写作，发现以写作为中心编写的母语教材比较多。我国百年来的中小学语文教材，是文选型的，写作在整个教材中的地位不甚突出。关于读写结合，并非每篇课文都有，课文后面的片段与小练笔一个学期也就三四次，课文里藏着的写作智慧，并没有得到特别的关注。把课文里藏着的写作智慧教出来，是本堂课的命题。

一、什么是课文？

　　什么是课文？教师肯定会说"课文就是教科书中的正文。我们在中小学语文教材教法课中都学过的！"是的，非常正确！打开《现代汉语词典》，这部词典也收录了，但最新版的《辞海》《辞源》中没有收录。据考证，这一解释是我国著名教育家、作家冰心最早使用，即是清末民初编写语文教材时使用的。

　　如果你想真正地教好课文，仅仅知道这一非常简单的解释肯定是不够的。对此，我做的考证及思考如下。

　　一是"课文"一词最早记录在南朝时期刘勰的《文心雕龙·指瑕》中："《雅》《颂》未闻，汉魏莫用，悬领似如可辩，课文了不成义，斯实情讹之所变，文浇之致弊。"西北师范学院教授、曾历任古籍整理研究所所长郭晋稀注："课，责也。引申有推求之义。课文，推敲文字。"

　　二是在明朝儒学大师、军事家、散文家、抗倭英雄唐顺之（1507—1560 年，字应德，一字义修，江苏武进人，23 岁中进士，与归有光、王慎中合称为"嘉靖三大家"）的《章孺人传》有这么一段文字："两弟夜读书，课文夜过半，孺人即又虑其劳以病也。"这个课文是何意呢？此处是督促读书做文章的意思。

三是清朝梽湖文派创始人吴敏树在《业师两先生传》中写道："先生怪其课文有异，召诘之曰：'汝年少，文字当令生嫩秀发，奈何作如许老成状？'"这里的课文却是"窗课"的意思。窗课，旧称私塾中学生写作的诗文、范文。

认识"课文"一词的这些意义有何价值？很有价值啊！综合来看，课文要想教好，需要做三件事：一是课文中的字、词、句、段等需要推敲。这一点我们一直在做，一篇课文教 1～3 课时，大多数教师教的就是这些内容。

二是不要把课文教成终点，要教成起点，要有课程意识，要引导学生去读整本书。这一点，我们做得不好，按照这一解释，一篇课文的学习最起码要读一本书，事实上我们一个单元的课文学习也没有做到让学生读一本书，甚至一个学期二三十篇课文学完也没让学生读够三五本书。相比之下，统编本小学语文教材非常重视整本书阅读，但一个学期也就是三至五本，六年十二个学期总共 40 本左右，同样没有触及一篇课文该读一本或几本书。日本大教育家佐藤学在他的著作《教师花传书》中有这样的一段话："教师是'教的专家'，同时也必须是'学'的专家，在知识高度化、复合化、流动化的知识社会更应如此。对小学教师来说，所有学科的学问与教养全部得到提升是有困难的，但如果在现在执教每个单元的过程中都能读至少一本新书，教师的阅读就会使课堂上的学习内容有所丰富。请先从这方面着手做起吧！"绝大多数教师都没有做到如此读书，想让学生课文学完后去图书馆读相关书，真是比登天还难。

三是每篇课文如果能算作写作的范文，就应该把课文中的写作、创作智慧一一寻找到，如此才能促进学生做真正的文章。这些年来，我们只是部分课文教学重视了片段式、小练笔读写结合式训练，这其实不是真正意义的课文给予学生"写作、创作"的智慧型训练。

我国中小学语文中的每一篇课文教学，能够把这三件事一一做了的，几乎没有。主要是，我们的课文量太大了！进入 21 世纪，多个版本的中小学语文教材出现了，原来的上海版一个学期要学 80 多篇课文，人教版要学 35 篇左右，苏教版是 22～26 篇，现在的统编本小学语文教材一个学期要学 16～28 篇课文，这么多的量真的没有办法进行真正意义的课文教学。

每学期学二三十篇课文，一篇课文只能教 1～3 课时，很难把上面三点全部落实到位，只能以"一课一得"的思维去教。而我把用 1～3 课时教一篇课文的教学称为挖坑式教学，坑坑浅又浅，坑坑不出水。而若能一篇课文教两周以上，这样的课文教学必须要读整本书，必须有写作深入参与，我把这样的课文教学叫通透式教学，称为挖井式教学。

二、课文里藏着哪些写作智慧

（一）降低写作恐惧感教学

一年级开始写话，三年级开始习作，七年级开始写作，这些年，我国中小学生一直"大面积"的害怕写作，恐怕与小学六年没有写作有着必然联系。

教小学三年级语文的教师非常清楚，许许多多的学生不知道怎么习作，不知道怎么开头，怎么结尾。明明一二年级所学的课文除诗歌外，最少有三个自然段，但很多学生的文章居然只写一个自然段；对于一个班级来说，一篇或几段文字能写清楚的没有几人；一篇文章居然只有逗号加一个句号或者只有一个句号；错别字多得吓人……

这样的事，一年又一年，一个班接着一个班出现，好像没有多少教师思考这种现象为何这么普遍，也没有多少教师试图以课题研究的方式解决这一难题。

一二年级四本语文教材，学生学了哪些东西？会写的汉字 1000 个；认识的字 1600 字；从二年级开始，在书的最后出现词语表，共学了 528 个词语，一年级课本上虽然没有列出词语，但肯定超过 500 个；学习的课文量是 110 篇（含 26 篇识字课文），可以这么说，每一篇课文所读的遍数说超过百遍有点夸张，篇篇被读四五十遍绝对是事实；四个学期还要读 17 本书；还有屈指可数的几次写话……

学了这么多，为何三年级学生写不出一篇有点模样的小文章呢？答案是一二年级没有以降低写作恐惧感的思维来教学这些内容。教材没有从这一角度编写，教学参考中也没有这样的提醒。

比如，教"天、地、人、你、我、他"（一年级入学的第一篇识字课文)时，根本不教学生写作。不教学生写作，学生当然不知道学"天、地、人、你、我、他"对写作有什么帮助。哪个学生抬起头看不到天啊，不知道天上有什么呀；哪个学生不知道自己的每一天都走在大地上；哪个学生不知道自己是人，家里有哪些人；哪些人自己熟悉，哪些人不熟悉；哪个学生不会说"你你你，你是一个……"哪个学生不知道"我是……"哪个学生不会用手指着"他（她、它）"说……把他们的话，录下来，整理整理，不就是一篇文章吗？不要以为一年级刚刚入学的学生太小，这一切做不到。学生所说，家长用手机录音立即转化成文字、文章，就行了。这样教了，这样做了，就是降低写作恐惧感的教与学。一二年级的每一篇课文都这样教了，三年级开始习作，还会有那么难吗？

20 多年前，我读过一个一年级的写书教学案例。入学第一天，教师把学生带入图书馆，让他们拿出一本书，讲什么是书，然后教学生写人生的第一本书《我的一家》，就是回家找几张照片，每张照片上写一句话，按照书的样子，制作成书就行了。这种写作智慧就是，书都会写了，文章还难吗？

学《青蛙写诗》《雨点儿》《猴子捞月亮》《小蜗牛》《雪孩子》《风娃娃》等课文，教师如果讲："人有一种特殊的本领，那就是让青蛙、雨点、猴子、蜗牛、雪、风等说话，这一本领，每位学生都会，不需要老师教，你们都会。"一次又一次地讲，三年级作文中怎么可能会"大面积"地缺少说话句？

降低写作恐惧感教学，很简单！就是在 110 篇课文及若干本书的阅读中，清楚地告诉学生，你们肯定能像作者一样写出这些句子、这些段落、这样的文章等。

百余次的告诉，学生就会整体不怕。不信，你们可以试一试。一二年级课文只有重视降低写作恐惧感的教学，三年级习作才好教。如果我们还能带着学生玩玩写书游戏，用创作剧本、童诗的方式来引导学生读写，中小学生害怕写作就不会大面积地从小学三年级就开始了。

（二）对话句教学，必须在课文中加强训练

"对话句"，顾名思义，就是让人物轮流说话，是一种合作性言语活动。纵观目前的小学语文教材，不论是新编的统编本教材，还是其他版本的教材，语文教材 60% 以上在文中出现直接"对话句"，读统编本二年级上册的 24 篇课文，你会发现 14 篇课文中有直接对话句。

1. 基本对话句的形式

课文中的对话句主要有如下几种形式。

（1）"提示语在前，引语在后"式

例如，《小蝌蚪找妈妈》一文，全文所用的对话句全是这一种方式。

①他们看见一只乌龟摆动着四条腿在水里游，连忙追上去，叫着："妈妈，妈妈！"

②乌龟笑着说："我不是你们的妈妈。你们的妈妈头顶上有两只大眼睛，披着绿衣裳。你们到那边去找吧！"

③小蝌蚪游过去，叫着："妈妈，妈妈！"

④青蛙妈妈低头一看，笑着说："好孩子，你们已经长大成青蛙了，快跳上来吧！"

（2）"引语在前，提示语在后"式

例如，《玲玲的画》一文，有两处使用了这样的方式。

①"玲玲，时间不早了，快去睡吧！"爸爸又在催她了。

②"怎么了，玲玲？"爸爸放下报纸问。

（3）"只有引语没有提示语"式

这类对话方式有两类，一是独立一句话却没有提示语；二是连续多句对话没有提示语。例如，《玲玲的画》一文就有两处独立一句话却没有提示语：

①"好的，我把画笔收拾一下就去睡。"

②"我的画弄脏了，另画一张也来不及了。"

又如，《不会叫的狗》一文就有连续多句对话没有提示语：

"你怎么不叫？"

"我不会……我是外来的……"

"这算什么回答啊。你难道不知道狗是会叫的？"

"干吗要叫？"

"狗会叫，因为它们是狗。它们对过路的陌生人叫，对惹人讨厌的猫叫，对着满月叫。它们高兴的时候叫，紧张的时候叫，发怒的时候也叫。它们白天叫得多，但晚上也叫。"

"也许是这样，可我……"

"你你怎么啦？你这只狗可真特别。去，去！总有一天你会上新闻的。"

再如，《父亲、树林和鸟》出现了这样的对话句（父亲连续说了几段话，双引号只用前面一半）：

"鸟也有气味？"

"有。树林里过夜的鸟总是一群，羽毛焐得热腾腾的。

"黎明时，所有的鸟都抖动着羽毛，要抖净露水和湿气。

"每一个张开的喙都舒畅地呼吸着，深深地呼吸着。

"鸟要准备歌唱了。"

(4)"提示语在中间，前后都有引语"式

例如，《雪孩子》一文中就有这么一句：

"咦，是谁救了小白兔?"小动物们说，"真得谢谢他呢!"

再如，《陶罐和铁罐》中有多处这样的句子：

"住嘴!"铁罐恼怒了，"你怎么敢和我相提并论! 你等着吧，要不了几天，你就会破成碎片，我却永远在这里，什么也不怕。"

如上四类最基本的对话句式，教师一般是怎么教的呢? 从我目前听到的公开课来看，方法大多是各种读，学生分角色地读，师生分读，然后就是简单地分析，至于作者为什么要用不同样式来创作这些对话句，很少有教师详细讲，不少教师甚至不知道怎么讲。

把统编本六年 12 册教材放在一起分析，一定能发现：有的课文只让主要人物说一句话，比如《掌声》，文中只出现英子一句说："我永远不会忘记那掌声，因为它使我明白，同学们并没有歧视我。大家的掌声给了我极大的鼓励，使我鼓起勇气微笑着面对生活。"再比如《蜜蜂》这篇课文，作者只让小女儿说一句话，作者居然一句也不说。这句话是，"她高声喊道：'有两只蜜蜂飞回来了! 它们两点四十分回到蜂窝里，肚皮下面还沾着花粉呢。"课文《记金华的双龙洞》也只有一句——"我怀着好奇的心情独个儿仰卧在小船里，自以为从后脑到肩背，到臀部，到脚跟，没有一处不贴着船底了，才说一声'行了'，船就慢慢移动。"

为什么这么精彩的课文，只用一句话呢? 仅仅一句的对话句，其价值是不是最大的? 哪个人，一辈子不说很多话，作者为什么只选择这一句? 你觉得还会有哪些话可以取代这一句话吗? 教师们普遍没有思考过这些问题，当然就没有办法通透地教好对话句了。而从很多名师展示的公开课来看，也很难听到他们对这类对话句的关注。至于课文中有多处对话句、多种形式对话句，也没有得到全方位的重视。

2. 把"对话句"的"创作味"教出来

(1)指导对话句的朗读，一定要体现"科学味"

四种基本形式的对话句，不是随意的，是遵守一种法则的，反映在朗读上也是不一样的。正确而科学的朗读，不仅要体现字正腔圆、抑扬顿挫，还要从朗读的声音中能够让听者判断出作者为什么要这么使用，到底想表达什么，那就是"谁在前强调谁"。

细心研究所有的对话句，我们会发现，提示语在前的，没有提示语的，引语在前的，这些内容都是最重要的，所以朗读时，这些文字要使用重音，而后面的内容就没有必要过分使用重音之朗读技巧了。

《陶罐和铁罐》一文中，"住嘴！"铁罐恼怒了，"你怎么敢和我相提并论！你等着吧，要不了几天，你就会破成碎片，我却永远在这里，什么也不怕。"这一句的朗读，重音肯定是"住嘴！"后面的内容如果全部用重音朗读，这么长的话，读起来肯定不自然，声嘶力竭的，听者对这样的声音往往是排斥的，耳朵也会对这种声音自动关闭。这就是说朗读者受不了，听众也受不了，真正说话的人大多也不会这么说。非常重的"住嘴！"就能让人立即停下来，让人倾听接下来要说什么，这种立即安静的状态，后面的声音不需要太大，听者肯定听得一清二楚，远远超过大声朗读的效果。这是一种真实！朗读应该还原这种真实！而这样读，才是真正的、科学化的抑扬顿挫！如果对话句朗读教学是平均用力式的，没有先后差异式的，把重音全部落在"引语"上的朗读，这是不正确、不科学的朗读。这种朗读将会干扰读者从声音中提取最有价值信息的能力，这对学生准确理解文本非常不利。

（2）师生品读呈现"自然逻辑味"

人与人交往，所说的话，话前话后的动作与表情是自然的，有一种自然逻辑贯穿其中，不能随意安排。

例如，《小蝌蚪找妈妈》为何只用一种方式？一起读这四句话：①他们看见一只乌龟摆动着四条腿在水里游，连忙追上去，叫着："妈妈，妈妈！"②乌龟笑着说："我不是你们的妈妈。你们的妈妈头顶上有两只大眼睛，披着绿衣裳。你们到那边去找吧！"③小蝌蚪游过去，叫着："妈妈，妈妈！"④青蛙妈妈低头一看，笑着说："好孩子，你们已经长大成青蛙了，快跳上来吧！"这四句话以这样的形式创作，就是因为先做、先笑、先看、先叫，然后才有说的内容，这是自然而然的说话逻辑。

又如，《玲玲的画》中的两句话：①"玲玲，时间不早了，快去睡吧！"爸爸又在催她了。②"怎么了，玲玲？"爸爸放下报纸问。这种说话逻辑，是先说，接着才有相关动作等。

另外两种形式同样存在着这种自然逻辑。为什么要给学生讲这种对话句的自然逻辑？这有利于他们在习作中精准地写好对话句。读中小学生的作文，乱写对话句的现象非常普遍。如果课文中的对话句教学，一次次地讲述着这种自然逻辑，学生习作中的对话句就不会乱了。而懂得了这种自然逻辑，要想在文章中自然地使用，就需要他们真正细致地观察、认真地思考，这随意不得！

（3）揭示秘方展示"张力味"

读美国詹姆斯·斯科特·贝尔的著作《如何创作炫人耳目的对话》，才知道作家的每一句对话都是有想法的，是独特的。贝尔说，"对话有五种具体的功能：呈现故事信息、展示人物、奠定基调、设计场景和传达主题。但是，它不应该作为一种向读者提供信息的偷懒方式来使用，也不应该用来宣扬作者的世界观。只有以恰当的方式使用对话，才能在这些具体功能中发挥对话的价值。"贝尔还说："好的对话，都是有冲突的，都是有张力的！作家创作对话，都有精彩的技术秘方。"①

对话教学过于简单，教师就无法把作家的"张力味"之"秘方"给学生。作家写这一内容有哪些秘方？贝尔说，秘方有制造冲突，搭设障碍，设置争辩、制造忧惧因素。小学课文中的对话也藏着这些秘方吗？是的，藏着！

例如，读《掌声》中唯一的说话句："我永远不会忘记那掌声，因为它使我明白，同学们并没有歧视我。大家的掌声给了我极大的鼓励，使我鼓起勇气微笑着面对生活。"不需要教师点拨，"掌声"之张力就会自然而然地在朗读与思考中蹦出来。

又如，《蜜蜂》这篇课文，作者只让小女儿说一句说，作者居然一句也不说。这句话是，"她高声喊道：'有两只蜜蜂飞回来了！它们两点四十分回到蜂窝里，肚皮下面还沾着花粉呢。'"张力就从说话句的两个数据中了表现出来。

又如，课文《为人民服务》，毛泽东全文引用了两句话，一是司马迁说过："人固有一死，或重于泰山，或轻于鸿毛。"一是李鼎铭先生提出来的"精兵简政"意见，反复读一读这两句话，多有张力呀！

再如，"住嘴！"铁罐恼怒了，"你怎么敢和我相提并论！你等着吧，要不了几天，你就会破成碎片，我却永远在这里，什么也不怕。"这不就

---

① ［美］詹姆斯·斯科特·贝尔：《如何创作炫人耳目的对话》，修佳明译，北京，中国人民大学出版社，2016。

是作者用这样的话语制造出的冲突吗?

法国作家雨果更是利用对话制造冲突的高手,学了《"诺曼底"号遇难记》,读——"够了,"船长说,"让每个人都到小艇上去。奥克勒福大副,你的手枪在吗?""在,船长。""哪个男人胆敢在女人前面,你就开枪打死他。"可以说这样的话让人终生难忘。

统编本一年级下册《咕咚》一课,有这样一段对话:

野牛拦住他,问:"'咕咚'在哪里,你看见了?"大象说:"没看见,大伙都说'咕咚'来了。"野牛拦住大伙问,大伙都说没看见。最后问兔子,兔子说:"是我听见的,'咕咚'就在那边的湖里。"

野牛的出现,就是搭设的障碍,这一障碍的出现,应答的内容,让张力出现了。这就是设置障碍的好处。假如这篇文章没有野牛的出现,这个故事,就不好玩了。

通过"对话句"教学,把这些秘方给学生,就能把他们带入创作的语境之中,这样的教学还能有效地激活学生情感交流与习作技法积累,学生就能在"张力"中习得一种写对话句的真本领,为自己写作中有张力地表达做充分的铺垫。

3. 如何让学生会写对话句

多年的习作教学实践让我发现一个异常现象:许多学生习作中的人物很少说话或说的多是假话。而作家就不一样了,他们拼命地让人物说话,让动物、植物如人一样说话。作家们十分清楚,让所有人物说话,能让描写的人物惟妙惟肖! 其实让文章中的人物多说话,能让文章变得有趣、好玩有意思,能让文章更加具体、生动……

人人都会说话,是不是意味着对话非常好写? 人人都会说话,是不是课文中的对话教学就不需要细教了?

在美国当代文学史中占有非常重要地位的著名女作家尤多拉·维尔蒂,其作品经常出现在各种美国文学的作品集和美国学校英文课的课本里。她说:"一开始,如果你耳朵敏锐,对话是世界上最容易写的,我感觉自己还行。但是如果要继续写下去,它却是最难写的部分,因为对话承载着很多任务。有时候我需要让一段话同时做到三件、四件甚至五件事情——不仅要揭示人物所说的话,还要能表达他对自己所说的话的看法,以及他所隐藏的、别人对他所说的话的理解,还有他们的误解等,这些都要包含在他那一席话里。这些话必须要保持这个人物的本质和他的独特的观点，而且要简明扼要。这并不是说我做到了，但是我想这就是对话能在写作中给我带来最大乐趣的所在。"①

尤多拉·维尔蒂通过这段话告诉我们，对话句的学习不是重视几篇课文就可以结束的。可以这么说，从一年级开始，只要有对话句的课文，就该重视这些对话句的教学，要把其作为此类课文中的重要的、必须教的内容来认识。

一二年级，在正确朗读上重视对话句这一表达形式；三四年级，通过教学，要求学生尽可能在每篇习作中使用一些对话句；五六年级，通过细致的对话句学习，告诉学生在文章中用对话句，一定要有思考，在思考下选择。只有分年段，全方位地重视对话句的教学，以打持久战的思维教对话句，学生作品中的对话句才会有点创作味道。

另外，我国小学课文有着短小精悍之特点，这是优点但也是缺点，即对话句必须少而精。面对这一问题，如果仅仅重视课文中对话句的教学很难让儿童作品中的对话句有大的提高，学生也会缩手缩脚，放不开。童年时期不能大胆、浪漫、尽情地书写对话，肯定不利于其以后的写作。怎么办？

方法之一就是大量阅读整本书。其实，每一篇课文，都会有一本或几本书与其对应，比如课文《"诺曼底"号遇难记》，其对应的书就是作家雨果的作品，四年级的学生可以试着读一两本！课文《真理诞生于一百个问号之后》，这篇课文虽然没有直接对话句，但文中提到的人物，个个都有传记，有的甚至有多本，读他们的书，你就会明白他们是怎么写对话句的。《小英雄雨来》，爱国主义、战争题材的书太多了，学完这一课，就让学生读起来，这些书中的对话句，更加传神有力！学完《祖父的园子》，学生就可以读《呼兰河传》了，这本书里的对话句很多很多，很有味道；神话故事、民间传说类课文都有相应的书与其匹配……书中的对话量远远超过课文中的。读得越多，写得越好，对于对话句的教与学也是一样的。

方法之二就是让父母从一年级开始录下与孩子间的对话，并将其转化成文字收藏。现在家家都有手机，父母如果愿意录下与孩子之间的对话，这可是一笔给予自家孩子的伟大财富。将其转化成文字，其实就是

---

① ［美］于尔根·沃尔夫：《创意写作大师课》，史风晓、刁克利译，73 页，北京，中国人民大学出版社，2013。

孩子写下的一篇篇文章。一二年级两年时间，如果能够录下百余次，学生写对话的难点可能会因此而突破。

（三）把课文藏着的写作风格教给学生

什么是写作风格？至今没有标准答案，但作家们通过作品表现出来的风格大概有五类：一是清晰、易懂的语言；二是简洁的表达；三是在于细节；四是用词的精准；五是标点符号的精准使用。

而大量实践证明，写作风格不是通过写作养成的，而是通过大量的阅读而学到的。这种认知有些不可思议。但美国斯蒂芬·克拉生《阅读的力量》一书，介绍了这一研究理论。而课文里藏着的写作风格是需要教的，也是可以教的。如果阅读教学不教写作风格，学生也难以从写作风格的角度去写好一篇又一篇文章。

1. 风格之一：详略得当、清晰易懂的写作风格教学

小学生写作文，爱把什么事都写下来。几家人出去游玩，把所有人都写在开头，那是经常的事。去某地游玩，从起床写到旅游点，洋洋洒洒几百字，而游玩的地方却只写了一句或几句，这样的情况常常出现在学生的作文里。出现这种情况就是因为课文没有教"简洁""详略得当"之写作风格。虽然教师们大都给学生讲过详略得当，但绝大多数教师不明确告诉学生这是一种这是写作风格，所以也就不知道如何从写作风格角度去教学。一篇文章，为何某个地方要简洁，某个地方必须具体，这些为什么，不少教师迷迷糊糊。

比如叶圣陶先生《记金华的双龙洞》是传统名篇。我童年时期学过这篇课文，今天的学生为什么还要学呢？因为这篇文章的写作风格很容易教。

首先，两个"大约五公里"的教学。这篇课文有两处"大约五公里"，一处是金华城到罗店的"大约五公里"，另一处是入山至双龙洞口的"大约五公里"。

课堂上，我让学生读后说说叶老是怎么写这两个"大约五公里"的，把每个大约五公里看到的、听到的相关文字画下来。

这一问题不难。第一个"大约五公里"就写了十来个字，即"出金华城大约五公里到罗店"。第二个"大约五公里"写了什么呢？是在三个段落里写的，请看：

公路盘曲而上。山上开满了映山红，无论花朵和叶子，都比盆栽的杜鹃显得有精神。油桐也正开花，这儿一丛，那儿一簇，很不少。山上沙土呈粉红色，在别处似乎没有见过。粉红色的山，各色的映山红，再加上或浓或淡的新绿，眼前一片明艳。

一路迎着溪流。随着山势，溪流时而宽，时而窄，时而缓，时而急，溪声也时时变换调子。入山大约五公里就来到双龙洞口，那溪流就是从洞里出来的。

在洞口抬头望，山相当高，突兀森郁，很有气势。洞口像桥洞似的，很宽。

同样的"大约五公里"，叶老为何厚此薄彼呢？学生思考后说出了不少答案。他们认为金华城到罗店的那个"大约五公里"，世界各地到处都有，虽不完全相同但极其相似，无外乎路有多宽，路两边有树，还有路上有各色的行人，即使他们在道路上遇见打架、车祸、玩闹等也没有什么好用在这篇文章里的。但第二个"大约五公里"就不一样了，从叶老所写的"映山红、油桐、沙土、溪流"可以看出，这些东西如果不写、不详细写，也像第一个"大约五公里"略去，等于把世界上这独一无二的美景丢弃。

其次，两个"洞"的教学。这一篇课文内有两个洞，一个洞是外洞，另一个是内洞。外洞，作者写了什么？内洞作者又怎么写的？学生一眼就可以看到，叶老所写外洞的文字如下：

"走进去，仿佛到了个大会堂，周围是石壁，头上是高高的石顶，在那里聚集一千或是八百人开个会，一定不觉得拥挤。泉水靠着洞口的右边往外流。这是外洞。"

写内洞的文字如下：

内洞一团漆黑，什么都看不见。工人提着汽油灯，也只能照见小小的一块地方，余外全是昏暗，不知道有多么宽广。工人高高举起汽油灯，逐一指点洞内的景物。先看到的是蜿蜒在洞顶的双龙，一条黄龙，一条青龙。我顺着他的指点看，有点儿像。其次是些石钟乳和石笋，这是什么，那是什么，大都依据形状想象成神仙、动物以及宫室、器用，名目有四十多。这些石钟乳和石笋，形状变化多端，再加上颜色各异，即使不比作什么，也很值得观赏。

在洞里走了一转，觉得内洞比外洞大得多，大概有十来进房子那么大，泉水靠着右边缓缓地流，声音轻轻的。上源在深黑的石洞里。

又是一个厚此薄彼！为什么呢？引领学生继续思考。原来外洞，只要去的人，都能看得清清楚楚，值得写的东西不多。而内洞因为黑，看不清，需要借助灯等工具，以及导游来介绍，才能看到个大概，游客也不可能处处看清楚、看明白，所以要写，要多写；而内洞因为有双龙，文章的题目叫《记金华的双龙洞》，当然要写清楚为何叫双龙洞；又因为内洞比外洞更大，所以要多写；另外，内洞还有很多奇特的东西，这是外洞所没有的，所以要多写……

最后，"五公里"与"二三丈"的教学。前面说过课文中有两个"大约五公里"，学生都能找到了作者厚此薄彼的原因。但不得不说，课文里还有"二三丈"这个词，"二三丈"就是"七八米"，这七八米，作者是怎么写的？居然写得比两个"大约五公里"的文字还要多，为何呢？这些文字在课文的第五自然段：

在外洞找泉水的来路，原来从靠左边的石壁下方的孔隙流出。虽说是孔隙，可也容得下一只小船进出。怎样小的小船呢？两个人并排仰卧，刚合适，再没法容第三个人，是这样小的小船。船两头都系着绳子，管理处的工人先进内洞，在里边拉绳子，船就进去，在外洞的工人拉另一头的绳子，船就出来。我怀着好奇的心情独个儿仰卧在小船里，自以为从后脑到肩背，到臀部，到脚跟，没有一处不贴着船底了，才说一声"行了"，船就慢慢移动。眼前昏暗了，可是还能感觉左右和上方的山石似乎都在朝我挤压过来。我又感觉要是把头稍微抬起一点儿，准会撞破额角，擦伤鼻子。大约行了二三丈的水程吧。

数一数，算上标点 267 个字呢！两个"大约五公里"，一个写十来个字，一个写 209 个字，与这"二三丈"相比，亦可见厚此薄彼！

此时，没有哪位学生不明白了，这个"孔隙"，绝对是世界上独一无二的，而要进内洞看双龙洞，这是唯一的通道，没有这个体验，里面的世界你永远只能听人家说了。

这样教，目的就是写作。小学生写外出游玩，大多做不到，不清楚为什么有的一句带过就行，有的必须多写几句，有的需要长篇记述。其实道理很简单，写作时，一定要思考，大凡读者清楚的世界，就没有必要写了；大凡读者不知道的，那是必须要具体细致地写的。理，就是这个理，很简单很简单的理。

2. 风格之二：课文中的"用词要精准"之写作风格教学

课文中的"用词要精准"这一写作风格一直被教师忽视或者片面重

视。许多教师对课文中一些词语的重视，大多是反复读，反复默写，把解释告诉学生，让他们找反义词、近义词，这都不是写作风格的引领。这种教法，不会给学生写作带来什么实质性的变化，因为词语的差不多与非常精准，对于小学生来说是很难分辨的。怎么教，属于写作风格教学呢？我以《黄山奇松》这篇课文为例谈一谈。

被誉为"天下第一奇山"的黄山，以奇松、怪石、云海、温泉"四绝"闻名于世，而人们对黄山奇松，更是情有独钟。山顶上，陡崖边，处处都有它们潇洒、挺秀的身影。

黄山最妙的观松处，当然是曾被徐霞客称为"黄山绝胜处"的玉屏楼了。楼前悬崖上有"迎客""陪客""送客"三大名松。迎客松姿态优美，枝干遒劲，虽然饱经风霜，却仍然郁郁苍苍，充满生机。它有一丛青翠的枝干斜伸出去，如同好客的主人伸出手臂，热情地欢迎宾客的到来。如今，这棵迎客松已经成为黄山奇松的代表，乃至整个黄山的象征了。陪客松正对玉屏楼，如同一个绿色的巨人站在那儿，在陪同游人观赏美丽的黄山风光。送客松姿态独特，枝干盘曲，游人把它比作"天然盆景"。它向山下伸出长长的"手臂"，好像在跟游客依依不舍地告别。

黄山松千姿百态。它们或屹立，或斜出，或弯曲；或仰，或俯，或卧；有的状如黑虎，有的形似孔雀……它们装点着黄山，使得黄山更加神奇，更加秀美。

课文的最后一段，有教师是这样教的：

师：请问"或"是什么意思？

生：有的。

师：那把课文的最后一段的"或"变成"有的"，把"有的"变成"或"，读读看，行吗？

生读：它们有的屹立，有的斜出，有的弯曲；有的仰，有的俯，有的卧；或状如黑虎，或形似孔雀……

师：这样读行不行？

学生继续朗读思考。

生：不行，感觉不太顺。

生："有的"声音有点软，与"屹立、斜出、弯曲、仰、俯、卧"不太搭。

……

师：你们说得非常好。还是作者用得好。

教师能抓住这一点，真的很好，但由于没有教到位，本来是写作风格的教学，结果没有引导学生发现。什么样的教学，能让你感受到写作风格的存在？答案就是教师把马克·吐温的话送给学生，"正确的词和差不多正确的词之间的区别，就像闪电和萤火虫的区别一样"。前面的教，加上这句话，学生们一定会恍然大悟，他们接下来的写作在遣词造句上，肯定会琢磨琢磨再琢磨。这就是教写作风格，课堂上教此风格能给学生的写作带去很多思考。

3. 风格之三：标点符号之写作风格教学

这里有几篇课文，全是名家名篇，大家一起读读。

为人民服务（作者：毛泽东）

我们的共产党和共产党所领导的八路军、新四军，是革命的队伍。我们这个队伍完全是为着解放人民的，是彻底地为人民的利益工作的。张思德同志就是我们这个队伍中的一个同志。

人总是要死的，但死的意义有不同。中国古时候有个文学家叫作司马迁的说过：人固有一死，或重于泰山，或轻于鸿毛。为人民利益而死，就比泰山还重；替法西斯卖力，替剥削人民和压迫人民的人去死，就比鸿毛还轻。张思德同志是为人民利益而死的，他的死是比泰山还要重的。

因为我们是为人民服务的，所以，我们如果有缺点，就不怕别人批评指出。不管是什么人，谁向我们指出都行。只要你说得对，我们就改正。你说的办法对人民有好处，我们就照你的办。"精兵简政"这一条意见，就是党外人士李鼎铭先生提出来的；他提得好，对人民有好处，我们就采用了。只要我们为人民的利益坚持好的，为人民的利益改正错的，我们这个队伍就一定会兴旺起来。

我们都是来自五湖四海，为了一个共同的革命目标，走到一起来了。我们还要和全国大多数人民走这一条路。我们今天已经领导着有九千一百万人口的根据地，但是还不够，还要更大些，才能取得全民族的解放。我们的同志在困难的时候，要看到成绩，要看到光明，要看到希望，要提高我们的勇气。中国人民正在受难，我们有责任解救他们，我们要努力奋斗。要奋斗就会有牺牲，死人的事是经常发生的。但是我们想到人民的利益，想到大多数人民的痛苦，我们为人民而死，就是死得其所。不过，我们应当尽量地减少那些不必要的牺牲。我们的干部要关心每一个战士，一切革命队伍的人都要互相关心，互相爱护，互相帮助。

今后我们的队伍里，不管死了谁，不管是炊事员，是战士，只要他是做过一些有益的工作的，我们都要给他送葬，开追悼会。这要成为一个制度。这个方法也要介绍到老百姓那里去。村上的人死了，开个追悼会。用这样的方法，寄托我们的哀思，使整个人民团结起来。

荷花（作者：叶圣陶）

清晨，我到公园去玩，一进门就闻到一阵清香。我赶紧往荷花池边跑去。

荷花已经开了不少了。荷叶挨挨挤挤的，像一个个碧绿的大圆盘。白荷花在这些大圆盘之间冒出来。有的才展开两三片花瓣儿。有的花瓣儿全都展开了，露出嫩黄色的小莲蓬。有的还是花骨朵儿，看起来饱胀得马上要破裂似的。

这么多的白荷花，一朵有一朵的姿势。看看这一朵，很美；看看那一朵，也很美。如果把眼前的这一池荷花看作一大幅活的画，那画家的本领可真了不起。

我忽然觉得自己仿佛就是一朵荷花，穿着雪白的衣裳，站在阳光里。一阵微风吹来，我就翩翩起舞，雪白的衣裳随风飘动。不光是我一朵，一池的荷花都在舞蹈。风过了，我停止舞蹈，静静地站在那儿。蜻蜓飞过来，告诉我清早飞行的快乐。小鱼在脚下游过，告诉我昨夜做的好梦……

过了好一会儿，我才记起我不是荷花，我是在看荷花呢。

真理诞生于一百个问号之后（作者：叶永烈）

有人说过这样一句话：真理诞生于一百个问号之后。其实，这句话本身就是一个真理。

纵观千百年来的科学技术发展史，那些定理、定律、学说的发现者、创立者，差不多都善于从细小的、司空见惯的现象中看出问题，不断发问，不断解决疑问，追根求源，最后把"?"拉直变成"!"，找到了真理。

洗澡是一件非常普通的事情。而美国麻省理工学院机械工程系的谢皮罗教授却敏锐地注意到：每次放掉洗澡水时，水的漩涡总是朝逆时针方向旋转的。这是为什么呢？谢皮罗紧紧抓住这个问号不放，进行了反复的实验和研究。1962 年他发表了论文，认为这种漩涡与地球的自转有关，如果地球停止旋转，就不会产生这种漩涡。他认为，在北半球，洗澡水朝逆时针方向旋转；如果是在南半球，洗澡水的漩涡将朝顺时针方向旋转；而在赤道，则不会形成漩涡。他的这个见解，引起各国科学家的极大兴趣，他们纷纷在各地进行实验，结果证明谢皮罗的结论完全正确。

无独有偶。17 世纪的一个夏天，英国著名化学家波义耳正急匆匆地向自己的实验室走去，刚要跨入实验室大门，阵阵醉人的香气扑鼻而来，他这才发现花圃里的玫瑰花开了。他本想好好欣赏一下迷人的花朵，但想到一天的实验安排，便摘下几朵紫罗兰插入一个盛水的烧瓶中，然后开始和助手们做实验。不巧的是，一个助手不慎把一滴盐酸溅到紫罗兰上，爱花的波义耳急忙把冒烟的紫罗兰用水冲洗了一下，重新插入花瓶中。谁知当水落到花瓣上后，溅上盐酸的花瓣奇迹般地变红了，波义耳立即敏感地意识到紫罗兰中有一种成分遇盐酸会变红。那么，这种物质到底是什么？别的植物中会不会有同样的物质？别的酸对这种物质会有什么样的反应？这对化学研究有什么样的意义？这一奇怪的现象以及一连串的问题，促使波义耳进行了许多实验。由此他发现，大部分花草受酸或碱的作用都会改变颜色，其中以石蕊地衣中提取的紫色浸液最明显，它遇酸变成红色，遇碱变成蓝色。利用这一特点，波义耳制成了实验中常用的酸碱试纸——石蕊试纸。在以后的三百多年间，这种试纸一直被广泛应用于化学实验中。

最有趣的是一位奥地利医生。一次儿子睡觉时，他发现儿子的眼珠忽然转动起来。他感到很奇怪，连忙叫醒儿子，儿子说他刚才做了个梦。这位医生想，眼珠转动会不会与做梦有关呢？会是什么关系呢？他百思不得其解。于是，带着一连串的疑问，他以儿子、妻子、邻居为实验对象，进行了反复的观察实验，最后得出结论：当睡觉的人眼珠转动时，他确实正在做梦。如今，人们研究梦的生理学，便根据眼珠转动的次数和时间，来测量人做梦的次数与梦的长短。

洗澡水的漩涡、紫罗兰的变色、睡觉时眼珠的转动，这些都是很平常的事情。善于"打破砂锅问到底"的人，却从中有所发现，有所发明，有所创造，有所成就。

在科学史上，这样的事例还有很多，它说明科学并不神秘，真理并不遥远。只要你见微知著，善于发问并不断探索，那么，当你解答了若干个问号之后，就能发现真理。

当然，见微知著、善于发问并不断探索的能力，不是凭空产生的。正像数学家华罗庚说过的，科学的灵感，决不是坐等可以等来的。如果说，科学领域的发现有什么偶然的机遇的话，那么这种"偶然的机遇"只能给那些有准备的人，给那些善于独立思考的人，给那些具有锲而不舍精神的人。

读这些文章，大家一定会发现作者表达的情感非常丰富，多少句子后面的标点完全可以使用"！"，但这些文章大多一个感叹号都找不到。因为文中没有一个感叹号，教师当然也不会去讲这原来是写作风格的事，因为绝大多数的名家在写作时是慎重使用感叹号的。弗·司各特·菲茨杰拉德说："去掉所有的感叹号。感叹号就好像是自个儿讲笑话，然后自个儿笑。"

教这类课文，如果教师把一些句子后面的句号改成感叹号来教，几次训练，学生就会感觉到没有感叹号的句子在表达情感的力度上、丰富度上远远超过有感叹号的句子，因为有了感叹号的句子，情感就会聚焦在某个字词上，没有了感叹号，这个句子的情感会随着对整个句子的关注而更加立体，更加丰盈。如此之教，学生作品也就很难看到那么多的感叹号，三个感叹号连用的现象就会自动消失了。

每篇课文表现出来的写作风格不可能相同，上面几大类只是一个概括并非全部。而让学生拥有写作风格，不是讲几篇课文中的写作风格就可以做到的。中小学 12 年，要学数百篇课文，每一篇课文都要讲，学生才能在不断地熏陶中，逐渐地拥有这种写作本领。

（四）写作思想、写作技巧、写作知识要巧妙教

有人说，三流教师教知识，二流教师教方法，一流教师教思想。我不会这么分，我坚信真正的好教师应该是知识、方法技巧、思想一起教。

没有写作思想、技巧、知识的文章（特别是课文）是不存在的。思想的力量是强大的，当学生能从一篇篇课文中找到写作思想时，他就不可能讨厌写作。

1. 关于课文里藏着的写作思想教学例举

我一直难以忘记的一篇课文是多年前的一个 5 月初，我教苏教版五

年级的《月光启蒙》的这篇课文。这篇文章是孙友田在母亲去世 11 周年的忌日写下的三篇回忆文章中的一篇。孙友田的母亲不识字但对子女的爱如许许多多的母亲一样，他的母亲去世前患有老年痴呆症，后来都不认识子女了。孙先生母亲的忌日是 1 月 11 日，孙友田先生说这个日子就像是三把利剑插在自己的胸口。这篇文章折射出来的写作思想是什么？世界上最持久最好的感恩父母的方式就是用文章、书籍来记录他们，赞美他们。这一思想是学生发现不了的，这是我的发现，我讲给学生听了，他们瞬间明白了，在即将到来的母亲节、父亲节，他们也都书写他们的父母了。我还告诉学生，别等着父母老了、走了再写，要写就立即动笔，因为等未来写，很多美好的事会忘得一干二净；我还告诉学生，每年的母亲节、父亲都要写，如果你能坚持写 30 年，将这些文章放在一起，可能就是世界名著，因为世界上也许还没有这本书。学生当年听、当年做了，连续 30 年做很难，这不重要，重要的是，他们一定会在未来的某个日子想起这一写作思想。

我读初中时就会唱一首歌，歌名叫《长江之歌》，也是原来苏教版小学语文六年级下册的第一篇课文。这首歌，大家是熟悉的。我教此课时，发现了非常独特的创作思想，即人要用最美的语言表达形式来赞美世界！读这首诗歌，句句都是溢美之词，好词好句无可挑剔！但最美的语言表达形式指的是什么呢？就是作者精准地选择了用第二人称来创作这首歌。课堂上，我们只要让学生分别用第一人称、第三人称替换第二人称读一读，不需要教师讲，他们就会立即发现第二人称写母亲河，才是最佳的表达方式，因为第一人称写出的长江有一种自傲感，长江是母亲河，怎么可能会自傲呢？第三人称写长江，学生都能感觉到长江距离我们很远很远，与我们好像没有什么关系。长江是母亲河，怎么可能与我们没有关系？再读作者的第二人称之作，此时的学生会立即感受到，第二人称就是面对面表达，是非常近、非常亲切的表达，是母亲与我们最亲近的表达。这样教，学生不仅认识到写作的人称选择要精准，最重要的是他们悟出了什么是完美无缺的表达。这是寻找到思想后，最能教会学生精准选择人称的简单而高效的教学。

章武先生的《天游峰的扫路人》是一篇值得学习的课文。这篇课文表现出来的写作思想是什么？没有对话就没有人类一个个伟大的哲思与发现。写作就是写对话。只要你像章武一样愿意与人、物对话，就一定能写出好文章。这位扫路人，肯定有老婆孩子，肯定是单位的职工，他每天都在扫路，肯定有许许多多的游客遇见过他，熟悉他的人很多，遇见过他的人很多，为何只有章武写出了文章？一是很多人熟视无睹；二是很多人没有与老人对话，也没有真心赞美、欣赏这位老人；三是很多人不愿意写作、不愿意把美好的人物传播至世界各地……

每一篇课文都有写作思想。老师们，如果你能以"这篇课文告诉我们什么写作思想"看所有课文，你才能找到很多思想。什么是思想？从哲学层面思考，挺复杂的。但有一本图画书能帮助我们解决这个难题，这本书叫《收集思想的人》(德国儿童文学家莫尼卡·菲特创作的哲学绘本)，这本书告诉小学生(其实也告诉我们大人)思想长什么样，思想的颜色与式样很多，甚至是透明的。作者告诉我们每个城市都有最起码一位收集思想的人，如果没有这个人，这个城市就不可能有新的思想了。书中那位搜集思想的人叫格兰特西，每天背着大背包出去，每天搜集到的思想有好的，也有坏的，回到家里，他把思想轻轻地倒出来，然后按照 ABCD……整理好，还把好的思想种下……

课文，都是充满正能量的，其里面藏着的思想都是好的，只有一一找到了，才能把这些思想种下去，种在学生的心里。

2. 关于课文里藏着的写作技巧教学例举

《荷花》是著名教育家、作家叶圣陶先生的作品，也是传统名篇。这一课最精彩的一段是："我忽然觉得自己仿佛就是一朵荷花，穿着雪白的衣裳，站在阳光里。一阵微风吹过来，我就翩翩起舞，雪白的衣裳随风飘动。不光是我一朵，一池的荷花都在舞蹈。风过了，我停止了舞蹈，静静地站在那儿。蜻蜓飞过来，告诉我清早飞行的快乐。小鱼在脚下游过，告诉我昨夜做的好梦……"多年听此课、教此课，你会发现教师们特别重视这一段的朗读，但教学的最大缺陷一直存在，那就是不讲这一段给予的创作技巧。这是一个什么样的创作技巧？那就是写什么就要把自己变成什么，这样才能走进这一事物，将其写得独特。学完此课，特别是讲完这一段后，教师如果能让学生们看一看《神奇校车》这套书(《神奇校车》系列丛书是美国国家图书馆推荐给所有学龄前儿童和小学生的课外自然科普读物，也是全美最受欢迎的儿童自然科学图书系列，曾荣获波士顿环球图书奖，美国《教育杂志》非小说类神奇阅读奖)，这套书中的每一本都是用这一写作技巧创作的，介绍什么就变成什么。学生到了五六年级还可以看获诺贝尔文学奖的土耳其作家奥尔罕·帕慕克的作品《我的名字叫红》，看看这本书 59 个题目（虽然有多个题目是一样的，内容却完全不同）。

1. 我是一个死人
2. 我的名字叫黑
3. 我是一条狗
4. 人们将称我为凶手
5. 我是你们的姨父
6. 我是奥尔罕
7. 我的名字叫黑
8. 我是艾斯特
9. 我，谢库瑞
10. 我是一棵树
11. 我的名字叫黑
12. 人们都叫我"蝴蝶"
13. 人们都叫我"鹳鸟"
14. 人们都叫我"橄榄"
15. 我是艾斯特
16. 我，谢库瑞
17. 我是你们的姨父
18. 人们将称我为凶手
19. 我是一枚金币
20. 我的名字叫黑
21. 我是你们的姨父
22. 我的名字叫黑
23. 人们将称我为凶手
24. 我的名字叫死亡
25. 我是艾斯特
26. 我，谢库瑞
27. 我的名字叫黑
28. 人们将称我为凶手
29. 我是你们的姨父
30. 我，谢库瑞
31. 我的名字叫红

32. 我，谢库瑞

33. 我的名字叫黑

34. 我，谢库瑞

35. 我是一匹马

36. 我的名字叫黑

37. 我是你们的姨父

38. 奥斯曼大师就是我

39. 我是艾斯特

40. 我的名字叫黑

41. 奥斯曼大师就是我

42. 我的名字叫黑

43. 人们都叫我"橄榄"

44. 人们都叫我"蝴蝶"

45. 人们都叫我"鹳鸟"

46. 人们将称我为凶手

47. 我，撒旦

48. 我，谢库瑞

49. 我的名字叫黑

50. 我们两个苦行僧

51. 奥斯曼大师就是我

52. 我的名字叫黑

53. 我是艾斯特

54. 我是一个女人

55. 人们都叫我"蝴蝶"

56. 人们都叫我"鹳鸟"

57. 人们都叫我"橄榄"

58. 人们将称我为凶手

59. 我，谢库瑞

《荷花》一课讲了，20多本《神奇校车》被看了，一本厚厚的《我的名字叫红》被读了，学生怎么可能悟不出其中的道理呢？这样讲课文的写作智慧，接着读更多本书，读着读着就会想到自己的写作，就会将自己变成要写的那个事物。

3. 关于课文里藏着的写作知识教学例举

写作知识，很多很多。如果想深入了解就读《写作知识辞典》，这本词典将写作知识分为 17 类，收入辞目 2000 多条，把写作的基本理论、基本知识和常见的写作术语都包罗了。对于小学生来说，没有必要读这些知识。从课文的角度，有一种属于写作的知识，也是能改变学生写作水平的知识，这种知识就是修辞。

什么是修辞？修辞，就是修饰词语以提高语言表达效果。为什么要讲修辞？为了写好文章，为了读者。文章如果只是自己看，修辞可以不用。但文章只要给更多的人看，修辞那是必须有的。

2012 年，我随江苏省特级教师考察团至台湾考察语文，发现他们是从四年级开始学修辞的，修辞总量达 19 种，如譬喻（明喻、暗喻）、排比、摹写、对偶、引用（明引、暗引）、设问、转化（拟人或拟物）、夸饰（夸张）、顶真、呼告、映衬、双关、借代、感叹、类叠、层递等，然而像摹写、转化、呼告、感叹、类叠等修辞手法，不少特级教师都不知道。下面我摘录他们课本中编写的几个修辞知识，看看三个版本的语文教材是如何讲修辞的。

四年级第一学期单元一：认识修辞譬喻（南一书局版）

"譬喻"是用某一事物或情境，来比喻另一事物或情境的修辞法，也就是我们常说的"打比方"。通常用熟悉的、具体的事物来比拟陌生的、抽象的事物。适当地运用譬喻修辞，可以让读者较易掌握文意和情境。

譬喻修辞主要由三个部分组成：

第一部分：所要说明的事物主体。

第二部分：连接事物主体和比方的事物时所使用的语词，就是"像、如、若、似、好像、一样、仿佛、是"等字、词。

第三部分：用来比喻说明主体的事物。

譬喻修辞最常见的是"明喻"和"暗喻"。

明喻：用"像、好像"等词来连接前后比方的事物或情境。

例 1：整个东清湾（第一部分）好像（第二部分）一幅美丽的画作（第三部分）。

例 2：姐姐的歌声（第一部分）像（第二部分）黄莺出谷（第三部分），真是悦耳动听。

暗喻：用"是"来连接前后比方的事物或情境。

例 1：兰屿是太平洋上的"绿宝石"。

例 2：父母的爱，是我们生命中最温暖的阳光。

譬喻在运用上要合情合理，用来比喻的事物和所要说明的事物之间要有相似点，而且必须是大家熟悉的、具体的、容易联想的事物。

四年级第二学期单元二：认识修辞摹写（康轩版）

作家都会用眼睛、耳朵、鼻子、嘴巴等五官感受，来描写事物的形状、颜色、声音、气味等特色，带领一个个读者跟着他们一起去品味各种特别的感觉。透过摹写技巧，也能把事物描写得栩栩如生，像写自然现象的文章，如果使用好这一修辞，文章会相当精彩！

一是，视觉摹写。

①走进花园，我看到红色的牡丹，在一片片绿叶的衬托下，更显得娇美动人。

②讲究礼仪的日本人，在见面时鞠躬 30 度，离开时却得鞠躬 45 度。

这两个句子就是透过眼睛看到的观察摹写，非常清楚地描述出所看到的景象及动作。

二是，听觉摹写。

①这时，有人拉起了小提琴，悠扬的琴声，像在叙述那遥远而神奇的故事。

②顿时，全场响起如雷的掌声，让人为之疯狂。

这两个句子透过耳朵的听觉摹写，将琴声、掌声的特色非常清楚地描绘出来了。

三是，嗅觉摹写。

①巷子里传来阵阵扑鼻的臭豆腐味，我流着口水，奔向陈阿姨那里，拿起就吃，然后才付钱。

②部落里，处处散发着鱼干特有的香味。

这两个句子透过鼻子的嗅觉摹写，让读者仿佛也能闻到臭豆腐、鱼干的气味。

四是，味觉摹写。

①喝着蒙古新鲜的羊奶，清甜爽口，精神为之一振。

②冰冰凉凉的绵绵冰，入口即化的香甜滋味，让人忍不住一口接着一口吃。

这两个句子透过舌头的味觉摹写，将羊奶、绵绵冰的味道与读者分享。

五是，触觉摹写。

①他们的国土大部分是沙漠，生活在那里，你会感觉到气候又干又热。

②穿上柔软的大衣，就能赶走冬天的寒冷，我们的整个身体也会立即温暖起来。

这两个句子透过身体的触觉摹写，让人了解与沙漠、大衣接触的感觉。

这一次习作，你会使用摹写吗？如果你没有使用，请将文中的一些句子修改一下，看看效果如何。

五年级第一学期单元三：认识修辞引用(南一书局版)

小朋友在谈论事情时，会引用"妈妈说""老师说"，或是"大家都这么说"，让别人更相信自己说的话。在文章中用别人的话、俗语、典故来加强说服力，这种修辞法，叫作"引用"。

文章中"引用"的方式，可以分为明引、暗用两种：

(1)明引——明白地指出所引的话，出自什么人。

例如：本册第四课第二段，引用妈妈说的话："好清澈的蓝湖哇！真像一面明亮的镜子。"又如在写跟"学习"有关的作文时，常会写"子曰：'学而时习之，不亦乐乎？'"或"《礼记·学记》：'学然后知不足。'"这种写法，就属于"明引"。

(2)暗用——引用时没有指明出处。

例如：本册第二课赏析第一段："诗中有画，画中有诗"，没有写明是谁说的话，所以称为"暗用"。

写文章引用别人的话，要像从自己口中说出来，才能使上、下文的意思连贯。

五年级第一学期单元二：认识修辞夸饰(翰林版)

当我们写作或说话时，为了表达的需要，而把所有描写的人、事、物，运用夸大事实的方式来描述，这种修辞技巧叫作"夸饰"法。简单地说，就是故意言过其实，以吸引读者的注意力。

夸饰的写法，可分为夸大和缩小两种。

(1)夸大法：把所要描写的事物，利用想象力把它的特点放大再放大。

例如：他的食量很大，每顿饭几乎可以吞下一头牛。

（2）缩小法：把所要描写的事物特点，利用想象力把它缩小再缩小。

例如：从高空向下望，蜿蜒的小河，像是纤细的缝衣线掉落在缤纷的地毯上。

夸饰的表达范围，可以分成四类：

（1）空间的夸饰：描述形体所占有的空间大小。

例如：展览会场的中央，竖立了一只巨无霸似的北极熊标本，几乎要把整个会场都塞满了。

（2）时间的夸饰：描述时间的极快或极慢。

例如：假期不是昨天才开始的吗？怎么才一转眼，两个月的暑假就要结束了。

（3）物象的夸饰：描述动作的快慢或事物的大小。

例如：一阵狂风吹过，整排的枫树林，竟然只剩下光秃秃的树干，连一片叶子也没有留下。

（4）情感的夸饰：描述个人的情绪或感受的强烈。

例如：他愤怒地握起双手，激动的情绪像海啸一般，掀起一波又一波的万丈浪潮。

五年级第二学期单元二：认识修辞转化（南一书局版）

（1）将物拟人：把没有感情、没有思想的事或物，当作会说话、有感情和有思想的人。

例1：田野里，打谷机不停地响着；树梢音，蝉儿也正唱得高兴。（第十册第六课《父亲与我》）

（2）将人拟物或将物拟物：把人转化成物或将物转换成其他的物。

例1：在众人的谴责下，他灰溜溜的夹着尾巴跑了。（将人拟物）

例2：我把思念的眼泪，串成晶莹圆润的珍珠项链送给你。（将物拟物）

（3）将虚拟实：使抽象的观念实体化或形象化。

没想到隔年暑假，父亲的光热便已燃尽。（第十册第六课《父亲与我》）

运用"转化"写作时，要注意下列两点：

第一，比拟的"人"，要跟当时的环境、想法、情绪、行为和活动吻合。

例如：在皎洁的月光下，我们愉快的谈天说地，月亮也寂寞地看着我们。

说明：是以人的行为和动物来描写月亮，但是用"寂寞"却与当时的气氛不合。如果改为"月亮也微笑地看着我们"，更能凸显月亮的亲和力。

第二，比拟的"物"，要切合"物"的特点。

例如：我把思念的眼泪，穿成闪亮耀眼的珍珠项链送给你。

说明：运用珍珠的特征来描写思念的眼泪，但是珍珠给人的感觉是晶莹圆润，用闪亮耀眼来拟写，不符合珍珠的特点，可以改为"穿成晶莹圆润的珍珠项链送给你。"

转化可以使文章生动有趣，但是，一定要能够反映事物的特点又符合情理，读者才能接受。

六年级第一学期单元一：认识修辞层递（南一书局版）

层递是利用三个以上的语词、短语或句子，按照语意的轻重、程度的深浅，有次序地描述事实、说明事理的修辞方法。因为三个句子针对同一主题一层层地解析，能够使要表达的意思逐步加深，感情逐步强化，从而增强语言的说服力和感染力。

常见的层递有"递升"和"递降"两种：

递升是指排列顺序由小到大、由低到高、由浅到深……

例如，经历了播种、发芽、长叶、开花、结果，我们种的番茄终于有收成了。

递降是指排列顺序由大而小、由高而低、由后而前、由深而浅……

例如，在天空中翩翩起舞的蝴蝶，曾经是倒挂在树枝的蛹，又曾经是匍匐前进的毛毛虫。

六年级第二学期单元二：认识修辞映衬（翰林版）

常听人说"红花"虽然很美，还是需要"绿叶"来相衬。写作时，我们也常用衬托的方式来描写相关的内容，这样可使他们的特点更加鲜明，这就是"映衬"修辞——把两种不同的事物，加以对列，相互比较，互为衬托；不但能增加语气，还能把想要表达的意思更加凸显出来。

用"映衬"来描写人物或事件，可以拿和他们的本质或现象相反的语句加以描述。例如，第八课《水牛群像》："黄土水先生在人世虽然只有三十六个年头，但他却用短暂的生命，留下了许多令人赞叹的不朽作品。"这里就是用"短暂的生命"来衬托"许多的不朽作品"，以凸显黄土水先生的成就。

其次，对于两种不同的人、事、物，可以运用两种不同的观点来加以描述，这也是映衬的应用。例如，"只许州官放火，不许百姓点灯"，"谋事在人，成事在天"。

另外，映衬的技巧还包括对同一个人、事、物，却运用不同的两种角度来描写他们的特点，像"昙花的开放的刹那美丽，是可以永远留存的"，这种映衬的应用，就能把昙花的美，以及开花时间短暂的特色强调出来。

读完之后，你一定会发现，这样讲修辞很简单，学生用得如何？我把他们五年级一个班（30 名学生）的作文带了回来，与我们的作文做了比较研究，发现了不少问题。我把他们三套教材中涉及的修辞做了整理，以此读统编本小学语文教材中的所有课文，每一个修辞都能找到，并多次出现。

我读师范学校时没有专门的修辞课，自学本科也没有这门课程，我的头脑里过去只有 10 来种修辞。后来，我买了一本《汉语修辞格大辞典》[1]，翻开一看，数了数，修辞格居然有 288 种，其中比喻就有 36 类：暗喻、博喻、排喻、多喻、复喻、莎士比亚式比喻、倒喻、逆喻、对喻、合喻、互喻、回喻、较喻、权衡性比喻、接喻、联喻、贯喻、又喻、派生喻、诘喻、借喻、进喻、夸喻、扩喻、连喻、明喻、拟喻、拈喻、缩喻、略喻、同位喻、移喻、引喻、迁喻、择喻、交喻。

关于比喻、拟人等修辞，教师们常有争论，因为我们没有系统学过，真的模糊不清。小学语文为何这么彻底地取消修辞知识教学呢？估计因为我读小学时，学了不少修辞，但考得太机械，没有创意。但不得不说，这种取消未必是合理的，因噎废食肯定不是科学之道。小学生学修辞，不要考修辞，孩子能在作品有点表现就行了，即使少用也不算什么大毛病。如果能认识到这一点，一至六年级的考卷命题者别出现任何修辞方面的考题，相信学生会因为这些修辞而提高自己的写作水平。《义务教育语文课程标准（2011 年版）》修订了，多么希望课程标准允许小学生学一些修辞，只要课程标准中明确告诉教师不可以考就行了。

（五）给课文中的人物写信

日本的一些小学生不害怕写作，有一个重要的原因是有些学校从四

---

[1]　谭学纯、濮侃、沈孟璎主编：《汉语修辞格大辞典》，上海，上海辞书出版社，2010。

年级开始，每篇课文学习结束，都要求学生选择课文中的一个人物给其写信，还要模仿这个人物收到信之后回信。

一篇课文两封信，有什么好处？一是这篇课文永远难忘，因为学完课文留下两封信，未来翻看这两封信，这篇课文会自然想起，这是将课文化为学生素养的好方法。我们小学、中学学了不少课文，可以说很多的课文想不起来了，假如当时的课文有了这样的写作，作品能够保留下来，重读这些信，怎么可能忆不起曾经的学习？二是信是最好写的文章之一，从写信入手，能够让学生感觉到写作其实很简单。三是儿童写作常常说没有内容可写，学课文，用课文来写信，写什么内容的问题就解决了。四是这是引领学生与人物深度对话的教学，课文中的人物都是精选的，都是有特点的，都是有思想的，与他们进行深度对话，能引发学生产生很多新东西。这就是简单之写作给予学生的深度学习。

教师们不妨一个学期拿出两三篇课文，让学生写一写。相信学生会因此而喜欢上写作的。比如，学习《慢性子裁缝和急性子顾客》，可以让学生给裁缝或顾客写一封信，当然也可以给那块"布料"写信，两封信一写，如果不丢弃，长大后或者老了拿来看一看，肯定是非常惬意的事。

第8堂课　课外作文的写作实践

读我国百年小学语文教学大纲、指导纲要、课程标准，一定会发现"课内外作文"首次出现在 2001 年《全日制义务教育语文课程标准（实验稿）》中，《义务教育语文课程标准（2011 年版）》继续使用。不过，这两部课程标准都没有具体诠释什么是课外作文，为什么要写课外作文，从什么时候开始写课外作文，一学年要写多少次课外作文，怎么评价课外作文。我国正在使用的统编本小学语文教材对课外作文有什么要求吗？

读统编本小学语文教材，如三年级两个学期有关习作的内容：一是课文后的小练笔共安排了 7 次（其中一次是选做），即三年级上册安排 4 次，三年级下册安排 3 次。二是每个单元的"语文园地"中的写作知识、片段、应用文内容，三年级两个学期共 9 次。三是三年级下册第三单元综合性学习中的习作，即"写一写过节的过程或者写节日中发生的印象深刻的故事。"四是 13 个单元里的 13 次课内习作，三年级上册安排 7 次，三年级下册安排 6 次。五是每学期一次习作单元中的习作，每个里面有 1 个片段训练，还有 1 个单元习作。

三年级大大小小的习作训练 34 次左右，整个小学六年，加上一二年级的写话训练，200 多次，哪一次属于课外作文呢？教材没有说，教学参考书也没有说。细细分析这些内容，除了综合性学习中的习作外，大多属于课堂内习作。这就是说，课内习作得以重视，课外作文还没有被重视。为什么要重视课内外作文，尤其是课外作文。

一是让学生真正爱上写作，仅仅靠课内是不行的。二是每一次课内习作，全在课内完成，恐怕也难以让更多的学生写出好作文。三是课外作文不是课内习作的补充，课内外作文是一个整体。四是课内习作不可能让学生养成写作素养，只有课内外作文整体重视，学生的写作习惯，也可以说写作素养才能得以养成。五是课内习作是被动式写作教学，小学阶段的课外作文应该首先是教师有计划的、布置的任务，要从儿童喜欢的角度出发寻找一个个话题，通过一次次任务的完成，促使他们能主动发现话题，然后自主去写作，如果教师不重视，没有计划，小学六年的习作教学就只能在全被动状态之下了，一直被动，怎么可能让尽可能多的学生喜欢写作？

2018 年 9 月至 2019 年 6 月，全国只有部分省市使用了统编本三年级语文教材。这一年，我在国内多个地方上这个年级的习作课，课堂上，我总会问学生写日记的事。为什么要问这个问题？因为统编本三年级上册第二单元习作内容是"写日记"，这次课内习作的价值在哪里？不就是让学生从此开始写日记吗？而写日记应该属于课外作文范畴。但学生们给出的答案几乎让我震惊，他们没有写，极少的学校教师让学生偶尔写几篇！

综上所述，我国小学还没有真正地重视课外作文。

我从 2004 年开始做"让 100％的学生喜爱读写"课题，2008 年开始，我用"512 课外作文"开展了课外作文教学改革。这项小实验，让我的学生爱上了写作。

什么是"512 课外作文"？就是每天用 10～20 分钟最少写 5 行，三四年级努力做到每天写接近 1 页（我们提供的作文本一页是 10 行），五六年级努力做到每天写接近 2 页（20 行）。只有从三年级开始每天写了，四五六年级所写的 1 页、2 页课外作文，才能保证在 10～20 分钟以内就能完成。坚持写四年，习惯、兴趣等就能得以培养，至于负担，实验几年，没有学生当面说不好，只有个别家长在实验之初有意见，但在孩子读了初中后，这些家长居然还打电话对我表示感谢。

肯定有人问，哪有那么多课外作文的主题？有！太多了！我的多年实践，确定了多个学生非常喜欢的、可以持续写作的大主题。比如：

三年级第一学期写《我有（　　　）》和《我没有（　　　）》。即第一天写一个我有什么，第二天写我没有什么，第三天再写我有什么，第四天再写我没有什么……写一个学期。我在一个学校试用了一个学期，平行四个班级全部参与，仅仅一个学期就改变了他们。每一天上午，我们四位语文教师都会发现很多特别独特的文章。其实，一个学期的坚持，每位同学都完成了两本书，一本叫《我有》，一本叫《我没有》呢！

三年级第二学期写"白日梦"。回到家中，准备写作前，把双眼闭上立即做个梦，做个白日梦，时间三五分钟。然后立即把梦写下来。统编本三年级下册的习作高频词就是想象，其实让他们写一个学期的"白日梦"，就是让他们把自己的想象快速记下来。这个小实验，在六个班级中实验过，写出来的东西永远没有重复，有意思极了。《义务教育语文课程标准(2011 年版)》第二学段习作增加了"写清楚"，一个学期的这一课外作文训练，让"写清楚"之目标提前完成。刚刚做的梦，立即写下来，怎么可能不清清楚楚、明明白白呢？

四年级第一学期写"剧本"。我给学生讲如何写剧本？用一个月写只有两个人的剧本，用一个月写三个人的剧本(父母与我，三个好朋友等)，用一个月写我与几个小动物的剧本，用一个月写我与小动物、小玩具等的剧本。剧本是世界上最简单的、人人能写的文章。一个学期下来，同学们最大的收获是：都会写对话句了，会无话找话说，会无中生有了，也让小有变大有了。

四年级第二学期写"造句成书"。但凡读过《第一次提问》(日本长田弘文，伊势英子图，猿渡静子译，连环画出版社)、《如果》(法国吉莱纳·罗曼文，汤姆·尚普图，吕凌燕译，南京师范大学出版社)、《想象有一天》(美国莎拉·L. 汤姆森文，加拿大罗伯·冈萨维斯画，常立译，连环画出版社)等图画书的教师，都觉得这样的书太有意思了。每天发给学生一张 A4 纸(网上买不同色彩的纸更好)，每天给学生一个词(词典中那么多的词，一个学期才写 100 个词，不多)，让学生造一个句子，然后画一幅画。第二天，交给教师后，装订成书。一个学期下来，可是100 本书。这是全体同学合作完成的书，我称其为"班书"，放在班级里，每位同学都会一遍又一遍地翻看这些作品，个个珍惜，个个喜欢。学生造的句子，一开始是简单的，经过 100 天的写作，他们写句子的水平提高很快，甚至让人无法想象。

五年级第一学期写"班级里的那些事"。每个班级的每一天都会发生这样那样的事。有表扬之事，也有批评之事；有迟到之生，也有经常忘记写作业的孩子；有在班级里做了老师都不知道的事；有人不断地创造这样那样的游戏，有的调皮捣蛋鬼又弄哭了同学……睁开自己的双眼，打开自己的双耳，寻找画面与声音，记下这一个个故事。一个学期下来，身边的那些事被同学们记了下来。回头看看，精彩纷呈。

五年级第二学期写"读书"。统编本小学语文是在五年级下册第二单元安排"读后感"习作。一年级到五年级，每个同学都读了不少书。用100 天的时间梳理一下，选出自己最喜欢的 100 本书，每天介绍一本，可以用小诗介绍，可以用给书中人物写信来介绍，可以用推荐信的方式介绍，可以把最精彩的地方做个展示……告诉学生不能只使用一种方式写读后感，要灵活讲述。有人说，这样的写作，学生肯定会很累。我实验三次了，没有学生说累。一学期结束，100 本书的这一记录，是个奇迹。他们捧着这个奇迹，个个笑容满面。

六年级第一学期"自由写作"。经过前面四个学期的规定课外作文写作，其实学生已经不厌倦写作了。我告诉学生这 100 天的主题自己想，不受任何限制，想写什么就写什么。写诗歌，可以！写剧本，当然行！分章节地写一本小书，绝对欢迎……自由式写作，一开始有不少学生不适应，因为他们习惯了教师命题。但写着写着，他们寻找主题的能力会大大增强，不需要教师帮助就自动进入自由创作之中。

六年级第二学期写"我的自传"。小学只有这一学期了，我要求学生用 100 天写自传，把自己 0～12 岁的事，尽可能地写下来。不知道的事，回家问父母、爷爷奶奶、外公外婆等。我告诉学生，这个自传，有可能是你一辈子写得唯一的一本书，我告诉学生自传就自己写自己，用心认真地写自己。我只教过三次六年级，三个班的学生个个写得起劲，不少父母将其输入电脑，装订成书。100 天，每个学生都写下了四五万字，如一部部长篇小说。

这只是我根据我的班级的学生情况，设计的 8 个大主题。我的这一实验成果正在整理之中，每一个主题都是一本厚厚的书。课内习作抓好，课外作文如此做，四年下来，学生写下来的东西会怎样呢？我的公众号里有学生的文章，大家看后定能明白。每接一个新班，如此训练两三个月，个个不惧怕写作，这是一种幸福。接着往下写，到了六年级，你会发现好多学生的文章达到了八年级甚至九年级的水平，此时，你就能预测同学们的诸多未来了。我的课内外作文教学实验，没有任何"宿构"和"套作"，我最大的希望是他们在中学时能够坚持这一写作之路。

第9堂课　儿童应该清楚的作文标准

儿童写下的一篇篇文章，该有个标准。综观当下的习作教学，大多数的教师与学生是共同说不清楚儿童作品标准的，多凭感觉而行，甚至以成人的美文标准要求学生习作。我个人觉得，让儿童熟知标准，是儿童写作教学的"牛鼻子"。

一、读明白课程标准中的写话及习作目标要求

读过《义务教育语文课程标准（2011年版）》的教师一定知道小学阶段学生写话与习作的目标。我从文体、内容、表达形式及为什么要写话（习作）四个方面对三个学段的写话、习作目标做了如下重组及简单解读。

（一）第一学段写话目标

文体：不明确，几句话就行。

内容：写自己留心事物后想说的，以及想象中的事物。

表达形式：写话中有阅读和生活中学到的词语，学习使用四个标点符号。

为什么要写话：培养兴趣、乐于运用与表达。

（二）第二学段习作目标

文体：见闻、感受、想象、书信、便条。

内容：写自己观察周围世界后的见闻、感受和想象；写自己觉得新奇有趣或印象最深、最受感动的事。

表达形式：不拘形式写；写清楚；运用平时积累的语言材料，特别要用有新鲜感的词句；把明显错误的词句改出来；正确使用标点符号。

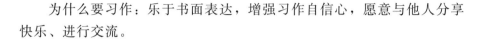

为什么要习作：乐于书面表达，增强习作自信心，愿意与他人分享快乐、进行交流。

（三）第三学段习作目标

文体：简单的记实作文、想象作文，读书笔记，常见应用文。

内容：以留心观察到的周围世界写简单的纪实文章，写想象的世界，读书并写下笔记。

表达形式：珍视独特感受，用好积累的习作素材；内容具体，感情真实，分段表述；语句通顺，行款正确，书写规范、整洁；正确使用标点符号。

为什么要习作：懂得写作是为了自我表达和与人交流。

课程标准中的所有目标要求都是专家学者反复斟酌确立的，是需要一线教师必须遵守的。由于很多教师没有细读课程标准，也没有针对教材——厘清每一次习作教学要完成什么目标，而语文课本上的写话、习作教材也没有标明各学段的写话、习作要求，学生的作文本上也没有印出每一个学段各自要达成的目标，导致小学生经过六年的写话与习作训练，不知道写话、作文的标准，这也让我们的写话、习作的教与学，长期以来相当随意，群体性的不清晰，凭借课本中的那点内容进行的所谓写话、习作训练想达成课程标准之要求，相当困难。

课程标准的写话、习作目标要求是保底型的。反复研究，深入思考，你会发现这些保底要求看似很低，其实好多学生不理解也达不到。如观察周围世界，对于大多数儿童来说，真的做不到！写自己觉得新奇有趣或印象最深、最受感动的，这也是一厢情愿，"最式作文"让儿童写作变得痛苦不堪，因为学生写下的没有多少是"最"，而教师也很难断定一篇篇文章的"最"。我反复思考，这些目标及课程标准的写作教学建议，真的有些笼统，难以操作；想让每位小学生爱上写作，真的需要许多实操性的理念与策略，需要找到让儿童能够一下子爱上的标准。

二、很多书在告诉学生，儿童可以拥有的好作品标准

我一直认为，儿童写作应该从儿童哲学教学开始，像课程标准中的"观察周围世界"，其实就是儿童哲学教学的重要内容。因为我们小学不

开设哲学课，导致真正的观察周围世界极难在小学生中发生。假如一二年级的学生读过若干哲学类的图画书、桥梁书，每个学生的每一天就能用心灵去触摸身边的万事万物，并在寻找、触摸中思考，"观察周围世界"写作之目标就能在三四年级的训练中初步达成。

美国儿童文学作家贝芙莉·克莱瑞的作品曾多次获得纽伯瑞儿童文学大奖。这位作家 13 岁之前有严重阅读障碍，读了文章不明白，读了书也是如此，而自己写的东西自己都不懂。她的妈妈拿出积蓄办了一个社区图书馆，免费给社区的儿童阅读，其目的是让女儿不孤单，成长过程中有更多的伙伴。一年间，小姑娘读了不少书，因为读不懂，说的话也引来同伴的嘲笑。有一天，小姑娘到处找书，图书管理员问她在寻找什么，她说找一本写身边人笑的书。图书管理员与她的妈妈非常高兴，因为孩子明白自己所读过的书，都不是写身边人笑的。于是她的妈妈（一位小学老师）说："你写，就有了。"妈妈知道她不会写，便说："一是写身边的事，二是写好玩的事，三是写有趣的事，四是写出来的文章和书籍要让读者能笑。"这四个标准，让贝芙莉·克莱瑞写了起来。《亲爱的汉修先生》《再见了汉修先生》《永远的雷梦拉》等书（也可以说，她创作的所有的书），全部符合妈妈给她提出的四条标准。

出生于威斯康星州的罗兰·英格斯·怀德，童年时期的生活足迹几乎遍及美国西部，15 岁时她就在为拓荒者们开办的小学里做教师。她退休前一本书都没有写过，因为她说自己不会写。女儿决定教退休的妈妈写作，即写写自己与家人的事。就这样，这位退休教师开始写回忆录了，从 65 岁一直写到 90 岁。25 年间，她总共出版了九部书：《大森林的小木屋》《农庄男孩》《草原上的小木屋》《在梅溪边》《在银湖岸》《好长的冬天》《草原小镇》《快乐的金色年代》《新婚四年》。这九部书被后人称作"小木屋系列"，全是作者的回忆录。我带着学生把这套书读完了，每位同学都能发现到每一本书都是好玩的、有趣的，都写着自己与身边人的事，每一本都能让读者快乐起来。小学生所写的文章，就是他们未来小学阶段的回忆录。

还有一套书最能唤醒儿童，这套书叫《小屁孩日记》，美国杰夫·金尼著，共 20 本，其已被好莱坞拍成三部电影，但凡看过的人，没有不喜欢的。我国女作家黄宇，也创作了 20 多本中国版的"小屁孩日记"，这里是中国孩子的校园幽默日记。带着学生读完这几十本书，孩子们怎么可能不以"写好玩的、有趣的、身边的、让读者能笑"的标准写自己本该能写的文章？

儿童想真正拥有这四条作品标准，靠课本中的课文及习作教材很难教出来，只有大量阅读童书，再加上教师的点拨，学生才能豁然开朗，也才能按照这样的标准写起来。

三、儿童写作应该是浪漫式非精准的写作

通过研究，我发现了人一生中的写作分为如下三个阶段。

第一阶段：小学生写作。这六年的写作属于浪漫式非精准的写作，也可以形象地称为恋爱式写作，是开开心心的"喜喜型"写作。六年时间，不能让学生爱上写作，习作教学必然是痛苦的。

为什么把这一阶段的写作称为浪漫式非精准写作？首先看一看什么是"浪漫"。词典中有四种解释：①纵情，任意；②犹烂漫；③罗曼蒂克，富有诗意，充满幻想；④引申指风流，不拘小节。这四种解释让我们明白了小学生写作也应该是纵情的、任意的、烂漫的、诗意的、充满幻想的、不拘小节的。而儿童写下的作品是允许有任何错误的，长短不该有什么限制，内容想写什么就写什么，自由选择，而文体应该是数以百种的……但，当下的小学生的写作不是这样的，他们过早地被教师精准了，过早地被限制了，过早地进入了第二阶段。没有自由就没有知识，没有自由就没有创意，没有自由就没有永恒的对写作真正的热爱……

第二阶段：中学生写作，即七到九年级、高中三年的写作。这六年写作，可以称为精准考试式写作，也属于痛苦式写作、矛盾式写作、"离婚式"写作。因为这一阶段的写作目的被界定得非常单一，就是为了精准化的考试。一对情侣，恋爱数年结婚了，这两个年轻人各自从原来的家庭中走出，重建了一个家庭。他们在一起生活，不像恋爱时那样了，各自的缺点相继暴露出来，这就需要双方共同修正，如此才能生活下去，不愿意修正的，结局往往很悲惨。所以中学学写作，就是写作问题不断出现，要不断修正才能适应考试的过程。但如此单一的写作，由于考什么就教什么、写什么，不考绝对不教不写，过于精准，过于挑剔，最终的结果是让很多学生考入大学后，没有要求（如写毕业论文等）决不主动写作。

第三阶段：成人之后的写作。这是人生最长的写作期，在这种自然而然的生活状态下，出现了很多人终生不写的现象，出现了想写就写不想写就不写的现象。而想写什么就写什么的事真正发生了，工作中必须完成的写作出现了，与利益相关的写作出现了……也就是说，这个阶段的写作可能是目的性极强的写作。

有了这一认识，我才知道儿童写作教学该做哪些事。儿童什么都可以写，允许出现任何错误。有了这一认识我不再把精力用在改他们的错别字、不通顺的句子上。关键是天天要写，天天要读书，天天用自己的大脑去写一切自己愿意写的东西。今天很无聊，就写无聊；今天实在想不起来，就立即做个白日梦，将几分钟的梦写下来；这几天生病了，就写生病的事；这几天外出旅游，更有东西写；今天读了人家的文章与书，就要表达一份感恩；人是世界上最独特的动物，其独特性是人能让万事万物说话，立即给身边的物起一个人的名字，与它们说话，说着说着就可以创造精彩了……

我还告诉学生，你们最好的作品也许永远不会出现在小学、初中、高中、大学阶段。因为有两个故事告诉我们，坚持写一辈子，不停止写，也许临死前的那个作品才是最好的。

第一个故事是宋朝陆放翁的《示儿》（死去元知万事空，但悲不见九州同。王师北定中原日，家祭无忘告乃翁）告诉我们的。《示儿》是宋诗中的极品，陆游一生中写了18800多首诗（现在可查到的有9000多首），这一首被称为最好的。为什么呢？因为世界上无数人的遗嘱中写着如何分财产，而这首遗嘱诗的内容是爱国，世界少有，这首诗当然可以称为其作品中最高水平的代表！

第二个故事是亚洲第一个诺贝尔文学奖获得者印度的泰戈尔给予人类的故事。他晚年的时候，有一位朋友来拜访他："你可以心满意足地死了，因为你已经写了许多诗歌，在你之前，没有人写过那么多诗歌，英国最伟大的诗人雪莱，只写了两千首诗，你已经写了六千多首，而且每一首都像深海的珍珠与深山的钻石那么珍贵！所以，你死而无憾了！"朋友说完，泰戈尔的眼中盈满泪水。朋友说："你怕死吗？你不是写过一首诗，说死亡是最伟大的朋友吗？"泰戈尔说："不！我不是怕死，死与生一样美丽。我哭，是因为近年来我写的诗歌愈来愈好。我的心还像个孩子，我的灵感愈来愈多，我愈写诗，愈多的好诗涌上我的心头，而现在我却要走了！真是不巧，到现在我才感觉自己正要写出真正的诗歌！"泰戈尔就这样含泪而逝。

四、"喜喜哲学"与"喜喜习作"

"喜喜哲学"，是十分喜庆的哲学。这一喜庆的智慧能否用在教学中，特别是用在儿童写作中并成为学生作品的标准呢？

（一）"喜喜哲学"对儿童写作的启迪

经济学家于光远曾发明了一个独门秘诀，就是"喜喜"哲学。他这样解释：我的生活哲学很简单，叫作"喜喜"。前一个"喜"是动词，后一个"喜"是名词，意思是只记住有趣的事，从不回忆那些痛苦的事，更不会无端发愁。因为人到这个世界上走一趟不容易，只有短短的几十年，如果总是纠结于那些苦事和悲事，而忘记了能给你带来快乐的那些奇事和趣事，生活也就失去了本来的色彩。

这样的生活，是人们无不向往的。但，对于大多数人来说，在世几十年，能以"喜喜哲学"经营自己整个生活的人，恐怕是稀有的。绝大多数的人做不到。一个人来到这个世界，也就是几十年左右，几十年可以划分为几个阶段，但非常"喜喜"的时段，多是一个人童年时期，如果没有意外的事件发生，家庭只要和睦一些，"喜喜"肯定大于烦恼。

我读完于光远先生的这一哲学，产生了一种灵感，那就是"儿童写作"完全可以以"喜喜写作"的思维去做，完全可以用写作来创造"喜喜"人生，把作品引向书写他们本来的光彩，并学会非常光彩化的表达。

（二）"喜喜写作"的教学小实验

我用"喜喜哲学"开展了一个学期的实验。第一节课，学生一听说"喜喜写作"，开心极了。因为他们从未想到还有这种写作。怎么寻找喜喜内容进行创作？平时有哪些内容可以成为创作的材料？我告诉学生：一是班级学生创造的一个又一个错误，都是喜喜写作的好材料。比如，听写中的错别字，有位同学多次将"鹬蚌相争"写成"鹬蚌相争"，用此来创作肯定是美得不得了；再如，朗读课文中出现的错误，每一次不该犯的错误，大家不都笑了吗？写下来，就是好作品。二是学会转化，把一些悲苦烦恼的事，化成"喜喜"文章。三是平时在班里、在家里或外出，看书看报等只要遇到让你笑的事，哪怕是无聊的事，都可以写下来。

学生思路打开了，每天生活在"喜喜"之中，每天晚上记录着当天所"喜"。而我每天上班，最幸福的事就是看这群"喜喜"们写下的"喜喜"作品。

"包子"与"馒头"

施金轩

"包子"和"馒头"是我家小区里的两只宠物。

"包子"是一只狗的名字，你没听错，就是一只狗的名字。"包子"全身土黄色，耳朵中等大小，但一甩起来就发出"噼里啪啦"的声音，眼睛溜儿溜儿圆的，黑鼻子湿乎乎的，尾巴当然长不了，一见到人就像上了发条一样不由自主地摇着，恨不得把它摇断哩！

"馒头"是一只猫的名字，是的，就是一只猫的名字。"馒头"一身雪白，和面食中的馒头一个颜色，所以当它缩成一团的时候，活生生的就像一个馒头。它的胡须又白又短，不仔细看还真看不出来呢！它有一双总是眯着的小眼睛，真不知道它是怎么看见路的。四只又短又细的小腿像擀面杖一样支撑着它的身体，一根白尾巴翘在屁股上，平时都优雅地弯成"S"形收在背后，生气的时候则挺得老直老直，像根棍子！

"包子"和"馒头"小的时候只有手掌那么大，长大之后都修炼成"仙人"了。

"馒头"变成了一位夜行侠士，整天游走于江湖之间，四处游荡，一直到晚上才肯回来；"包子"呢，成为一位神气的"门神"，每天忠实极了，端正地坐在门口看家护院……

这就是我小区里的"包子"和"馒头"：一位侠士和一位门神！

"包子"和"馒头"，一只狗、一只猫，在他们的小区很久很久了，为什么这位学生以前没有写？因为"喜喜"写作，让小作者养成了寻找"喜喜"的习惯。我很自豪，带这个班，自从使用了"喜喜"写作，每位同学就源源不断地把类似的好作品呈现给我与同学，真是幸福！

我不是一篇"日记"

陈肖

我不是一篇"日记"。

自从昨天的"下跪"风波以后，全班的小"狗仔"们都在作文中写了"陈肖"的字样。虽然这样写会是一篇好日记，符合老师提出的"喜喜写作"的标准，可我一定要表达"抗议"——我不是一篇"日记"！也不是对老师的"顶礼膜拜"！

语文课上，我没有听课，全身心地用铅笔钻橡皮玩，高老师看到后把橡皮扔到了窗外。不过一会儿，我从同桌那里又拿来一块橡皮，用铅笔又钻了起来，高老师又发现了，一边讲课一边向我靠拢，我立即主动将橡皮扔出窗外。高老师让我站到门边，并说中午让父母来。于是我"扑通"一声跪下，大声喊道："跪求高老师，不要让父母来。"我以为这只是一个闹剧而已。到了家中以后，才知道那是一件不得了的事情，才知道什么是"男儿膝下有黄金"这句话。知道这些以后，我意识到这是致命的错误。就是这件事，让老师与全班同学抓住了"把柄"，将这一过程记录下来。我要再次声明，我真的不是一篇"日记"！

我当时也只是一时冲动，没有多想才"下跪"的。可这，的确是我的错，谁让我做事不经过大脑思考的呢？我今后再也不会这样了，我越来越觉得我很愚蠢。

希望下次日记，大家能在日记中继续出现"陈肖"的字样，不过一定要写对我的赞美。请记住，六(2)班的同学们，我以后绝对不为你们创造似"下跪"一样的"奇迹"了！

我把这篇"喜喜作品"读给学生听，同学们是边笑边鼓掌。同学们到底写没写陈肖在我语文课上的"下跪"？如此"喜喜"之事，谁会吝啬笔墨？我读了好多篇写陈肖的文章，连陈肖本人都佩服。所以，他情急之下，向全班同学，回了这篇大作，还是以转化的思维回的信。陈肖，是一个非常聪明、调皮捣蛋的家伙，这一次的"喜喜写作"，真让他变了，变得做事动脑了，这是"喜喜写作"额外的奖赏。

(三)突然间的发现

我最早让学生写了这类主题，是在六年级。一年的实验，让我突然间有一种发现，那就是无数的图画书展示的爱、喜欢、幸福不都是给人"喜喜"智慧吗？就这样，我从三年级开始创立"喜喜儿童写作课"。当然，这种理念下的课也属于幸福课，也是学生和我喜欢的课。

有关脑科学研究成果告诉我们，人与很多动物一样，如蛇、老鼠、狗、猫等，大脑中都有记住别人对其不好的区域，但至今没有在大脑中找到能长期记住他人对你好的事的区域。也就是人世间的许多好事，往往属于短时记忆，忘记得非常快，甚至永远也想不起来。而别人对你的不好，其实不需要刻意去记，也很难忘记，因为大脑有专门帮我们记住的区域。

人与动物最最显著的区别是人发明了文字并使用文字。而如果把文字用来记录别人对你的不好，实在无法赢得读者，也没有办法传承久远，因为这也不是什么正能量。但那些书写别人对你的好，即用文字写一些人世间美好的事，就特别有价值了。别人对我们的好，大脑很容易忘记，但一旦用文字写下来，几十年、几百年，甚至数千年都很难忘记。

所以，引导学生"喜喜写作"，让他们记住人世间的好事，其实是在引导他们享受幸福、不断地创造幸福。这也是儿童可以拥有的作品标准。

如上方式让学生理解标准、拥有标准，学生就会在"喜喜"之态下写起来，写着写着，让全体学生爱上写作就成为可能。

第 10 堂课　教好儿童写作教师需要三种准备

教好儿童写作，教师需要做三种准备：一是千本童书的阅读是非常必要的；二是百本写作学之书的阅读是必需的；三是开一个能展示自己阅读与写作教学过程、成果的公众号是可行的。

一、千本童书的阅读与写作

童书，顾名思义，是写给儿童看的书。成人、教师，只不过是长大的儿童。所以"童书是童书"，的确是儿童应该看的书；"童书非童书"，童书并非只是儿童该看的，是所有的成人都可以看的书，因为成人是孩子的父母，是孩子的祖父母，是孩子的外祖父母，是孩子的叔叔阿姨，是孩子的哥哥姐姐。

如果教师对纯理论的写作学不感兴趣，大量阅读童书，一定能够找到让学生喜爱写作的策略。

我第一篇探讨儿童写作教学的文章《"组合质变"是全体学生喜欢习作的新概念》发表于 2000 年 12 月的《江苏教育》，后来，我将这篇文章扩大成一本书正式出版。2004 年秋季，我开始做"让 100％的学生喜欢读写"课题。研究儿童写作 20 年来，走过很多路，但带着学生大量读童书，与学生一起读童书，让我的儿童写作教学取得了不少成绩。2005 年 5 月，《人民教育》发表了我的 15000 字文章《让 100％的学生喜欢上写作——苏教版〈语文〉三年级（上）习作教学设计》；2008 年七八月间《新作文：小学作文创新教学》杂志发表了我 10 万字的研究成果；2010 年我又获得江苏省首届基础教育教学成果一等奖；2011 年 8 月，4 本"写给讨厌写作的学生"系列书出版；2012 年 11 月《儿童写作教学新论》在陕西人民教育出版社出版；2017 年 5 月《儿童创意写作公开课》在陕西科学技术出版社出版……重新翻看这些成果，"童书"出现的频率非常高。特别是图画书(绘本)、桥梁书的大量阅读,让我所教的学生真的一一爱上写作。毫不夸张地说,如果我这么多年没有阅读两三千本童书,我不可能让全体学生爱上写作。

(一)我的多读多写实验体系

我不是天才型教师,我也不是作家,就是因为这样的阅读,才有许多写作教学的灵感。从 2004 年春季开始,我疯狂般地购买及阅读了两三千本图画书、桥梁书与纯文字的经典童书。我创造了如下两个简单的、人人可以操作的多读多写体系。

1. "1525＋N"多读多写体系

"1＋N",第一学段(一二年级),读完 1000 本图画书＋N 本自由选择的桥梁书(有条件的家庭,可在 0~9 岁期间,让孩子读 10000 本图画书),每天说写 N 行(孩子说父母记,用手机录音转化成文字,坚持四个学期,孩子肯定会有大变化)。

"5＋N",第二学段(三四年级),读完 500 本桥梁书＋N 本自由选择的 100~200 页纯文字(含插图)的经典童书,每天写"5＋N"行日记。

"2＋N",第三学段(五六年级),读完 200 本 100~200 页纯文字(含插图)的经典童书＋N 本自由选择的有点阅读难度、看不太懂的名人名作,每天写"20＋N"行日记(一页纸)。

"5＋N",指的是小学毕业至人生结束,努力做到每年读 50 本书(每周读一本书),读什么书,自由选择!每天写"N"行日记。

2. "3211"整本书多读多写实验体系

每周读"3"本绘本;每周读"2"本桥梁书;每周读"1"本较厚的书;每周写"1"篇小文章。

这么多的书,每天只要拿出 20~40 分钟,都可以轻松读完。这么多的写作,每天拿出 15~20 分钟就可以写好。

(二)为什么要让孩子多读多写呢?

1. 儿童必须超大量阅读——量比质更重要

我对专家学者推荐学生一年看几本、十来本书永远不反对,因为他们深度阅读一本书的能力极强。在这方面我的能力不够,所以无法做到这样的推荐。回忆自己有限量的读书,除了大声读给学生听的童书有部分书被读了一遍又一遍外，很多书只是读了一遍。我只是觉得小学阶段，应该让学生超大量的阅读。何为超大量？最少读 1500 本书以上。

其实，我早就有了这个观点，并在班级实验着，也发表了不少文章，也在多次讲座中谈及，得到过诸多家长的回应，有个别校长信了，信的教师也逐渐增多。当然也有不少人一看这个数字，小胆就吓破了，对我所说的理由居然立即关闭，不愿意细听，居然还齐声并以鄙视的口吻说："不可能！这会加重学生的负担！是绝对不可能实现的！"

为什么小学阶段量比质更重要？"量变引起质变"这是大家熟悉的哲学理论。《教会学生阅读：策略篇》的第一章，谈到了阅读障碍，作者卡伦·坦珂斯莉告诉读者，美国脑科学家发现人的大脑语言系统的缺陷，导致了阅读障碍。而大脑掌握阅读有三大区域：一是位于大脑前半部主管发音的额下回；二是位于大脑后半部负责分析和部分字的发音的顶颞区；三是位于大脑后半部，瞬间辨认单词的枕颞区。而在 2003 年谢维茨等人研究中发现，有阅读障碍的学生只需要一年专业阅读引领，学生就能改变。他们对二三年级有阅读障碍的学生进行了一项实验。他们让具有资格的教师每天提供 50 分钟的课外阅读，比如大声朗读整本书给他们听，一本接着一本读给他们听，不做任何讲解。8 个月（105 个小时）后，受指导的学生明显在阅读流畅性上取得了很大进步。大脑扫描显示，之前没有活动的顶颞皮层左侧和枕颞区经特训后都有了新的活动显示。一年后，学生已经可以不用额外的辅导就能够流畅地进行阅读。脑功能核磁共振扫描显示他们的三大区域已经能像普通人那样正常活动。对照组的学生没有发现明显进步。①

一年没有讲解的整本书阅读让阅读障碍的学生改变，这是阅读量变引起质变的例证，也是科学发现。小学阶段，只有大量阅读，学生的阅读习惯才能形成。重质轻量式教学，一学期只讲一两本书的那考试式整本书阅读教学，会让很多学生远离书的。

2. 读书是最棒的家庭作业——重来重去的传统作业永远赶不上读书

回到小学教语文，我布置的家庭作业非常少。一是我放弃所有的背诵任务要求，我不会把学生叫到我的面前背诵任何东西（这绝对不是不

---

① ［美］卡伦·坦珂斯莉：《教会学生阅读：策略篇》，王琼常、古永辉译，北京，教育科学出版社，2008。

负责任），这些内容我会想尽办法让他们在课堂中弄懂并记住（我有这个能力，有人说会遗忘，我会在课堂中不定期的复习）。二是除了学校规定的教辅用书（我只是选择每课中的两三道题让他们做，在放学回家前抽 10 分钟就可以完成），绝对不让学生买什么教辅用书，反复去做那些重来重去的题。

我认为最好的家庭作业是回家看 30～60 分钟的课外书，以及用 10 分钟左右的时间简单记下当天值得记的事。没有想到，我实施多年后，竟然遇到了一本书叫《家庭作业的迷思》（美国艾尔菲·科恩，项慧龄译，首都师范大学出版社，2010），这本书让我高兴许久，因为我布置的家庭作业是属于世界排名第一、第三的家庭作业。

不管谁反对，只要我在一线教语文，这两项作业我必坚守。即使家长不理解，我也要坚守到他们理解为止。因为这两项作业是真正为了他们孩子的终身素养。不这样布置作业，超大量的阅读量没有时间去做。

3. 人的成长离不开科学重复——多读多写是科学重复之道

每个孩子一出生，父母等亲人就没完没了地在孩子面前说这说那了，这就是科学重复。每天说三四十遍，八个月至一岁左右，孩子就能叫爸爸了！为什么？美国密歇根州社会研究院对千余例儿童跟踪研究近 20 年，发现重复 15000 次，孩子就会叫"爸爸"。一个人要想正确、灵活、创造性地使用一个字同样需要重复 15000 遍。古人说"读书破万卷，下笔如有神"。读万卷书，就相当于一个词被重复 15000 遍左右（古人一卷书三四万字）。小学生六年如果能读完 2000 本书（图画书＋桥梁书＋百页纯文字书），一个字平均重复也难以超过三四千遍！

科学的重复绝对不是那种重来重去的背诵，更不是反复做习题、听写，多读多写才是正道。

4. 超大量读书一定能让学生爱写、会写、写得更好——让全体学生爱上写作真正成为可能

用多读书改变学生写作，永远不属于功利主义。没有真正意义的大量阅读，不可能让学生爱上写作。我的读书与写作是一体的，是不分开的。读书是欠债，写作是还债。欠债越多，还债就越多。

有人说，读书不是为了写作。管他们怎么说，即使是为了写作，也不会有任何罪。读得越多写得越好，永远不是错的。一篇篇课文把精力用在引导写作上，绝对不是错误。读书讲写作风格那是必需的。因为

"风格是生命，是思想的血液"（法国诗人布瓦洛语）。

不少人说，孩子读了很多书，还不会写。怎么办？方法只有一个继续读书，继续写作。因为他读得还不够多，大脑还没有开窍，当然不会写了。

5. 高速阅读能力需要小学六年的超大量阅读才能养成

许许多多的大人（包括教师）非常清楚自己读书好慢好慢，一本 200 页的书，无法做到一个多小时读完。什么原因？无数的大人同样不清楚。原因非常简单，是我们眼睛发育成熟之前，我们没有接受过大量的阅读训练。

与多位教师聊天，共同回忆我们的学习时代。哪位教师教过我们读整本书了？大家都想不起来了。我读师范时，班主任说："要想当好老师，必须读美学方面的书。"因为这句话，我跑到图书馆借了很多美学方面的书读了。书法老师说："学习书法不能只是天天练习，还要读一读书法理论。"于是我订了《书法》《书法家》《中国书法报》等报纸杂志，还买了不少书法方面的理论书了。仅此而已！因为大量读书的时眼睛已经发育成熟了，读书时眼球跳动的频率固定了。我工作 30 年，虽然没有停止读书，但阅读速度一直是老样子，无法做到快速，高速就免谈了。

我在班级中开展整本书阅读实验，早就有了这一发现。训练一年不到，就发现不少学生读书超快。百页之书，四五十分钟就可以翻完。有人说，这是囫囵吞枣。你如果这么认为，我不反对，也不想反对。我只是说，他们知道了很多东西，绝对不是你们眼中的囫囵吞枣。

为了让每位学生能高速阅读起来，我不搞班级读书会，我不搞单一的一本书怎么读。我搞读书等身，即一个学期或一年结束，把读过的书累起来，合个影。我还搞读后最好写一点小东西。仅此而已。

高速阅读有什么好处？统编本教材总主编温儒敏教授认为，未来的高考，不管是语文还是数学，所有的学科试卷上的字数都要大量增加（2019 年高考语文试卷，大多超过 10000 字），将来要有 15% 的学生读不完试卷。

如果大家相信我的儿童读书观，小学读完 2000 本童书，中高考什么试卷都能读完、做完，最最重要的是成绩还会相当好。

6. 让孩子爱上书，家里必须有个大书柜

我是从 2008 年开始给家长讲读书的，每年都有万名家长接受我的

培训。至今超过 10 万了！只要听我讲座的家长，我都建议他们给孩子建立一个家庭图书馆。我都建议他们，一定要给孩子多买书。告诉他们给孩子买书不要一本一本地买，要几十本几十本地买。并告诉家长，孩子最好的生日礼物是"书"，建议家长每一年给孩子的生日礼物是"50 本书"。我还告诉家长，家里书柜每个房间都可以放，不犯任何风水问题。书柜多，家里的风水才好，这个家庭才能代代牛。真正热爱大量阅读，这个家庭就不一样，这个班级就不一样，这个学校就不一样，这个城市就不一样，这个国家就不一样。

（三）童书真的能让儿童爱上写作吗？

答案：一定能让学生爱上写作！

1. 亲人类绘本能让学生轻松写起来

所谓亲人类绘本，就是主角是一家人，即由"我"与爸爸、妈妈、兄弟姐妹、姑姑、姨妈、舅舅、舅妈、爷爷、奶奶、外公、外婆等为主题人物创作的绘本。这类绘本有数千本呢！如《我的爸爸是焦尼》《我爸爸》《我妈妈》《让爷爷高兴的 12 件事》《"我爱你"系列》《我的妈妈真麻烦》《我的爷爷真麻烦》《和爸爸一起散步》《和爸爸一起读书》《和爸爸一起旅游》《本领高强的四兄弟》《姑姑的树》《小小的我》等。

如果三年级能读完百本这一主题绘本，都师只要反复点拨：这些书中的人、事，每个家庭也可能有。其实，每个家庭都是不一样的，家家都有很多特别的事，而这些事只有你们清楚，作家不可能知道，而属于你们的这一切你们完全可以写出来、画起来。比如，《我家是个动物园》（日本儿童文学作家正道熏的作品），故事从"我"开始，"我"是个调皮的小男孩，是个"猴子"；早上的爸爸，很凶，是个"大狮子"；妈妈爱洗涤，是个"大浣熊"；爷爷个子高，肯定是"长颈鹿"；奶奶出门要化妆，百变的面孔，就是爱美的"狐狸"；妹妹是"小兔子"；那位特别老的，在那里静坐不动的曾祖母，就是"猫头鹰"。这本书，没有学生不喜欢的。课堂上只要读一遍，学生马上会想到自己的那个家，一篇篇属于每位学生的作品会因此而写出来。

另外，每教这类绘本，都要不厌其烦地告诉学生："每天与熟悉的人、亲爱的人在一起，说了那么多话，做了那么多事，为什么写不出来？答案是熟视无睹！作家用这类绘本，就是唤醒人们，告诉我们熟视无睹的危害，让我们远离它。而把自己最熟悉的人写到文章里才是真正地爱他们。"实践表明，这样的读写之教，能让每位学生不再怕写。而这一教法，也非常简单，教师都能用。

2. 动物类绘本能让学生写得好玩、有趣

很是奇怪，儿童只要打开写动物的绘本，就爱不释手。有一套绘本叫"图书馆老鼠"（这套书共 5 本：《神秘的作家》《爱写作的朋友》《探险家莎拉》《博物馆大冒险》《温馨的家》），这只老鼠叫山姆，它拼命地看书，看到脑子都装不下了，突然有了灵感，那就是自己该写书了。五本书能让学生全面认识为什么写作、怎么写作、怎么写好、如何坚持写作。实践证明，小学生特别喜欢山姆，也会被它的大量读书感染，也会受其影响读起来，写起来。

动物类绘本是非常多的，在我国已经翻译及原创的 16000 多本绘本中，动物类绘本肯定超过三分之一。老鼠、兔子、狗、猪、猴子、大象、长颈鹿等，都是作家的最爱。虽然这些东西被写过无数次，阅读中你会发现作家们没有停止对这些小动物继续创作。所以教学中，我们应该告诉孩子，作家们为什么不停止以小动物为主角继续创作呢？因为每个人的喜爱都是不同的，都是原创的，都是可以写成文章和书的。

另外，每一次读教动作类绘本，就要不断地告诉学生，什么是真正的喜欢，把喜欢的小动物写成文章和书，让更多的人知道，才是真的喜欢。没有作品的那种喜爱，是短暂的、自私的。

实践证明，当学生能读几百本动物类绘本，写出来的动物也会自然而然的不一样，不需要教师教什么写作知识与技巧，都能写出有味道的文章，这不是空话。没有百千本动物类绘本的阅读量，让学生写动物类作文，教学引导就是没有血肉、干巴巴型的，即使你反复提醒学生要"观察观察再观察"，他们也不会去真观察。观察能力，的确重要，但观察如果没有大量的语、词、文、书参加，没有思维的进入，他们是不会有什么特别的发现的，没有特别的发现自然也写不出让自己满意的文章。

黄乃毓博士在《童书是童书》《童书非童书》（二十一世纪出版社，2009）中告诉我们，绘本共有 66 类，如果教师们读了二三千本绘本，一定会发现绘本还有很多类。按类引导学生阅读绘本，能激发学生认识写什么、怎么写、如何写好，最终让学生写起来。人只有在不停止地写作过程中才不怕写。

3. 桥梁书能让儿童创作好多长文章甚至创作书

我国是 2008 年才开始引进桥梁书的，十多年间，我国翻译及原创的桥梁书已有二三千种了！但我国小学语文教师大多还不知道这类书，所以也没有用这类书引导学生写作。统编本小学语文教材每学期都有规定的整本书阅读，从二三年级的书目来看，还没有一本桥梁书被关注。

什么是桥梁书？是介于绘本与纯文字之间的书，图文比例 1：1，字数为 1500～20000，每天用 10～20 分钟就可以读完一本的书。这类书的形式要么是长长的一篇文章，如《忘记说声谢谢啦》（日本山下明生著）、《尾巴》（日本竹下文子著）等，要么是分章节创作的，如《撒哈拉女孩穆娜》（西班牙贝阿特莉斯·贝罗卡尔著）、《犀牛？什么是犀牛？》（西班牙马勃罗·阿尔伯著）等，一两万字的书，居然分成十多章呢！内容仍然是三大母题：爱、顽童和自然。我读过千余本桥梁书，发现这类书能引领学生写出许许多多的一线教师没有做的事，一是让学生写长文章，二是写一本本分章节的小书。肯定有人说，这是增加学生写作负担的做法，短文章都写不好，还写长文章与书，天方夜谭啊！不，长文章写了、写多了，尝试写书了、写了几本了，短的文章才能写好啊！这样的写作教学逻辑，或许才是科学的，或许才能让更多的学生爱上写作。

众所周知，我国中小学生写作教学，教师一直用字数规范学生习作，因为小学、初中、高中，考试卷上的作文字数要求分别是 400 字、600 字、800 字左右。试卷上，规定作文字数，没有错，可以这么说，世界上只要考作文的国家，试卷上都会有这个规定，即使不规定，给你提供的作文纸，想写多也不可能。但考试规定不该成为平时写作的枷锁。当孩子在大量阅读中，也能写一些长文章甚至书了，面对规定字数的考试作文还会难吗？

所以说引导小学生尝试着写长一点的文章、写一本本章节的小书，桥梁书是最佳的选择！

4. 许多厚厚的童书能让学生写出很多好文章、有哲学味的文章

韩国 50 位博士后共同创作了一套书，这套书的名称叫"有趣的哲学启蒙书"，50 位哲学大师，其中 10 位是写我们中国哲学家的（孔子、老子、伏羲、墨子、荀子、王守仁、周敦颐、韩非子、孟子、庄子），40 位是写外国哲学家的（苏格拉底、亚里士多德、伊壁鸠鲁、柏拉图、毕达哥拉斯、奥古斯丁、马基亚维利、叔本华、费尔巴哈、马克思、黑格尔……），每本书 100～140 页，每天只要拿出 40 分钟至一个小时，两个月就可以读完这 50 本书。

这 50 本书，每一本分别向学生讲述了两个词语，每两个词都是最能代表这位哲学大师的智慧、思想，比如《孔子：仁爱与礼仪的故事》《苏格拉底：智慧与无知的故事》《亚里士多德：道德与幸福的故事》《伊壁鸠鲁：快乐与痛苦的故事》……这些书不是把这些哲学大师的哲学知识直接搬来编成书，而是用现代人的故事来诠释这些哲学大师的智慧。

五六年级学生读了，会跟着这些故事思考身边的人、事、物，会立即发现身边的人、事、物经过哲学家的思考之后就变样了，有味道了，成了影响世界的思想了。不得不说，这套书的力量太强大了。学生读后，所写的文章，尤其质量上，如思考深度等，突然间发生了变化。这套书的力量是很多童书无法替代的。

二、百本写作学之书的阅读与思考

我认为，儿童写作教学是非常专业的。如果你承认其专业性，就该接受专业化的引领。正在小学语文教学岗位的大多数教师所接受的师范教育大都是简单地、大而化之地学一本关于写作的书，非常专业化的写作教学课程多数大学没有重视。另外，你只要愿意来小学来调查，一定会发现许多一线语文教师，没有读过几本写作学方面的书，而一所学校热爱写作的教师也是少之又少。这是多年没有改变的现状！读潘新和教授的《语文：表现与存在》，我国中小学生 90％以上讨厌写作的调查数据就在书里，那么多学生讨厌写作，与教师不能专业化地教学写作有着极大的关系。一代又一代学生与不爱写作的教师学写作，与一群人跟着不会开车的师傅学开车，有什么两样？

一线教师，仅凭经验及想当然去教学写作，肯定是无力的。所以，我认为要想教好儿童写作，必须研读起码百余本写作学的书。读了这些书，再看自己已经逝去的写作课堂，定会发现很多问题；读了这些书，再看教材中的写作编排及相关内容，定会清楚教材中存在的问题；读了这些书，再看名师写作公开课，才能分辨出哪些名师的写作课是行家课，有写作含量；最最重要的，读着读着，你就会根据自己的实践写起写作学书了。

另外，人类发展至今，在写作上产生的理论已经足够用的了，许许多多的理论拿来就用，绝不过分。以下的百余本写作学方面的书，都是我读过的。每一本都值得读与思，每一本都有促使我们改变的智慧。

①《语文：表现与存在》（四卷本），潘新和著，福建人民出版社，2017。这是一部百余万言的鸿篇巨制，是我国现代语文教育发轫以来罕见的力著。他的理论建构不仅提供了一个新的高度，而且开辟了语文教学的新途径，其研究涉及阅读、写作和口语交际等各个领域。这本书可操作的实践性能让你大开眼界。

②《大师是怎样写作的》，夏中义著，宁夏人民出版社，2004。这本书能缩短我们与文学大师之间的精神距离，能让我们普通人的写作与大师的创作牵手且共舞。这本书由"素材""主题""构思""句式""隐喻""预言"诸环节串成写作之智慧链。

③《季羡林谈写作》，季羡林著，当代中国出版社，2007。季羡林先生说："在文章的结构方面，最重要的是开头和结尾。在这一点上，诗文皆然，细心的读者不难自己去体会。"季先生还说："在中国古代，抒情的文或诗，都贵在含蓄，贵在言有尽而意无穷，如食橄榄，贵在留有余味，在文章结尾处，把读者的心带向悠远，带向缥缈，带向一个无法言传的意境。"先生还说："文章之作，其道多端；运用之妙，在乎一心。我写东西有一条金科玉律：凡是没有真正使我感动的事物，我绝不下笔去写。"

④《作文四书》，王鼎钧著，国际文化出版公司，2007。这是曾经风靡港台校园，成为我国台湾地区多年来最有影响力的一套作文教科书。《作文四书》经过二十多年的检验，获得了巨大成功。假如读这本书的读者，自己的孩子或朋友的孩子正在读初中，不妨让他们读读这四本书，读过之后，他们一定会因这套书而改变。

⑤《高等写作思维训练教程》，马正平著，中国人民大学出版社，2004。这本书被称作中国首部汉语写作学研究之作，是本科院校中国语言文学专业教材。

⑥《亲爱的汉修先生》《再见了汉修先生》，［美］贝芙莉·克莱瑞著，新蕾出版社，2014，2017。这两本书能让孩子爱上写日记。

⑦《怎样写作》，叶圣陶著，中华书局，2007。这里有叶圣陶先生传授写作经验和技巧的文章 21 篇。本书回答了写好文章需要做哪些准备，

该怎样组织安排文章的结构，如何开头，如何结尾；如何议论，如何抒情；什么样的文章才算是好文章，文章该如何修改等我们写作中都会遇见的问题。此外此书还从生活需要而非应试教育的角度对教师怎样教，学生怎样学等问题，给予了建议。

⑧《文章作法》，夏丏尊、刘薰宇合编，教育科学出版社，2007。夏先生和刘先生曾长期担任中学语文教师，又都是文章大家，因此《文章作法》是他们多年教学经验和深厚文学修养的结晶，全书六章三十七节，非常详细。他们用自然生动有趣而不枯燥乏味的笔法讲述了文章如何作。

⑨《小论文写作 7 堂必修课》，[美]贝弗莉·安·秦著，周凯南译，北京大学出版社，2009。从远古文明、中世纪骑士到广袤的外太空；从古埃及象形文字、北欧海盗船到可爱的帝企鹅……读《小论文写作 7 堂必修课》，你会得到系统的研究性论文写作训练，在这里可以找到自己感兴趣的丰富多彩的论文题目，还能学会查资料、做笔记的本领；既能让你写出漂亮的小论文，增长知识，还能发展动手动脑做研究的能力。这样的探究技能，会让你在今后的人生中受益无穷！

⑩《完全傻瓜：创造性写作》，[美]罗扎基斯著，邢锡范等译，辽宁教育出版社，2002。这是一本教你更容易爱上写作的书。由于很多人的写作欲望受到过许多人的压制，如教师、朋友、父母、丈夫或妻子，甚至还有孩子。如一些人会说，"你没有那么聪明，根本写不出书来"。其实，每个人都是天才，有自己的独到见解，而且有话要讲。每人都是风趣幽默的，都是重要人物。把头脑中的东西都说出来，把你想说的话写到纸上。如果你想写作，你就能写作。就这么简单。事实上，很多人还没有意识到自己已经写过很多东西。有人说："我没有什么创造力。"要我说，恰恰相反，当你拿起纸和笔或把手放在键盘上的时候，你是有创造力的。

⑪《教会学生写作》，[美]魏姬·厄克特、莫内特·麦基沃著，晋军译，教育科学出版社，2008。这本书告诉我们读得越多写得越好，是非常正确的。一个人读了不少书，还写不好文章，原因只有一个，读书还不够多。这本书告诉我们，无论什么学科的写作教学，时间是首要问题；学生写作的行为和进步难以评价；通过使用计算机辅助技术促进学生爱上写作；教师的学科知识和写作技巧对于学生成功写作来说极其重要。这本书的前半章讲述了 20 个写作策略，非常实用。

⑫《我教儿子学作文》，肖复兴著，天津教育出版社，1996，这是可以一气读完的书。在这本书中，我们可以看到肖铁的作文是怎样在肖老师的引导下进步与完善的。肖老师告诉我们：写作兴趣是把钥匙，最初的写作练习大人必须帮孩子一把，要写有意思的事情，要珍惜自己的第一次，联想是作文的一个帮手，爱好是作文的另一个帮手，小动物是作文的又一个帮手，模仿是必要的，注意身边的事例，想象力不是凭空瞎想，而是平时读的童话、看过的事物与眼前的事情的交织，观察力强不强是作文是否写得好的重要因素，不要束缚孩子的手脚，让孩子失去天然纯真的情趣，不要瞎编，先要讲清楚，激发孩子对生活的热爱，风景不是无情物，写人要写他干过的事，重视细节，在玩中做个有心人，善于捕捉生活，具体就是把自己身边发生的、经历的事情写清楚；要把眼中的事物形象化，不要做一般性的陈述，写生动最主要办法是观察得要仔细、大胆联想，感受比观察更重要，掐头去尾留中断，日记就是作文，回忆是财富，一口咬着馅儿，戛然而止，朴素是最好的语言……

⑬《文心》，夏丏尊、叶圣陶著，开明出版社，1933。这是用故事体裁创作的关于国文全体知识的写作学之书。每种知识大约占了一个题目。每个题目都找了一个最便于衬托的场面，将个人和社会的大小时事穿插进去，相关联地写了出来。通体把关于国文的抽象知识和青年日常可能遇到的具体的事情融成了一片。写得又生动，又周到，又都深入浅出。这也是这对儿女亲家给孩子的结婚礼物！

⑭"管建刚作文教学系列"，2005 年出版的《魔法作文营》，2007 年出版的《我的作文教学革命》，2010 年出版的《我的作文教学故事》《我的作文教学主张》，2011 年出版的《我的作文训练系统》，2012 年出版的《我的作文教学课例》，2013 年出版的《我的作文评改举隅》，2018 年出版的《我的下水文》，共 8 本书，福建教育出版社。从 8 本书可以看出特级教师管建刚十多年的写作教学成果，他的小学写作教学法是革命性的，是大智慧型的，是纯实践性的。这是中华人民共和国成立七十年、改革开放四十年、新课程改革二十年，非常难得的、会让您爱不释手的一套实践型写作学巨著。

⑮《小学语文名师作文课堂实录》，张文质、窦桂梅主编，华东师范大学出版社，2008。这本书收集了于永正、贾志敏、支玉恒等国内 20 位小学语文教师的 20 堂作文经典课堂实录，全面展示了"想象作文""自主作文""观察作文""活动作文"等小学作文研究与实践的成果。应该说，

这是一部重要的小学作文教学史料。

⑯《何捷老师的游戏作文风暴》《何捷老师的命题作文教学》《何捷老师的教材作文设计》，何捷著，海峡文艺出版社，2017。何捷，语文教研员、作家、全国写作教学名家，他的每一节公开课都能让师生共同兴奋并收获满满。这三本书为小学教师绘制了一个教好儿童习作的蓝图。游戏属于所有儿童，教师期盼学生能玩得快乐也能写得精彩，但很多学生只是玩得精彩，写得却很痛苦。何老师用他的智慧诠释了如何把快乐变成真正精彩的作品。只要在学校里读书，命题作文就少不了，如何放弃"套作""宿构"等不当理念，指导学生写好命题作文，这可是难活儿。何老师用他的智慧破解了这个难题。学生害怕写作，其实是从害怕写教材作文开始的。而语文教师如果连教材作文都难以让学生喜欢，一大批学生注定也无法喜欢写作了。如何教好教材作文？何老师教材作文的创造性教学设计与课堂，能让教师们重新思考自己的教材作文教学，重新修正多年不当的教材作文教学之路。

⑰《作文教学的 100 个绝招》，[英]海恩斯著，杨海洲、杜铁清译，教育科学出版社，2009。这本书一百多页，非常好读。能让我们了解到英国的作文教学。这 100 个绝招，其实就是中小学作文教学法。这本书是从综述，写作过程的开始，计划和准备，起草，修改，完成写作，任务，一些现成的办法及补充，评估，可利用的资源和教师自身发展十部分来讲述的。人为什么要写作？读这本书，可以看到近二百种理由。

⑱《叶永烈教你写作》，叶永烈著，二十一世纪出版社，2010。叶永烈先生是一位已经出版了 2000 余万字的"写作师傅"，他精通写作的"十八般武艺"，而且懂得年轻人的学习心理。在本书中，叶永烈道破了自己小学—中学—大学—现在的一系列写作秘诀，通过举例告诉读者必要的技巧、选择合适的语言、巧妙地谋篇布局，加上平时注重积累，只要做到了，无论你是中小学生还是大学生，都能写出一篇篇优秀的作文。

⑲《写作思维学》，朱行能著，人民出版社，2007。这是研究高中作文的书，小学教师也值得一看。我向很多读高中的学生推荐了这本书，据使用过的学生说，这本书对他们的高中写作帮助巨大。因为这本书分别从"写作的思维品质""写作的思维类型""写作的思维方式"这三个方面，紧密结合多年来的高考作文，把写作学和思维学全面地、系统地、有机地交叉融合起来。作者认为，写作是思维的一种外在表现形式，思维贯穿整个写作过程，没有思维的深度就没有写作的深度。对于高中生

写作来说，这肯定是正确的。

⑳《再活一次：用写作来调心》，[美]纳塔莉·戈德堡著，韩良忆译，南方出版社，2007。这本书是教导创意写作的经典之作，1986 年在美国出版之后，很快成为北美所有教授写作及写作之人的必读书。纳塔莉对待写作的态度，是一种学禅的态度，是把写作当作修行，纳塔莉要你坐下来打开本子就写，在纸上快速奔跑，不要回头看，不要字斟句酌，写错字不要紧，一边写一刻也不要停，让笔快速地在纸上滑过。在写的过程中，要说的、要想的会慢慢清楚，写作的主题才会渐渐展现。不要回头修改，只要继续向前，把空白的页面填满。太细微的写作计划，常会形成一个大网罩住自己，而让心无法自由，笔不能尽情。如果你预先订好主旨、大纲，流畅与灵感就被挡在规则之外了。这是一本让你爱不释手，可以反复去读的，爱上创意写作的巨著。写作能让你再活一次，永远活着。

㉑《作文入门》，梁启超著，教育科学出版社，2007。这是我国第一部中学写作教学法之书。这本书中包含两大部分，一部分是"中学以上作文教学法"，另一部分是"中国韵文里头所表现的情感"。两部分题目相关，且一谈散体一谈韵文，珠联璧合，既互补又呼应。梁启超谈写作文、教作文，却皆不依傍这些传统的诗词文话，自具机杼，所以有组织、有条理，充满了新意，毫无陈腐气，至今仍不过时，不但不过时，还恰好符合时代之需。"中学以上作文教学法"和"中国韵文里头所表现的情感"集中阐述了梁启超的语文教育思想，虽然主要是针对中学而说的，但对小学作文教学也有着非常重要的指导意义。这本书不但是作文教学法，也是中学以上国文研究法。

㉒《文章修养》，唐弢著，生活·读书·新知三联书店，2008。这是唐弢先生"二十七岁时写的一本小册子"，是"作为青年们的课外读物"。上编六章，漫谈文字知识和演变经过，从文字到文章，从文章到文学，从古文到白话文，基本上是偏于史的叙述；下编八章，专谈作法和修辞，既有字、词、句和各种修辞手法的具体运用，如何写会话等作文细节的探讨，也有搜集题材、确立主题和营造文气等文章大处的把握。这本书的一大特色是平易、简洁而生动，没有教科书式的枯燥和刻板，也没有"八股气"。

㉓《果戈理是怎样写作的》，[俄]魏列萨耶夫著，辽宁教育出版社，1998。魏列萨耶夫在这本书里探讨了果戈理写作的整个过程：如何搜集

材料，如何写作，写好后如何修改，出版后如何听取旁人意见，等等。他所引用的材料全部出自果戈理的书信、札记以及果戈理同时代人的书信、回忆录，读起来亲切可信。作者在研究果戈理的写作方法时，不仅把他当作一位伟大的讽刺作家，同时又把他当作一个世界观相当矛盾的人。鲁迅非常喜欢这本书，据说他的随身包里始终装着这本小书。鲁迅说，这本书对他的写作有着极大的影响，没有这本书也就没有他的诸多作品。

㉔《好妈妈教出好作文》，鲁稚、李鲁著，漓江出版社，2010。这是一本作文指导书，也是一本家庭教育参考书。鲁稚是著名作家、心理励志和教育专家，应试作文怎么写，这里有详细讲述；孩子的创作热情如何保护，这本书有剖析和指导。

㉕《写作这回事——创作生涯回忆录》，［美］斯蒂芬·金著，张坤译，上海译文出版社，2009。这本书一半是有史以来最畅销的恐怖小说之王的人生回忆录，另一半是国家图书奖终身成就奖文学大师的创作经验谈兼写作大师班。手把手教有志于写作的文学青年要准备好哪些必要的装备，如何将一个好故事发展成形，如何"关门写作，开门改稿"，他告诉写作者少用被动语态，他说"通往地狱的路是副词铺就的"，等等。这本书全部是作者从自身的创作经历出发，将众多金氏名著的创作过程公之于众，坦陈自己的私心好恶的一部著作。1999 年 6 月 19 日，斯蒂芬·金在外出散步时遭遇车祸，伤势危及生命。而这本回顾和总结自己的一生和创作经验的书还没写完，其差一点成了斯蒂芬·金的"盖棺定论"。在鬼门关转了一遭后，斯蒂芬·金在髋部粉碎性骨折，身受巨痛的情况下重新拾起笔来，艰难地完成了《写作这回事》。他说："写作对于我来说好比是一种信念坚持的行动，是面对绝望的挑衅反抗。此书的第二部分就是在这样的精神中写成的。正如我们小时候常说的那样，是我拼着老命写出来的。写作不是人生，但我认为有的时候它是一条重回人生的路径。"

㉖《作文杂谈》，张中行著，中华书局，2007。张中行先生是人民教育出版社资深编审，这是一本关于如何写作的小书，先生总结了自己同语文打了五十余年交道后的经验和体会，以简明实用的方式与读者交流有关写作的多方面知识。作文有法吗？有人说有，而且甲乙丙丁，不能越雷池一步，没有规矩怎能成方圆？有人说无，文无定法，也可以说是无法。我要学庄老先生，笑一笑说：作文在有法与无法之间。读这本

书，可以获得很多写作教学智慧。

㉗《写作的零度》，［法］罗兰·巴特著，李幼蒸译，中国人民大学出版社，2008。《写作的零度》是一份早期结构主义文学宣言，针对萨特"什么是文学"的问题提出了摆脱激进文学倾向的中性文学观，对法国存在主义和左翼文学提出了深刻的批评，影响了其后西方当代文学思想的发展。书中还有作者对若干法国文学经典作品所做的细腻分析，被视为结构主义文学篇章分析的典范。书中还有作者就任法兰西学院讲座教授典礼上的演讲词，相当于作者晚年文学思想的另一份宣言书。

㉘《写作的女人危险》，［德］斯特凡·博尔曼著，中央编译出版社，2010。《写作的女人危险》是继《阅读的女人危险》之后，博尔曼再次联手海邓艾希推出的描写历史上女作家生活的书。两本书相得益彰，完整呈现一部"女人与书"的悲欢史。女作家与男作家的生活有何不同？写作危害了女人的生活，还是写作的女人威胁到男人的世界？本书介绍了乔治·桑、简·奥斯汀和勃朗特三姐妹、塞尔玛·拉格洛夫和阿斯特丽德·林德格伦等50位著名女作家的人生经历，为我们揭示女人的写作之难……女作家们的坚持与自信，用实力打破了传统的认知，把写作这份创造性劳动转化为女人天经地义的工种。

㉙《关于写作——一只鸟接着一只鸟》，［美］安·拉莫特著，商务印书馆，2013。几乎没有一本教写作的书，像这样令人时而捧腹大笑，时而感动落泪，并且如同小说般，有依依不舍的感觉。安·拉莫特用坦率风趣的文笔，将写作的各个方面，阐述得一针见血又引人入胜。"三十年前，我的哥哥十岁，第二天得交一篇鸟类报告。虽然他之前有三个月的时间写这份作业，却一直没有进展。当时他坐在餐桌前，周围散置着作业簿、铅笔和一本本未打开的鸟类书籍。面对眼前的艰巨任务，他不知如何着手，简直快哭出来了。后来身为作家的父亲在他身旁坐下，把手放在他肩上说：'一只鸟接着一只鸟，伙伴。只要一只鸟接着一只鸟，按部就班地写。'"多年来，拉莫特把这个故事谨记在心，写作的时候，以及给写作班的学生上课时，她总把它当成一个鼓励，并且，转而赠予世界。这是一部1994年出版以来，一直让人爱着的畅销书。

㉚《作文，多大点事儿》，非常著，人民邮电出版社，2011。这本书来自一个真实的故事：一个偶然的机会让作者建立了一个QQ群，帮助恐惧写作文的孩子们爱上写作文。一年的时间，这个QQ群由十几个人发展到百余位。学生家长义务参与管理，有管理员，有转播员，还有文

字整理员的作文网络课堂，每天有数万人在线学习；一年时间，二百万字的写作真谛，无数的妈妈执着的坚守，自发打印的写作讲义，厚度近半米之高。这是一本由数万名妈妈参与、关注、期盼的作文书，是一本驾驭文字、游戏文字，用文字来绘画的作文书，它没有传统意义上的作文写作理论，而是从实践与应用出发，对"结构对称""六根六尘""作文八法"等方法进行了详尽的介绍的一部作文书。

㉛《作文，就是写故事》，李崇建著，首都师范大学出版社，2011。到我国台湾地区旅行，你在大巴中问导游想买这里最会教作文的教师的著作，他们一定会推荐你到诚品书店购买这本书。学生常常觉得自己写不出来、不喜欢写作文、文字口语化、组织能力不佳、文章格局不大……李崇建整合多年实际教学与演讲经验，面对家长、教师对孩子参加作文考试的忧虑，提出了实用的作文教学策略，解放孩子的书写力和想象力，提升孩子的觉察力和创造力。他通过有趣的故事与讨论的方式，运用"烂作文"的写作方式，搭配创意作文教学，让面临书写困境的学生解放思想，最终使他们的作文表现令人瞩目！这是一本让不会写、不爱写、不想写的孩子立刻爱上写作文的书！是完全颠覆"起承转合"传统作文老套教学法，极速增强孩子的作文能力的书！让每个孩子都可以写作文、写故事的书！

㉜《日本小学生优秀作文》，张国强译，江西教育出版社，2001。这本书选入了日本一至六年级学生的优秀作文，共有120篇。不仅从文中可以了解日本儿童的生活，最重要的是可以进行年级对比，看看每个年级什么样的文章是好文章。

㉝《美国作文：美国学生优秀文章精选（8～18岁）》，金莎丽编译，中国妇女出版社，2011。这本书是从美国学生作文里遴选出来的佳作名篇，这些充满奇思妙想的文字，或倾诉悲伤，或表达喜悦，或述说生活，或抒发情怀，幽默倜傥，真情毕露。其新颖的表达和构思，对比之中，会让读者不得不赞叹这些孩子的智慧和想象力。

㉞《花季的梦——美国中学生优秀作文选》，[美]泰特等著，赵恒元译，清华大学出版社，1999。这本书共12个故事，全部是美国八年级小作者的作品，以美国的生活和历史为背景，涉及顽皮的玩闹趣事，对异性的朦胧感觉，对种族不平等的疑问，其间流淌着暖暖的人间亲情以及对贫富不均的愤慨等。每篇文章都构思新颖，语言流畅，笔调清新，想象丰富。

㉟《朱天衣的作文课（全 5 册）》，朱天衣著，贵州教育出版社，2016。拥有二十余年儿童作文教学经验的朱天衣，主张以启发引导、说故事的方式，让孩子发挥想象力，写出与主题相关的文字。她认为，最重要的是让孩子觉得写作文是一件快乐的事。朱老师用 60 个主题创作了这本书，并亲自走进录音棚，将文本录制成声音。朱老师还精心设计了数十种文字游戏，包括字词接龙、多音字、同音易错字、反义词、标点符号、猜灯谜、声音描述等，让孩子能一边轻松玩游戏，一边还能借着游戏增长语文基本功，打好语文运用的基础。

㊱《民国小学生作文》，董志渊编，潘筱兰辑，首都经济贸易大学出版社，2011。本书所选的作文，全部取材于 1937 年 4 月北新书局出版的"小学生创作文库"丛书。该丛书的编者董志渊是《中国文艺年鉴》作者杨晋豪的笔名。原书共 11 册，书名依次为《中国的儿童》《努力的孩子》《小先生开会》《四季的风景》《太阳的周旋》《我们的小品》《我们的游记》《我们的诗歌》《我的学校生活》《我的劳动生活》《我的生活杂写》。

㊲《写给讨厌写作的学生》系列，高子阳著，陕西人民教育出版社，2011。这套书共四本，《好玩的童书》《好玩的童诗》《好玩的写作》《好玩的表达》。本套书告诉学生要想写好作文，多读书是必须的，童诗是人人能写的，读名家童诗，写写童诗，写着写着就不讨厌写作文了。好玩的写作，好玩的表达，让学生感受到写作真的不难，是人人都可以做的事。

㊳《儿童写作教学新论》，高子阳著，陕西人民教育出版社，2012。作者的终身课题"让 100% 的学生喜欢读写"，这本书是第一个十年实验总结，这是一部简单、好用的儿童写作教学用书。作者以全体学生喜欢写作为责任，从写作思想方面剖析儿童写作存在的问题，以通俗的语言讲述儿童宜用的写作教学理论，用独特的视角审视儿童写作教学未开发的领域，以全新的思维创设儿童写作话题，用极易操作的案例全方位解读了怎么教……

㊴《我是一支爱写作的铅笔》，［美］山姆·史沃普著，廖建容译，五洲传播出版社，2012。童书作家山姆·史沃普在美国纽约皇后区的一所小学开办写作工作坊教小学三年级的孩子们写作。这是个极大的挑战，因为这个班级里的学生来自世界各地，28 位小朋友来自 21 个不同国家，说着 11 种不同的语言。史沃普老师陪伴着这群精力旺盛的孩子从三年级成长到五年级，为他们精心设计了各种教学计划：带他们到博物

馆看盒子展，再让他们制作盒子，创作一本诉说盒子故事的"盒中书"；让他们把身体的轮廓画成一座小岛，写出自己的小岛故事；带他们到中央公园各自认养一棵树，观察树的变化，并写信给它……他耐心地引导他们写出一个个故事，看着他们的才能开花、结果。在史沃普老师的引导下，孩子们手里的铅笔成为开启写作魔法的钥匙——原来只要用对方法，点燃孩子的创作热情，他们就都拥有独特且令人期待的天赋与才能。在《我是一支爱写作的铅笔》里，孩子们不是在学习写作，而是在享受写作的快乐！

⑩《我写的故事胜过你写的》，[美]斯科彻特著，吴碧玉等译，人民邮电出版社，2013。这本书就是一个教师站在旁边讲解写作课，幽默活泼，讲到每个内容时，教师都会拿出经典电影进行针对性分析，绝对不是老夫子似的生硬灌输。作者告诉我们，故事中的每个主角都会经历的四个性格阶段，分别为：孤儿、流浪者、武士、殉道者。在孤儿阶段，主角既可以是真正意义上的孤儿，也可以是象征意义上的孤儿，因某种原因平静的生活被打破，生活出现了危机；流浪者阶段：因为环境的改变，主角开始流浪并获得各种技能和力量，且收获一些可以帮助他的朋友及爱人；武士阶段：主角获得了战胜危机的全部技能及爱情，并开始战斗，但是困难不断升级；殉道者阶段，为了解决生活中的危机，主角抱着必死的决心，他希望自己是个殉道者，但很多时候都是绝地逢生……这是套路吗？不！我读这本书后收获非常大，因为我写了一本《我的课胜过你的》。

第 41～88 本书是中国人民大学出版社出版的"创意写作书系"，很多书是美国硕士作家培养教材。有的教师会说，我是教小学生习作，没有必要读这些东西。对此，我决不直接反对你的言论。我只是告诉大家，读了这些书，你会把一篇篇课文教得更有味道，你的写作课堂就会充满创意，你也会因此而成为写作教学的行家。

⑪《成为作家》，[美]多萝西娅·布兰德著，刁克利译，中国人民大学出版社，2011。什么样的人能成为作家？写作需要天赋吗？作家是可以教会的吗？文学创作需要什么天赋、才能和技艺？作家的"黑匣子"里到底隐藏着什么样的秘密？《成为作家》为我们解答这些问题。作者认为，一个人能否进行文学创作，首先不是技巧上的问题，而是认识上的问题。写作确实存在一种神奇的魔力，而且这种魔力可以传授。教诲谆谆，直面问题本质，本书将带领读者踏上一条成为作家之路。本书出版

于 1934 年，风行美国文学界近 80 年，是长盛不衰的经典之作。

㊷《开始写吧！——虚构文学创作》，［美］雪莉·艾利斯编，刁克利译，中国人民大学出版社，2011。在这些备受好评、屡获大奖、成功多产的作家们的写作生涯背后到底隐藏着什么秘密？具有神助抑或是天赋异禀？当我们为写出一句话搜肠刮肚、绞尽脑汁、苦思冥想之时，这些作家已经写出一篇又一篇的佳作了！这里面有什么秘诀？写作练习！作者收集了 87 位美国一流作家新颖有趣而又实用的练习，还展示了美国国家图书奖、普利策奖和古根海姆奖等获奖者的写作技巧，这些练习简单易懂，可立即使用。

㊸《开始写吧！——非虚构文学创作》，［美］雪莉·艾利斯编，刁克利译，中国人民大学出版社，2011。这本书将带你走进非虚构文学创意写作领域，书中提供了八十多篇速成练习，正是这些练习打开了作家们的创作源泉！这是一本非虚构文学创作的必备手册，书中介绍的作家不乏传奇散文作家、《纽约时报》畅销书作者、普利策奖获得者、创意写作领军人物，还有许多的传记作家、新闻记者和教授非虚构文学创意写作的教师。

㊹《小说写作教程——虚构文学速成全攻略》，［美］杰里·克利弗著，王著定译，中国人民大学出版社，2011。音乐家和画家可能需要天赋才能成功，但作家不是。一个好故事的发生是无法遏制的，在你反应过来之前它就已经触动了你的心灵。这本书就是教你们写这样的故事。这个攻略，涵盖了包括手稿准备、时间管理、构思、文字见稿、思路畅通、向经纪人和出版商交稿的整个写作过程。这本书还有助于解决在写作过程中出现的种种疑虑、担忧、障碍和恐慌。每天只需要花上几分钟就可以提高写作技艺。这也是很多人急需要的写作手册。

㊺《写作法宝——非虚构写作指南》，［美］威廉·津瑟著，朱源译，中国人民大学出版社，2013。作者以其合理的建议、清晰的表述、温和的风格而为读者称道。本书为所有想要写作的人而写，不论你想写的是人，是地方，是科技，是商务，是运动，是艺术，还是你自己。书中的原则和观点，已经被几代作家和学生分享了呢！

㊻《故事技巧——叙事性非虚构文学写作指南》，［美］杰克·哈特著，叶青、曾轶峰译，中国人民大学出版社，2012。从约翰·麦克菲、大卫·格恩、阿图尔·加万德刊登在《纽约客》上的故事，到玛丽·罗奇的《僵硬》、艾瑞克·拉森的《白城恶魔》等非虚构巨作的横空出世，叙事

性非虚构文学获得了越来越多的关注。作者用蒙田、E. B. 怀特等著名作家和多位普利策奖获得者的例子，以及大量来自杂志文章、非虚构畅销书、纪录片、广播节目的实例，告诉我们叙事性非虚构文学的创作方法与技巧。本书涵盖了报告文学、散文、小品文等非虚构文学创作的各个环节，包括故事理论与结构、场景、动作、人物等，并介绍了初稿、修订、编辑等出版流程。

㊼《情节！情节！通过人物、悬念与冲突赋予故事生命力》，[美]诺亚·卢克曼著，唐奇、李永强译，中国人民大学出版社，2012。什么是情节？情节不仅仅与一个伟大的创意相关，好的情节是众多创意和写作要素的集合体，包括人物、经历、悬念、冲突和上下文。最好的故事是人物和层层推进的悬念冲突的有机结合。这本书从理论到实践都围绕着关于故事的古老规则展开，涵盖了人物、悬念、冲突这些文学作品的核心要素。作者提供了新颖的案例和练习，让你去尝试、思考并因此而改变。

㊽《开始写吧！影视剧本创作》，[美]雪莉·艾利斯，劳丽·拉姆森编，王著定译，中国人民大学出版社，2012。本书由 95 位作家、写作教师写成，汇集了经典的剧本写作的教案和写作练习，每篇文章均由讲解和练习组成，独立成文，可读性和实用性很强。比如：选择你的故事；由冲突开始；谄媚练习；相信自己；概念是王道；当莎丽遇上哈里；舒适一角；发现你自己的故事；开始动笔；结构；主题；场景技巧；角色开发；语言与非语言交流；修改；现在干什么？……

㊾《写好前五页——出版人眼中的好作品》，[美]诺亚·卢克曼著，王著定译，中国人民大学出版社，2013。不论是新入行的写手还是老练的作家，不论你有没有作品出版过，你都不希望自己的书稿被拒绝。要想写出能够在众多作品中脱颖而出的作品来，则是作者的职责。要使稿件脱颖而出，有几个关键错误是要避免的：一个薄弱的伏笔，过多使用形容词和副词，平庸的隐喻，戏剧化的、平庸的或者令人困惑的对话，人物塑造不深入，场景设置了无生趣，不平衡的节奏以及缺乏情节的推进等。

㊿《畅销书写作技巧》，[美]德怀特·V. 斯温著，唐奇、上官敏慧译，中国人民大学出版社，2013。这是一本教你如何把退稿信变成支票簿的路径的书。作者为读者提供了相关的背景知识、透彻的写作建议以及必要的写作程序。比如，如何把素材化作动作，把动作化作场景，再

把场景化作故事；学习如何发展人物，如何修改加工，最终怎样把作品卖掉。

(51)《30 天写小说》，［美］克里斯·巴蒂著，胡婷、刁克利译，中国人民大学出版社，2013。克里斯·巴蒂，1999 年创办美国小说写作月，这一年有不到 100 人参加了 30 天写一部长篇小说的活动(5 万字的小说就可以称为长篇小说)，参加者每天拿出一个小时的时间，写完 1667 个字就结束，30 天就可以完成 5 万字。目前已经有 100 多个国家的近百万人参与到小说写作月活动，很多人的作品获得出版并登上排行榜。这是一本让你跑上带劲的文学马拉松的书，是一场历时四周的艰苦而又令人兴奋的小说写作之旅。30 天，只要坚持就能完成。这本书很短，可以一气读完。只要你相信这 30 天，立即行动起来，30 天，你就有惊喜出现。

(52)《创意写作大师课》，［美］于尔根·沃尔夫著，史凤晓、刁克利译，中国人民大学出版社，2013。这本书带着读者向受人敬仰的作家学习写作创意和技巧。作者向读者介绍了从狄更斯、奥斯汀、契诃夫，到玛丽·雪莱、芒罗、斯蒂芬·金的创意写作智慧。读这本书可以知道什么是写作风格，知道写作风格是可以教的，还可以知道如何构建强有力的故事情节，想出好的故事，克服写作障碍，创造栩栩如生的人物形象等。

(53)《一年通往作家路》，［美］苏珊·M. 蒂贝尔吉安著，李琳译，中国人民大学出版社，2013。什么是写作？写作是“清晨叫醒我的鸟鸣，也是午后阳光的流连”。12 个月写什么能成为作家？日记、随笔、游记、小小说、散文诗、回忆录，只要你坚持 12 个月写，就写这些内容。什么时候开始？什么时候开始都不晚。需要什么写作技巧？蒂贝尔吉安用 12 堂写作课，能够帮你找到并开发属于自己的声音。书中每一种写作类型都配有充满创造性的练习，让你去拥抱生活，让你的每一天都充满创造力。

(54)《诗性的寻找——文学作品的创作与欣赏》，刁克利著，中国人民大学出版社，2013。作者分别从情节、人物、主题、视角、风格、象征、背景、文学与其他学科的关系、对文学的期待和理解等角度，梳理了我们与文学的缘分。作者对大家非常熟悉的《白鲸》《红字》《简·爱》《呼啸山庄》《一位女士的画像》《儿子与情人》《哈克贝利·芬历险记》《了不起的盖茨比》《纪念爱米莉的一朵玫瑰花》等文学经典做了深度剖析与欣赏。

(55)《你的写作教练》，[美]于尔根·沃尔夫著，孟庆玲、伊小磊译，中国人民大学出版社，2014。你是否一直想写一本书、一个故事或是剧本，却不知道从何处动笔？你是否担忧自己想不出某个情节、生动的人物，或者根本找不到时间写作？所有阻止你成为作家的问题，都能在《你的写作教练》中找到答案。如果你已经完成了写作计划，这本书将指导你找到代理人以及指导推广你的作品。这本书不仅涵盖写作技巧，还将指导你克服拖延症，保持创作热情，避免遭遇作家障碍，将内心的批评声转化为富有创建性的内心指导。

(56)《写出心灵深处的故事——非虚构创作指南》，李华著，中国人民大学出版社，2014。作者是获得创意写作终端学位并回国任教的高校教师，其通过自己与学生多年的创作实践，展现了一个真实的非虚构创作的过程，激发并鼓励你写出自己的故事。这本书是通过讲述自由写作、回应写作、影评写作、回忆录写作、人物采访与报道、想象力写作等为你量身定做的非虚构创作指南，能帮助你写出心灵深处的真实故事，不仅带给你新鲜有趣的想法，更能激发你的写作灵感，让你情不自禁地想要动笔，锻炼一下你的"写作肌"。

(57)《创意写作教学——实用方法50例》，[美]伊莱恩·沃尔克编，吕永林、杨松涛译，中国人民大学出版社，2014。这本书收录了50种创意写作课堂教学实例，开拓性地提供了大量新颖的训练方法，有助于解决学生在写作时经常出现的问题。这50位编撰者来自世界各地，都是已经出版或发表过作品的作家，包括游记作家、生活和美食专栏作家、剧作家、词作家、小说家和诗人，以及经验丰富的演讲者和教育者。

(58)《情节与人物——找到伟大小说的平衡点》，[美]杰夫·格尔克著，曾轶峰、韩学敏译，中国人民大学出版社，2014。对于一个故事来说，什么更重要：吸引人的情节，还是鲜明的人物？文学导向的小说家强调以人物为基础，商业导向的小说家则强调以情节为基础。其实，好的小说在这两方面都很强。这本书帮你在创作时将这些关键的要素完美地结合起来。通过本书，你将学会：创造富有层次感的人物，他们有个性特征、自然特点以及身份背景；开发人物的情感经历，与充满激情的事件联系起来；挖掘人物背后的故事，加快情节的推进；将情节与人物无缝衔接起来，创作出吸引读者不停翻页阅读的作品……

㊉《经典人物原型 45 种：创造独特角色的神话模型》，[美]维多利亚·林恩·施密特著，吴振寅译，中国人民大学出版社，2014。想要使你的角色和故事更吸引人、更复杂，比以往的作品都更加新颖吗？这本书向读者剖析了一系列的角色，包括主角、反派和配角，引导读者学会用原型来创造独特的角色，审视男女主人公的神秘旅程——使主角性格得以发展的一系列事件，并学会如何使用它们来扩充你的故事。本书将帮你创造出能经受住时间考验的角色！

㊉《冲突与悬念——小说创作的要素》，[美]詹姆斯·斯科特·贝尔著，王著定译，中国人民大学出版社，2014。詹姆斯·斯科特·贝尔是一名惊悚小说作家兼写作指导师，他会告诉我们如何描绘场景、创造人物、开发故事曲线，让故事从头至尾充满冲突与悬念。即我们制造张力，让读者上钩。这本书详细告诉我们：给故事的开头、中间和结尾配置适当的冲突，通过人物的内心冲突制造悬念，为故事的视角人物建立冲突，平衡次要情节、闪回、背景故事，推动故事发展，在对话中使张力最大化，在修改的时候增进悬念。

㊉《故事工程：掌握成功写作的六大核心技能》，[美]拉里·布鲁克斯著，刘在良译，中国人民大学出版社，2014。是什么成就了一个好的故事或是剧本？作家在开始写小说、讲故事的时候，是从哪里开始的？有时他们耗费一生辛劳写作，却从未了解到成功的故事就像艺术技巧一样有赖于好的设计。这本书从讲故事的标准与结构设计开始（故事的工程设计），把它作为叙述的基础，帮你在专业的水平上发现故事讲述的大图景。将书中强调的六大核心技能组合起来，你就能发现故事可能性。这六大核心技能包括：立意、人物、主题、结构（情节）四项基础技能，以及场景构建、风格两项实践技能。

㊉《写我人生诗》，[美]塞琪·科恩著，刘聪译，中国人民大学出版社，2014。"每一天，我们都写一首诗。"想收获诗意的人生，不需要有超常的水平，每个人都能够写诗。诗人塞琪邀请读者放慢脚步，以创造力的节奏，在诗歌中找到一种游戏的感觉。

㊉《写好前五十页》，[美]杰夫·格尔克著，王著定译，中国人民大学出版社，2014。无论你是想出版作品还是只想吸引读者，书稿的开篇都至关重要。引人注目的开头是得到经纪人或编辑注意的关键，对于能否让读者有兴趣读下去也有着决定性的意义。开篇写什么、如何写？这本书会帮助你从头开始学习如何写出一个强有力的开篇，比如引入你的

主要角色，建构你的故事世界，设定情节的矛盾冲突，开始你的主人公的精神历程，写下不可思议的精彩开篇，最终完成出色的、令读者爱不释手的作品。

⑥《作家创意手册》，[美]杰克·赫弗伦著，雷勇、谢彩译，中国人民大学出版社，2015。这是美国《作家文摘》出版社推出的写作指导书中的一册。作者向我们讲述了几个写作步骤，如何准备，找到创意和故事，找到适合的形式，完成作品。作者在书中给出了非常多的建议，这是一本值得多遍研读的经典之作。

⑥《好剧本如何讲故事》，[美]罗伯·托宾著，李子译，中国人民大学出版社，2015。作者是剧本读者兼开发经理，在工作中阅读了数千个剧本，由此总结出了让剧本通向影视作品的"方程式"。这本书不仅讨论了如何创作出精彩的作品，还解释了电影经理一直在寻找的结构，以及如何把一个创意转变成全副武装的剧本，主要包括：运用七个基础故事要素，持续吸引观众的注意力；通过创作故事背景来开发人物与情节，既要讲客观故事，也要讲主观故事；将你的剧本故事结构搭建好，以便让电影制作者注意到它；为好的效果做足准备。

⑥《网络文学创作原理》，王祥著，中国人民大学出版社，2015。这是知名的网文写作导师王祥的作品，作者有三十余年的文学创作研究和教学经验。书中表达的创作原理与创作方法，曾为许多遭遇创作瓶颈的小说作者提供了重要的灵感和启示。读这本书，能领会到网络文学的"快感奖赏机制"、主要写作策略、对人类欲望的审美化和伦理化处置等重要理念；"与现实接壤的世界""奇幻小说的世界""东方神话世界""科幻世界"等几种网络小说世界设定的经典模式……

⑥《经典情节 20 种》，[美]罗纳德·B. 托比亚斯著，王更臣译，中国人民大学出版社，2015。好的故事萦绕在人们心头，让读者几十年都难以忘却。这种创作是如何做到的？罗纳德详尽分析了探寻、探险、追逐、解救、逃跑、复仇、推理故事、对手戏、落魄之人、诱惑、变形记、转变、成长、爱情故事、不伦之恋、牺牲、自我发现之旅、可悲的节制行为、盛衰沉浮这 20 种经典情节，展示了成功的情节是如何把所有故事要素结合起来的，并介绍了如何在自己的作品中有效地运用这些情节，使创作的故事具有令读者念念不忘的水平。

⑥《故事工坊》，许道军著，中国人民大学出版社，2015。做豆腐是有趣的事：做硬了是豆腐干；做稀了是豆腐脑；做薄了是豆腐皮；做没

了是豆浆；放馊了是豆汁；搁臭了，还可以做臭豆腐……写作工坊有时候也如豆腐作坊：故事写得有头有尾，可以做小说；故事写得有声有色，可以做剧本；故事写残了，可以做散文；故事写没了，只剩下一些情绪，还可以作诗……创意写作，从故事开始。通过工坊式写作课堂，对"讲故事"的技巧、方法、练习进行讲解，涉及虚构与非虚构类型的故事创作。写作工坊是一种源于美国、有着百余年历史的作家培养机制，本书作者多年来致力于对写作工坊的研究，总结了丰富的经验与训练模式，一步步展开了"故事材质""从开头到结尾""故事动力""悬念""讲故事的人""故事逻辑""故事类型""故事马甲"等几个部分，并附有设立写作工坊的实用性建议，带你展开自己的写作之旅。

⑥《弗雷的小说写作坊：劲爆小说秘境游走》，[美]美詹姆斯·N.弗雷著，许峰译，中国人民大学出版社，2015。作者是一名成功的小说家兼写作教师，弗雷提供了一套使用、系统、智慧的方法来写小说。这本书能让读者了解到传统戏剧性小说的写作方法及引导读者写出能够抓住读者的作品。

⑦《弗雷的小说写作坊：让劲爆小说飞起来》，[美]美詹姆斯·N.弗雷著，田忠辉译，中国人民大学出版社，2015。劲爆小说具有强有力的叙述线，令人着迷的人物，稳固推进的冲突以及令人满意的结局。这本书提供了强大的技巧，帮你设置悬念、制造新鲜感，让读者获得更加强烈的同情以及身份认同感。

⑦《弗雷的小说写作坊：悬疑小说创作指导》，[美]美詹姆斯·N.弗雷著，修佳明译，中国人民大学出版社，2015。作者列举了大量的实例，从创意激发、计划制订、情节开发、草稿写作、改写修饰等写作环节一一讲起，直到最后写出一部悬疑小说。

⑦《写作是什么：给爱写作的你》，[美]克莉·梅杰斯著，代智敏译，中国人民大学出版社，2015。这不是一本写作手册，不是教科书，也不是写作指南，这本书对年轻的写作者来说是一种心灵疗愈。这本书让我们知道写作能让我们审视自我，给我们带来快乐。

⑦《写小说的艺术》，[英]安德鲁·考恩著，董韵、李菱译，中国人民大学出版社，2015。这本书有 70 个精心设计并经过大量实践检验的写作练习。读这本书你会知道：诸多作家的写作习惯，如何创造令人信服的人物和令人难忘的场景，如何写出可信的对话，如何建立一个创意写作工作室等。

⑦④《开始写吧！——科幻、奇幻、惊悚小说创作》，［美］劳丽·拉姆森编，唐奇、张威译，中国人民大学出版社，2016。这本书能让读者洞悉哈兰·埃里森（选择完美的标题）、皮尔斯·安东尼（塑造真实可信、有代入感的幻想人物）、拉姆齐·坎贝尔（朝新的方向扩展你的写作风格）、杰克·凯彻姆（如何用简洁的语言写出真正惊人的故事）、艾梅·本德（将意想不到的画面组合起来激发你的想象力），以及《阴阳魔界》和《星际迷航：下一代》的编剧等重量级幻想小说大师创作的秘密。这本书给了读者一个完整的创作工具包，工具包里有激发非同寻常的创意、描绘引人入胜的异世界、塑造迷人的反派、外星人和怪物，或者制造令人毛骨悚然的大逆转结局等工具。

⑦⑤《从创意到畅销书——修改与自我编辑》，［美］詹姆斯·斯科特·贝尔著，刘在良译，中国人民大学出版社，2016。这本书教读者要有自我编辑技巧，如何通过修改润色草稿使其成为紧凑、完整的文学作品，如何让作品更有"深度"，从而激发读者的阅读兴趣，并让他们体验到前所未有的兴奋。

⑦⑥《故事力学——掌握故事创作的内在动力》，［美］拉里·布鲁克斯著，陶娟译，中国人民大学出版社，2016。在物理学世界中，重力、牵引力以及其他物理元素掌管人的能力，并可用来提升人的动作。在写作世界中，故事力学也可加以类似利用，让大家的小说或者剧本实现最佳效果。畅销书作家布鲁克斯介绍了六种核心文学力量，如果能正确地加以运用，成功的作品就会接二连三地问世。

⑦⑦《小说创作技能拓展》，陈鸣著，中国人民大学出版社，2016。意大利文艺批评家克罗齐说，每个人都是一个潜在的艺术家。这本书是从叙事创意设计的意义上探寻各种可操作、可模仿的小说写作技巧，研究小说写作教与学的原理和方法，如小说的叙述方式，从故事大纲到情节清单，小说人物的结构关系，在书面故事中构造场景，小说中的"看"与"被看"，叙述声音的修辞策略等。

⑦⑧《开始写吧！推理小说创作》，［美］雪莉·艾利斯、劳丽·拉姆森著，孙玉婷、郭秀娟译，中国人民大学出版社，2016。这本书提供了来自专业人士的实用性练习，比如向《纽约时报》畅销书作家，《杀戮欲望》《午夜凶杀》和《连环案》的作者约翰·卢兹学习如何将动作场景无缝嵌入到你的故事中；向《纽约时报》畅销书作家，阿曼德·加马奇推理系列的作者路易斯·佩尼学习如何微调、改善对地点和背景的感知；向《沉睡

者》的作者，《法律与秩序》的作者、制片人洛伦佐·卡尔卡泰拉学习如何创造符合人物背景故事的场景；向汉娜·艾维斯推理系列的作者，阿加莎奖及安东尼奖得主玛西娅·塔利学习如何塑造一个令人难忘的迷人侦探。如何创作让人难以释卷的推理小说，你所想要的一切，在这里都能找到。

⑦《新闻写作的艺术》，［美］纳维德·萨利赫著，陶娟译，中国人民大学出版社，2017。如何写出好看、富含信息以及受市场欢迎的调研、采访、人物特写、评论、新闻报道、观点文字、博客等文章，这本书给予读者一站式指导。读这本书，能学会连续、聚焦、清晰地写作，为想要写的文章选择恰当的结构，把叙述与事实在文中无缝衔接，像专家一样发言等。

⑧《从生活到小说》，［美］罗宾·赫姆利著，郑岩芳、冯芃芃译，中国人民大学出版社，2018。如果你从小就善于撒点无伤大雅的小谎，做做白日梦，或是惹惹麻烦，那你长大后很可能会成为写故事的高手。要知道，白日梦、谎言、各种麻烦事，这些恰恰就是小说所要描写的。赫姆利自认是从生活中窃取素材的"骗子""小偷"。这本书中讨论了从如何记录日常生活、激发创意到如何用真实的逸闻趣事、用真实的场景与人物进行有效创作等众多话题。如果想写好小说，不论写的是不是真实生活，你都要善于运用自己的想象力。如何运用自己的想象力？不能仅是忠实地记录生活经验，还需要主动改头换面，这就是运用自己的想象力。

⑧《小说写作：叙事技巧指南(第九版)》，［美］珍尼特·伯罗薇、伊丽莎白·斯著，赵俊海、李成文译，中国人民大学出版社，2017。这本书用大量的、富有针对性的练习，以激发写作者的写作动力和创造力。这本书里有丰富多样的当代短篇小说，因为阅读这些能激发灵感的小说，会启发人们创作出新颖而精彩的作品。

⑧《来稿恕难录用——为什么你总是被退稿》，［美］杰西卡·佩奇·莫雷尔著，李琳译，中国人民大学出版社，2018。优秀的作品都是独特的，然而都又有诸多共同之处——牵动我们的情感，激发我们的想象力，并且令我们难以忘怀。而糟糕的小说、故事和回忆录，也有它们的共同之处，譬如无聊的对话、牵强的人物等。作者凭借多年的审稿与创作经验，分析了大多数写作者会犯的特定类型的错误，包括乏味的情节、失败的悬念，以及关键场景中的无效对话等，并告诉读者如何

改正。

⑧《童书写作指南》，[美]玛丽·科尔著，王路瑾译，中国人民大学出版社，2018。童书大概只有 400 多年历史，因为成人知道了童年读书的重要性，所以童书让出版市场更加繁荣，竞争更加激烈。资深图书经纪人玛丽·科尔分享了她在童书写作方面的专业知识，包括教读者如何辨别不同年龄层的童书读者之间的差异，以及改变读者的创作；如何根据读者群为书稿量身打造基调、长度及内容；如何避免在人物、故事创意、情节结构及更多方面的常见错误及陈词滥调；如何想出能够触动读者心弦的小说主题及创意等。

⑧《心灵旷野：活出作家人生》，[美]纳塔莉·戈德堡著，孙玉婷译，中国人民大学出版社，2018。"写作是一个裂缝，从这里你可以钻进一个更广阔的世界，进入你的心灵旷野。"纳塔莉·戈德堡是"写作禅"的创始人，倡导"用写作来修行"，1986 年出版代表作《再活一次：用写作来调心》，成为北美教授写作和写作治疗的必读经典。她认为，在你找到自己的写作方式和风格之前，写作练习的训练是帮助你进入写作、熟悉写作基本形式的非常好的方式。写作练习就像禅宗里的冥想一样，需要你长期坚持做下去。写作练习让你注意到你的心灵，并相信它、理解它，这是写作的根本。掌握了根本，你就可以写任何东西。作者用这本书告诉读者：做你自己，尽情呼吸，尽情生活，还有别忘了写作。无论如何，坚持写就对了！

⑧"会写作的大脑"系列（共 4 本：《梵高和面包车》《怪物大碰撞》《33 个我》《亲爱的日记》），[美]邦妮·纽鲍尔著，中国人民大学出版社，2018。这是一套创意写作练习册，有 389 个让你马上开始写的创意练习，这些练习把写作变成游戏，让大家从不同的视角写作（超级英雄、卡车司机），用不同的声音说话（嘶哑的长颈鹿、某地的方言），体验不同的情绪（惊吓、欣喜），去往不同的地方（农场、闹鬼的城堡），试验和探索不同类型的写作。只需要跟着练习，写满 10 分钟，或者写满整页纸，保持惯性，写作就真的会进步。《梵高和面包车》这本书能激发写作者的大脑，使其迅速进入写作状态，实现"想写"。《怪物大碰撞》这本书能让读者从不愿动笔，到跃跃欲试，实现"敢写"。《33 个我》这本书能让读者学会观察和表达，把生活写成故事，实现"会写"。《亲爱的日记》这本书能让读者重新爱上写作，根本停不下来，实现"爱写"。

⑧《奇妙的创意写作：让你的故事和诗飞起来》，[美]卡伦·本基

著，唐奇译，中国人民大学出版社，2019。作者用100个妙趣横生的写作实验，邀请读者加入这场冒险之旅中！为了激发灵感，卡伦在沿途精心设计了六种路标："创意实验"提供了不同主题的"自由落体式"写作实验；"迷你回忆录"将收集你记忆中的闪光片段；"忽然想到的故事"用来探索快乐、悲伤、焦虑、同情等感觉和状态；"认识你自己"让你发现自己身上令人惊喜的一面；"脑洞清单"会在卡壳的时候帮你重启想象力；"定义解码器"将介绍各种新鲜有趣的写作概念和技巧。

(87)《人物与视角：小说创作的要素》，［美］奥森·斯科特·卡德著，李菱、郑炜译，中国人民大学出版社，2019。这是当今美国科幻界享有极高声誉的作家奥森·斯科特·卡德的一部经典写作指导书。作者想用一套文学创作工具，撬开读者想象世界的闸门，让读者雕刻出鲜活生动的人物。读了这本书，你一定会清楚如何从不同的素材中提炼和刻画人物；如何让人物通过语言、行动展示出各自的性格；如何创造出令读者喜爱或讨厌的人物；如何区分主要人物、次要人物、过场人物，并恰到好处地呈现他们；如何选择有效的视角，揭示人物性格并推动故事发展；对人物思想、情感及态度应探索到何种深度等。

(88)《回忆录写作》，［美］朱迪思·巴林顿著，杨书泳译，中国人民大学出版社，2014。这是一本讲述回忆录写作技巧的指导书，作者一步一步地指导读者如何动笔，找到自己的写作类型，讲述事实，运用非虚构写作技巧，扩展语言能力，开发感性细节，记述活着的人，将你的故事置于一个大时代背景中以及如何避开常见的陷阱。每章都附有详细写作练习。

(89)《来玩写作的游戏(第一、二、三辑)》，沈惠芳编著，北京少年儿童出版社，2013。这是我国特优语文教师沈惠芳毕生教学经验。只要你打开这套书，不管在什么地方，随时可拿出笔，写写、画画、玩玩，写作就这样开始了。因为我们的生活中，处处都蕴含着文章，用我们的心去体会，用我们的眼睛去观察，用我们的耳朵去聆听，用我们的双手去挖掘宝藏，用我们的大脑去思考，我们就能编织出一篇篇精彩的文章，我们也可以成为一位大作家。

(90)《想入非非：脑洞大开的9个创意写作实验》，钱莊著，浙江大学出版社，2016。写作，首先是创意的事儿。那写作的创意又从何而来？是天上掉下来的吗？创意需要天赋，而所谓人的天赋恰恰就是人的想象力。把想象力培养好了，创意也就有了，好文章也就有了。

⑨1《你能写出好故事：写作的诀窍、大脑的奥秘、认知的陷阱》，[美]丽萨·克龙著，秦竞竞译，陕西人民出版社，2014。大脑在其接触到的每一个故事中寻求什么？是什么造就了一个好故事的成功？又是什么吸引着读者使其欲罢不能？设想一下这些问题的答案。这本书是以脑神经科学领域的最新突破以及来源于小说、剧本和短篇故事的诸多实例为支撑，以大脑的体验为切入点，用革命性的视角对故事进行剖析。锁定大脑的认知特性，告诉读者如何写出最吸引人的故事。

⑨2《这样写出好故事——玩转情节与结构，写出会咬人的好故事》，[美]詹姆斯·斯科特·贝尔著，苏雅薇译，湖南文艺出版社，2017。卡夫卡说："我们应该只读那些会咬人和蜇人的书。"只有好故事才会折磨读者！读者或观众喜欢一本小说、一幕戏的原因只有一个：好故事。而情节和结构是好故事的基础，只要情节够精彩、结构够完整，就能成功将读者带入全新的世界。他在书中教给我们的包括好情节的原则：LOCK系统；好结构的秘密：三幕＋两扇门；强劲紧凑的开头、中段、结尾写法；创造难忘场景的四道和弦；利用角色弧线增加故事层次与深度；激发创意点子的20种方法；大纲人与不大纲人的情节编排手法；常见的情节问题与解药。

⑨3《汉语写作学》，徐振宗、李保初、桂青山编著，北京师范大学出版社，1995。这是高等院校中国语言文学专业的教科书，系统讲述了汉语写作原理、写作过程、写作技巧、写作文体。书中介绍的皆为常识、资料。书中有一句话说得好："所有的文章都是为读者而写。"

⑨4《新课程小学作文教学》，朱水根著，高等教育出版社，2006。这本书主要内容有：作文新课程的理念、作文教学的理论关注点、作文教学的实践与探索、写话与习作教学的经验与方法、作文活动教学设计、作文教案的研制、作文教学评价等。这本书其实是对新课程改革前的小学写作教学做了一点梳理。

⑨5《小学生如何写好作文》，梁晓声著，青岛出版社，2015。这是大作家写给小学生的作文书。作家认为，每一个小学生都有能力，关键在于激活感性思维脑区。充分展开想象，小学生作文可以也达到文学作品的水平！整本书共13章，相信作家，你的文章就会有声有色。

⑨6《作文教学与叙事治疗》，张嘉真、杨广学著，台南五南图书出版公司出版，2006。这本书是从心理与教育的立场出发，将"语文"分为语言、文学、人文三层次，逐一探究造成作文表达困难的因素，继而以中

西融合及跨领域方式，从本文心理治疗体系，到东方禅学的教育思想，以理论结合实务应用，证明作文教学必须从“心”开始。因此教育者应该积极关注人我关系，在作文教学中为儿童搭建一个可以解读自我、情感、思想的舞台，引导唤起写作主体的内心感受，并用自己的话讲述个人的生活故事，希望经由故事而产生自觉，从而改变行事中错误或偏颇的认知，成就其有意味的人生。

(97)《写作教学内容新论》，叶黎明著，上海教育出版社，2012。这本书将写作教学内容置于课程论的研究视域中讨论，从课程、教材、教学三个层面落笔，对“写作教学内容”进行了追本溯源的思考，是对中学语文写作教学现状的分析梳理。作者以“课堂”作为研判写作教学事实与问题的立足点，为纷繁芜杂的写作教学问题提供了一种解释框架，并把写作教学内容作为检视、反思、考量写作教学实践的靶向。

(98)《打开童书学写作(一至六年级)》，王鸿主编，浙江少年儿童出版社，2013。这个编写团队，旨在落实“多读书，好读书，读好书，读整本书”。低年级以图画书为主，中年级以童话为主，高年级以小说为主，通过读来促进写。

(99)《教师教学写作 360°》，周一贯著，宁波出版社，2016。这是一位著名特级教师 60 年教学写作的经验之作！这本书从“从‘写作时代’的新视野看教学写作”，“从叙事风格的新表达说教学写作”，“从教学笔记的新功能探教学写作”，“从日常应用的新拓展理教学写作”，“从教学论著的新界定议教学写作”，“从写作技巧的新视角思教学写作”，“从教学信息的新运作促教学写作”七个方面详述教师教学写作，这是教师专业成长实用性较强的书。

(100)《作文教学论集》，张定远编，新蕾出版社，1982。这本书全是名家写作心得，他们分别是叶圣陶、朱自清、吕叔湘、老舍、冰心、吴伯箫、韩昌黎、张志公、朱德熙、蒋仲仁、刘国正、张寿康、黄光硕、沈蔚仲、于漪、周韫玉、章熊、李肇兰、求是、刘朏朏、高原、张定远等，一本旧书，常常翻起，很多探讨永不过时。如吕叔湘先生对什么是真实的解读，什么时候都是新鲜的。吕先生说：“真是真情，是本质。实是实况，是外貌。实是真的基础，真是实的提高。真比实更重要，可是离开实也很难得到真。画像有貌似与神似之分，貌似是实，神似是真。顾恺之给人画像，最后在脸颊上给人添上三根寒毛，这个人立刻就活起来，然而要是他没有先把脸形画得差不多，光有那根寒毛也活不起来。超现实主义者在实外求真，多数人接受不了。"

⑩"著名儿童文学作家新写作秘籍"系列，共七本书，分别是：《狮子座兔子的自白》张秋生著，《从马尾巴画起》庄大伟著，《一只笑着写作的公鸡》刘保法著，《随风飘来的歌》朱效文著，《我怎样摇我的童话果树》周锐著，《做布娃娃和写布娃娃》郑春华著，《踮起灵感的脚尖》桂文亚著，少年儿童出版社，2011。这是七位作家联合打造的一套写给学生的写作书。读这七本书，学生能了解到儿童文学作家是怎么写作的。教师们也能找到一些儿童写作教学策略。

三、开一个能展示自己阅读与写作教学过程、成果的公众号

现在是自媒体时代，是一个只要你愿意，就可以爱上阅读与写作的时代。2012 年，智能手机的普及，微信时代随之而来。可以说现在的教师，离不开微信了。最早开微信公众号的教师，每天在上面展示自己思考的教师，几年下来，让很多人变了。

我一直认为，所有的语文教师都应该开设一个公众号。如果每位语文教师真开了公众号，每天用点时间来打理一下，坚持几年，这个教师能收获什么，这是很难预测的。

肯定有人说，这是不可能的，教师哪有这个时间呢？我是一线语文教师，带语文课、道德与法制课、综合实践课，每周两次早自习进班看学生读书，每周两次中午自习，还有其他的活儿。我可以说，我没有比任何一位语文教师少做活儿。我 2017 年 3 月 20 日以"高子阳"开设了微信公众号（现更名为"第一语文"，因为语文是第一位的），以每天读一本书的方式记录我的读书生活，我对统编本小学语文教材的解读，这里面还会不定期地展示我的学生作文，展示我对语文教育、家庭教育等的思考。运行至今，没有感觉到累。收获了什么？相信看过我公众号的教师，一定能感受到。

语文教师每天打理一下公众号，要不了多少时间。教师把自己的教学过程，把自己的读书情况，把学生的作品等，放在这里，是一种记录，是一种教师真实生活的反映。因为公众号的公众性、开放性，全体学生的作文经过全面多次展示，肯定能够促进他们写出更好的作品。

第 11 堂课　有几件事需要教师细琢磨

一、琢磨"先教再写后评改、边教边写即评速改、先写后教再评改"这些事

（一）先教再写后评改

一次课内习作教学流程，大多如此：写前指导 20 多分钟，学生写草稿，简单修改誊写，教师一本本批改并写上大而化之的批语，把作文本拿到教室，学生看看，教师简单地评说一下（有的教师读两三篇好的学生作文），一次习作教学结束。

这是许许多多语文教师采用的教学模式，而许多语文教师从三年级教到六年级，始终用这种模式。这些年，只要你参加作文教学研讨活动，反思听到的公开课，95％以上的习作课堂采用这种模式。

这是我国根深蒂固的写作教学模式。但对小学语文教材上的课内习作话题进行研究，发现很多话题不需要写前那么长时间的指导。不需要那么多的指导，教师如果还要指导，甚至还要花很长的时间指导，说明什么呢？

（二）边教边写即评速改

教一句，学生写一句；教怎么写开头，学生马上写开头，然后根据学生所写立即评改。然后教写下一段，教完学生立即写一段，即评即改。这是最近看到的一种课堂，是教三四年级学生写作的。教学效果很好。但没有发现有教师用此模式教五六年级学生作文。不过，这样的课堂不多见，教师平常会不会用，暂时没有办法跟踪调查。

（三）先写后教再评改

教师快速出示写作话题，不做任何指导，就放手让学生写。然后当堂随机朗读几位学生作品，接着共同倾听名家名作及整本书（一般以同主题的图画书、桥梁书为主，因为这类书可以用 10 分钟左右的时间一气读完），听完后讨论，讨论结束后修改或重新写作，最后批改后再讲评。这种教学模式，常态课与公开课极少有教师使用。

这三种教学模式，没有好坏之分。像"边教边写即评速改"教学模式，非常适合三年级学生，因为写作刚起步，不少学生不知道如何下笔。这样教，是在降低写作难度，让每个学生不畏惧写作。在公开课上，这样教，效果很好。常态课上，这样教，效果也会好的。但此法不可多用。

我国中小学运用最广的"先教再写后评改"模式，是不是相当科学呢？我个人觉得，从三年级至六年级，每学期用一次这样的方式来教，是可以的。但次次用，是对学生的不相信。有人专门做过一种研究，即对入学第一天的小朋友进行一个实验研究。研究过程非常简单，就是实验人员发给学生一张纸，让他们开始写作，小朋友会立即拿出笔在纸上写、画，居然没有几个学生问教师写什么，怎么写。不到 10 分钟，学生们交来了作品，纸上无外乎写着名字、一句不怎么通顺但教师读得懂的他们想写什么的话，画个他们自己明白的东西。教师收来"作文"，马上要求学生拿出刚刚课前送给他们的书来读。此时，90% 以上的学生举起手来说自己不会读，不认识字，并说需要爸妈在身边陪着读。专家们经过多年的测试得出的结论是：孩子天生会写，不是天生会读。这一调查研究成果表明"孩子天生会写"，知道自己的写作课堂该做什么。基于此，我们应该对传统的写作教学进行反思。

长期使用"先教再写后评改"模式，就是不相信学生天生会写的教学表现。小学四年习作，教师始终不相信他们会写，始终认为没有自己前面的教，他们肯定写不出来或写不好。这样的习作教学，学生就只能等待着教师来教，因为他们也不知道自己天生就会写，久而久之，教师不在场学生真的不会写了。有的教师会说，期末考试试卷上的作文，没有任何指导学生不也写了吗？是的！这充分证明，你不教，他们能写。后来在《非暴力沟通》这本书中读到，先教再写，教了很多，学生才写，这是一种隐形暴力，是教师在控制着学生写作。学生长期在隐形暴力的状态下接受一次又一次训练，怎么可能会爱上写作呢？

先写后教再评改模式，是许多国家广泛使用的。许许多多的话题，根本不需要什么指导，放手让学生写，绝大多数的学生是会把作品呈现给教师的，哪怕他们写的文章很幼稚，也不怕。但这种模式要求教师预测能力非常强，教师要知道学生先写会出现哪些问题，这样才能针对学生存在的问题去教，学生才能立即认识自己写作中的问题并快速改变。儿童天生会写，不是天生能写好。教师在写作的课堂教什么？就是把一个个学生写下的东西变好一点，让学生能感觉到这种变，清楚自己最初的作品经过教师的教变成了有味道的作品。

二、课内习作教学不能少了四种作品

(一)学生草稿中出现的佳作，教师没有重视和使用

以先写后教的方式教习作，你会发现，其实没有教师指导，也有学生能写出非常棒的作品(每个班都有)，这些佳作其实是"后教"难得的教学素材之一。由于先写后教的习作教学普遍缺失，先写过程中的许多好作品也就没有发挥出应有的作用。

什么时候使用这些作品呢？就是在学生修改文章前，教师大声朗读这些佳作，教师用学生草稿中出现的佳作指导学生，效果肯定超过许多传统的说教，因为本班同学刚刚写下的优秀作品最有感染力，能让许多学生在修改中放弃自己写过的语句甚至整篇文章，因为没有哪个学生不想立即缩短与优秀同学之距离。

比如，教学生写日记，我发现到李心缘的文章非常有意思。

我没有孩子
李心缘

昨天夜里，我做了一个梦，梦见了我和老婆在一起养了一个孩子。我的这个孩子聪明、开朗。

我送孩子去学校读书，到了校门口，对他说了一句再见，他每次都非常有礼貌地对我微笑。

不知不觉，我的孩子上了大学，但是不知怎么回事，我却躺在了床上，一动也不能动，原来我出了车祸，非常严重。

我吓得赶紧睁开眼，立即走到外面看了看，一切正常。我笑了，这是一场梦，我是三年级的小孩子，我哪有孩子呀！

这是非常精彩的一篇日记，学生修改文章前不读给他们听，可惜了！我大声读起来，学生边听边笑，多少同学再看看自己的日记，觉得自己的日记一点都不好玩。

学生书写草稿的过程中，教师要睁大眼睛去寻找，千万别放过学生快速写作中出现的精彩，大声读给其他同学听，是非常棒的修改策略。

（二）教师的课内习作作品，学生看不到

常态化的课内习作教学，学生在课堂上写草稿时，我会给学生创造一个非常安静的写作环境，我从不巡视。学生写，我也写。哪怕某册教材被我教了多次，每一次我都要现场写一篇。有人说道，这叫下水文。我从不这么说，我把每一次的这一写作称为"我的创作"。

有好多教师说某某课内习作教材编得不好，其实我坚守着这样的写作，发现所有的题目不是不好，是我们教师没有真爱，因为世界上永远没有最适合学生写作的题目，与学生同写，能让学生发现，不管什么题目，教师都能拿出不一样的作品来。而我的每次写作，其实是给学生一个榜样。我知道，我的作品达不到名家的水平，但与所教的学生比，还是能够起到"师"之作用的。多年实践证明，学生非常喜欢听我的作文，原因是我非常用心地写着每一次课内习作。因为我的不同，也让更多的学生看到我的视角，这对于学生来说很有启发性。

在课内习作中展示我的作品，一开始是我读给学生听，让学生评。后来，我让学生来读我的作品。这对于学生来说是一种"奖赏"。他们觉得大声朗读高老师的作品，真的好幸福！

比如，要求学生选择假期感受最深的一段生活经历写一篇作文。30分钟，我完成的作品如下：

双彩虹与缺氧

2016 年暑假，我去过邯郸、张家口、伊春、厦门、铜仁、伊犁……最难忘的注定是西藏之行。

我在课本中教过西藏，还唱过关于西藏的歌，看过一些作家写的西藏散文。知道那里的天非常蓝，如一颗晶莹的蓝宝石；知道那里缺氧，很多人去了有高原反应；知道那里牦牛很多；知道布达拉宫的巍峨……"纸上得来终觉浅，绝知此事要躬行。"

一下飞机，立即感受到那里的天，真的蓝。就像在《拉萨的天空》这篇课文学到的一样："人们说话的声音能碰到蓝天，伸出手来能摸到蓝天。有人说'掬一捧蓝天可以洗脸'。"

坐上中巴车，疾驶于高速公路之上，我们的第一夜将住在拉萨市。高速公路两旁是连绵起伏的山。昆山只有一座山，他们把这座小山打扮如小姑娘似的。我突然明白，昆山人为什么如此爱这座海拔只有八十多米的小山了，因为只有一个。

明明是艳阳天，过了一个山头，居然有小雨飘来。拉萨的朋友告诉我们，这就是拉萨独特的天气。他们还说，今年的八月比往年的八月雨水多，雨水多给拉萨带来了多年难有一种美，那就是空气中的氧气含量比往年多了 5%。突然，一位同行的老师叫了起来："彩虹！"我们随着她的声音看去，好多年没有看到彩虹了，真美！拉萨的朋友随后提高声音告诉我们，请大家再转过头看一看，那是双彩虹。

"天啊！这个世界还有双彩虹！"我赶紧拿起手机，把人生第一次见到的双彩虹拍摄了下来。

"在拉萨也不是经常可以看到的，只有贵客来，天空才会奉献出这一美景迎接大家的到来。"会说话的拉萨朋友把全车人都逗笑了。

因为第一次去拉萨，拉萨朋友考虑到我们的健康，反复提醒我们拉萨温差很大，人不会出汗的，来拉萨一定要先适应，特别是前三天不要快速行走，不要运动，一定不要洗澡，否则会出现非常严重甚至危及生命的事。我遵守着拉萨朋友的提醒，到了宾馆，简单洗漱，吃了晚饭，就立即躺下休息。

这一夜，我没有感觉到一点幸福。睡不着，怎么也睡不着，不是因为到了一个新的地方高兴得睡不着，而是心脏跳得很厉害，呼吸加速，总觉得生命要终止似的，最难受的是头痛、头胀。医生在我们休息前提醒过，如果感到难受，一定要打电话给她。我觉得，这没有什么，不能半夜里麻烦别人。总算到了天亮，难受逼着我敲开了医生的门。医生看我的样子，立即让我吸氧，吸了 20 分钟，好受多了。

氧气真神奇！20 分钟，就让我回到了阳光里。

吃好早饭，我们要经过羊湖去一个城市。路不远，但车难开，全是山路。在车上，我们经历了八个小时才到目的地。一路上，我还是呼吸不畅。到了目的地，赶紧去诊所。吸氧，打了三瓶水，活泼的我重新回来了。这是我人生第一次缺氧体验。

西藏之行，值得我书写的事还有很多，双彩虹与缺氧，这只是刚到西藏的经历。最美的西藏经历还有好多篇文章呢。

我一口气在电脑上打下一千多字，同学们停下笔，我也结束了。我立即把文章展现在大屏幕上，他们看着、听着，都感到惊讶，不时地还给我掌声。听完我的文章，我让他们修改自己的文章，许多同学放弃了草稿，重新写了起来，因为我的文章把他们引入另外一种写作之中——真实地写出自己独有的暑假生活。

（三）以前学生所写的同题好作品，学生读不到

自从教了语文，我就特别重视收藏学生的作品。我觉得这些作品肯定有用。如让学生回忆并写下与父母之间有趣的小事。我的电脑中有许多篇以前学生的文章，课堂上，我选择下面一篇读给学生听。

妈妈把我逗笑

汪芷伊

笑，一个多么好的字眼啊！我们从小到大一定被许多人逗笑过无数次，而在这些人中，有两个人把你逗笑的次数最多，他们就是你的父母。现在，就让我来给你讲讲我妈妈把我逗笑的众多经历中的一次吧！

那是一天晚上，我洗完澡后与妈妈一起躺床上看书，她看哲学类的，我看童话。

突然，"噗噗噗"，被窝里传出了这样的声音，我立刻意识到——有人放屁！不对，应该说，是妈妈在放屁！

"咳咳，"我假装咳嗽了两声，"说吧，妈妈，你放屁是不是对我有意见？别瞒着我了！"

"孩子，"妈妈放下了手中的书，"我这不叫放屁，而是叫……"

"拉风！"妈妈脸上露出了微笑。

"啊？拉风？哈哈哈哈……"我立刻笑喷了，手上的书都掉了。

不管你信还是不信，当时我整整笑了十多分钟。

接着，过了安静的几分钟后，妈妈又开始"拉风"了……

"噗——噗——""噗——噗——"妈妈好"拉风"啊！

"哎哟喂！妈妈，您是不是真的有意见？"我质问。

"没有没有，绝对没有。"妈妈平静地答道。

"不过，"我又放下了书，"你的这几次拉风还蛮有节奏感的嘛！"

"啊，那正好体现了我的风采。"妈妈道。

"什么风采？"

"这你都不懂？这就是音乐家的风采！"

"哈哈哈哈……"我再次被妈妈的幽默打倒。

渐渐的，臭味开始弥漫，这时妈妈又说了一句经典的话，"我的屁的臭味也臭得如此有魅力！"

啊，我彻底被妈妈打倒了！

这是 2014 年 3 月，我带的那届六年级学生写的。2015 年再教这一单元写作，学生完成草稿后，我用 3 分钟读完上面作品，同学们狂笑不止。这一年的习作，因为这一篇习作例文，学生开始放开手脚，把自己与父母之间的许多奇特之事写了出来。

（四）名家作品，在课堂中很少看见

我的每一次课内习作都离不开整本书的阅读。教师们读本书的第 3、第 4 堂课，可以看出我的写作课堂离不开书。我知道学生按照教材要求写下来的文章与作家有很大的距离，这种距离其实就是促使学生成长的一种动力。每一次习作，让学生在课堂上跟着我一起读一本或几本书。三年级至六年级，60 余次课内习作，学生就可以在写作中读完最少 60 余本书，他们的作品会不会变化，实践之后，你一定会清楚。古人云：取法乎上，得其中；取法乎中，得其下。课内习作，取这四种作品，目的是让全体学生在一次次习作中不"得下"，更不能"得下下"。

三、学生作文是作品还是"废品"

辛辛苦苦教了一个学期的作文，你知道这些作文哪去了吗？小学六年级结束，假如一个学期在一个作文本上写了作文，是起码写了 8 本，这 8 本作文本在哪里呢？高中毕业，每个学生都写了很多作文，那么多的作文又去了哪里？

答案是当"废品"处理了！一个学期课上完，学校及主管部门作业检查完毕，期末考试铃声一响，那些课本、辅导用书、作业本、作文本的悲惨命运就开始了。

有的教师将这些本子发给学生，学生带回家，不久父母将其当作废品卖掉了。能保存孩子作文的家庭，千分之一、万分之一都难找。我们

二十多万小学，没有一所学校把学生作文本当作宝物保存的。

这样的现状告诉我们，辛辛苦苦地作文教学，居然制造的都是不值得保存的"废品"。但不得不说，许多作文教学名师的手中却保存着许多学生的作品，并且用学生的作品写出了不少著作。

每个学生所写的每篇文章，都不是"废品"，对于学生来说都是值得保存的作品。从三年级开始，课内外作文如果一篇不少地保存下来，六年级结束，仅仅课内习作就是 60 多篇，放在一起就是一本书。全部读一遍，是否进步，谁都能说得清。手中的 60 多篇文章，能否面对一些考试？不言而喻！这就是保存学生作品的第一价值。教师留存学生的作品有什么用？

一是可以用学生作品去创作，作为一名教师你的作文教学水平如何，通过学生的作品是可以看出来的，你说你教得好，谁会相信？而一本本保留下来的作文本才是证据！教二三十年语文，连百篇千篇学生作文都拿不出，说自己是学生喜欢的语文教师，估计只有自己相信。教师把学生作文变成一本本书，这应该是所有语文教师能做的事。不知道为什么，许许多多的教师就是不做。

二是学校可因此成为世界上真正的名校。我一直建议校长在学校图书馆里开辟一个地方，专门保存本校所有学生的作文，这是了不起的财富！当几十年后学生返校参与校庆等活动，还能发现自己童年的作品，他们感谢学校的方式一定非常独特，而这所学校肯定是世界名校！但我国很多百年老校，有的学校一本学生作文本都找不到，有的只能在校刊中找到个别学生的几篇、几十篇优秀作文。不得不说，这是学校管理上的一大遗憾。

第12堂课　养成写作素养这几项训练少不了

　　长期只教某个年级，是很难整体思考小学阶段习作教学做了哪些事，还有哪些事没有做。即使从三年级带至六年级，很多教师也没有从习作教学整体考虑。我将统编本三年级至六年级的课内习作、习作单元、综合性学习中的"话题名称"做了汇总，大家可以看着题目思考。现在的电子教材很方便，如果把这些内容放在一起去研究，你会发现很多东西。

表 12-1　统编本三年级至六年级课内习作、习作单元、综合性学习中的话题

三年级	
上册	下册
1. 习作一：猜猜他是谁	9. 习作一：我的植物朋友
2. 习作二：写日记	10. 习作二：看图画，写作文
3. 习作三：我来编童话	11. 第三单元综合性学习：中国传统节日（写一个传统节日，写一篇习作）
4. 习作四：续写故事	
5. 习作五：我们眼中的缤纷世界	12. 习作四：我做了一项小实验
6. 习作六：这儿真美	13. 习作五：奇妙的想象
7. 习作七：我有一个想法	14. 习作六：身边那些有特点的人
8. 习作八：那次玩得真高兴	15. 习作七：国宝大熊猫
	16. 习作八：这样想象真有趣
四年级	
上册	下册
17. 习作一：推荐一个好地方	25. 习作一：我的乐园
18. 习作二：小小"动物园"	26. 习作二：我的奇思妙想
19. 习作三：写观察日记	27. 第三单元综合性学习：轻叩诗歌大门
20. 习作四：我和_____过一天	28. 习作四：我的动物朋友
21. 习作五：生活万花筒	29. 习作五：游_____
22. 习作六：记一次游戏	30. 习作六：我学会了_____
23. 习作七：写信	31. 习作七：我的"自画像"
24. 习作八：我的心儿怦怦跳	32. 习作八：故事新编

续表

五年级	
上册	**下册**
33. 习作一：我的心爱之物	41. 习作一：那一刻，我长大了
34. 习作二："漫画"老师	42. 习作二：写读后感
35. 习作三：缩写故事	43. 第三单元综合性学习：遨游汉字王国
36. 习作四：二十年后的家乡	44. 习作四：他_____了
37. 习作五：介绍一种事物	45. 习作五：把一个人的特点写具体
38. 习作六：我想对您说	46. 习作六：神奇的探险之旅
39. 习作七：_____即景	47. 习作七：中国的世界文化遗产
40. 习作八：推荐一本书	48. 习作八：漫画的启示
六年级	
上册	**下册**
49. 习作一：变形记	57. 习作一：家乡的风俗
50. 习作二：多彩的活动	58. 习作二：写作品梗概
51. 习作三：_____让生活更美好	59. 习作三：让真情自然流露
52. 习作四：笔尖流出的故事	60. 习作四：心愿
53. 习作五：围绕中心意思写	61. 习作五：插上科学的翅膀飞
54. 习作六：学写倡议书	62. 第六单元综合性学习：难忘小学生活
55. 习作七：我的拿手好戏	
56. 习作八：有你，真好	

62 次训练，不少！严格遵守着课程标准编写，无可非议。接受这么多的训练，按照道理讲学生应该能爱上写作，统编本小学语文教材使用第一轮实验结束可以看看效果。这些年，我从五十多个国家的母语教材中，发现不少国家的小学写作教学有几项训练很有意思，是我们多年来没有做过或者做得不到位的。

一、写书

美国道尔顿学校堪称美国中小学素质教育的典范，与英国王室子弟就读的伊顿公学一样，美国名流精英亦以自己孩子在道尔顿就读为荣。这所学校创办 20 多年间，所有的学生都进入了美国的哈佛、耶鲁等名校。

一群不安分的孩子被老师带领着，走进图书馆。道尔顿学校的孩子们刚刚入校，这是他们的第一课。

老师从书架上抽出一本书，读一篇著名的童话。

"这本书好不好？"读完之后，老师问道。

"好！"孩子们答道。

"这本书是一个伟大的作家写的。你们谁也来讲一个故事？"

一个小朋友走上来，讲述他创作的故事，无非是"我有一个狐假虎威的爸爸，有一个妈妈"之类很简单的故事。但老师却很郑重地铺开一张纸，很认真地记下这个故事。

"现在，谁为他的故事画个插图呀？"

又一个小朋友走上前，把故事中的人物画下来，显然是"涂鸦"。但老师却取出一个漂亮的封面，把这两面纸装订好，封面上写下这两位小朋友的名字。

老师把"书"高高地举起来，说：

"瞧，孩子们，你们也能写书！只要你们奋斗，什么事情都能干成。你们还小，只能写这种小书，当你们长大了，就能写书架上的这些名著了。你们一定会成为伟大的人物的。"

通过这样自然有趣的办法，老师就能让孩子树立起远大的理想，并且告诉他们，很多看似神秘的东西其实并不是高不可攀的，只要努力，你一样可以做到。

在道尔顿学校的生物课上，会同样生动有趣。

老师抱着一个小兔子走进教室。

"这是什么？"老师问。

"小白兔。"学生们回答说。

"小白兔身上都长了些什么？"

"长耳朵，红嘴唇，这是在幼儿园里就已经知道的嘛！"

"不，不仅仅是这些，"老师说，"你们还应该知道它的生理构造。"

老师便简单地讲了一些与此有关的内容，然后又把兔子举起来。

"我讲的这些，原来的我都还不知道。我是通过观察，又从书上查到的。其实，老师能懂得这些，你们也能懂，甚至懂得更多。下面留一项作业。"

老师留的作业是：放学后，每个同学都去动物园，观察你喜欢的动物，记下它的外貌、动作、喜欢和不喜欢的东西，然后到最近的图书馆去查阅有关这个动物的资料：属于什么科，生理构造等。能记多少就记多少。愿意画画的，可以画下来。下一次上课的内容，就是每个人讲述自己的"伟大的发现"。

可以想象，下一堂课上，是什么样的情景，用妙趣横生来形容肯定不过分。就在这种道尔顿式的情景教学中，道尔顿学校的每个同学都将学到不止一种动物的知识。最重要的是，他们一边玩耍，一边自己发现了这些知识，因此有足够的兴趣将此学习持续下去。

这个案例可以直指我国中小学写作教学中存在的一些问题，面对这些问题，我们可以立即改变的恐怕只有——人人可以写书。

怎么去写书？下面是我的一堂课。

《图书馆老鼠》教学实录

教学目的：一是通过这本书的阅读知道"人人都是作家，我是作家"，知道人的第一本书应该写什么，知道要接二连三地写下去；二是清楚"我要写书了"，并开始尝试写书。

适宜年级：四至六年级

教学过程：

一、用身边最熟悉的内容，聊创意

师：亲爱的同学们，第一次见面打个招呼——大家好！

生：老师好！

师：我先简单介绍一下，我叫高子阳，来自昆山，你们可以叫我高老师。我来四川两次了，但成都只来过一次。就是那一次，让我喜欢上武侯祠、杜甫草堂、都江堰（我快速写下这三个地名）。同学们猜一猜，我为什么喜欢这三个地方？

生1：因为你就是喜欢这三个地方。

（同学们笑了）

生2：因为这三个地方很美。

生3：因为这三个地方都有名人。

……

师：除了大家所说的原因外，想不想听听我的答案？

生：想。

师：我为什么喜欢武侯祠呢？因为这是纪念诸葛亮的祠堂，这是三国圣地，是中国唯一一个君臣合祀的祀庙。诸葛亮非常有智慧，点子多，是富有创意的大臣。（板书：智慧和创意）

同学们点点头。

师：我为什么喜欢杜甫草堂呢？因为杜甫是一位诗人。什么是诗人？

生：诗人就是写诗的人。

（同学们笑）

师：对。

生：诗人就是作家。

师：诗人的确是作家。

师：诗人的解释有很多很多种，我找到过150多种呢！不过，我最喜欢古希腊人的解释，"诗人就是创造者"，也就是说杜甫草堂里面充满了创造，杜甫是位非常有创造力的人（板书创造）。其实，关于诗人，我们四川还有一个地方非常特别，那就是江油市，这里有李白的墓碑，你们知道吗？

（个别同学说知道）

师：你知道这个墓碑刻着什么字吗？

生：不知道。

师：这个墓碑上刻着四个字——"真诗不死"（板书）。李白的很多诗，大家会背，是不是真的？为什么真诗不死？

生：真的诗大家都喜欢，所以不死。

生：告诉我们不要写假诗。

师：写下真的东西，就是用文字去创作。（板书：创作）

师：我为什么喜欢都江堰呢？因为都江堰是世界上非常了不起的工程，李冰和他的儿子修建了这项工程，让四川成为真正的天府之国，这是多么了不起的创造呀！

师：我喜欢这三个地方，就是因为这三个地方充满着创意、创造。如此充满创意，作为四川人应该为这一切鼓掌。

（同学们的掌声响起）

二、在思考中寻找——"我"就是"作家"

1. 师：谁能让鸟儿像人一样说话，让狗儿像人一样做事？

生：科学家能让鸟儿像人一样说话，让狗儿像人一样做事。

生：我能让鸟儿像人一样说话，让狗儿像人一样做事。

师：你真的很厉害！你肯定能！还有谁能？

生：我也能！

（大家一起说："我也能！"）

2. 师：谁能让大树跟人说话，让片片树叶有人的灵魂？

生：我能让大树跟人说话，让片片树叶有人的灵魂。

（板书：我）

师：还有谁能？

生：文章里的大树能跟人说话，片片树叶有人的灵魂。

师：这样的文章、书籍是谁写的？

生：作家。

（板书：作家）

（整体出示）

3. 师：谁能让一条鳄鱼站着走路、玩玩倒立、把尾巴挂在树上荡秋千？

4. 师：谁能把捡来的鸡蛋变成恐龙蛋，并孵化出霸王龙？

5. 师：谁能让小熊、小象、小老鼠品尝到月亮的味道？

6. 师：谁能让讨厌的、被人人喊打的老鼠变得可爱无比？

7. 师：谁能创造出世界上永远没有的动物，谁能让死去的万事万物复活？

......

师：同学们太棒了！你们看，我们能让鸟儿说话、狗儿做人事、大树说话、片片树叶有感情、鳄鱼走路、鸡蛋变成恐龙蛋、小熊能品尝到月亮的味道……说明我们都会写有创意的文章与书了。

师：我这儿还有一组问题，请大家继续思考。（问题整体出示）

1. 什么是作家？

2. 你知道哪些作家？

3. 你喜欢哪些作家？

4. 你认为自己是作家吗？

5. 你相信自己能成为作家吗？

6. 人人都能成为作家，你觉得对吗？

7. 什么样的人才能成为作家？

（生看完问题后一一举起手）

生1：我来说说什么是作家？作家就是写文章的人。

师：你现在正在读五年级，写过多少文章了？

生1：好多好多篇了！

师：你真的非常棒！按照你的说法，你就是作家。我们一起给这位作家鼓掌。

（掌声响起）

生2：我知道好多作家，比如杨红樱、沈石溪、曹文轩等。但我最喜欢杨红樱，特别喜欢她创作的马小跳。

师：杨红樱是我国儿童文学作家，是四川成都人。2010年就成为中国作家富豪榜首富，当时她的作品的销量已超过5000万册，并被翻译为英文、韩文、泰文、德文、西班牙文等。这是我们四川人的骄傲，她也是一位很有创意的作家。

生3：我最喜欢沈石溪，我特别喜欢他写的《狼王梦》。这部书讲了荒原群狼，雪山金雕。母狼紫岚为了将自己的后代培育成狼王，宁愿牺牲自己，与金雕同归于尽的故事！

师：你记得真清楚！真是沈石溪的粉丝，掌声应该主动响起！

（掌声）

生4：我也最喜欢沈石溪，我最喜欢《最后一头战象》。这部书讲述了一头老战象知道自己快要死了，独自走向了百象冢，太感人了。

（掌声自动响起）

师：我也非常喜欢沈石溪。这位作家也与我们成都有关。沈石溪，是上海人，1968年初中毕业到西双版纳傣族村寨落户。他会捉鱼、会盖房、会犁田、会栽秧。1975年应征入伍，当了兵，在云南边疆生活了18年。1992年调任原成都军区创作室。他特别擅长写动物小说。

生5：我认为自己是作家。

师：为这位作家鼓掌！（掌声）你写过的作品，你的老师、同学肯定知道。写多了，我有可能也会读到你的大作。

生6：人人都能成为作家，不可能！

师：说说原因。

生6：我的爸爸、妈妈就没有成为作家，但他们肯定也会写文章。

师：有道理。是不是你的爸爸、妈妈从来没想过要成为作家？

生6：有可能吧！

生7：我觉得人人都能成为作家，这句话是对的。而实际上，很多人是成不了作家的，作家得写很多很多东西。很多人做不到！

师：你真的好厉害！只要你愿意，只要你愿意多写，每个人都有可能成为作家！大家想想自己读过的书，看看作家都有哪些特点？

生：作家特别会想象。

师：这是必需的。

生：作家知道的词语非常多。

师：这同样是必需的。

生：作家都会创作。

师：这点非常重要，如果你抄袭别人的作品，模仿别人去写东西，永远成不了作家。还有吗？接着说。

生：作家都知道自己的作品适合哪些人读？

师：这就是作家写作必须考虑读者。其实你们写作也应该考虑读者，不能只把你们的语文老师、同学、父母当成读者。还有吗？

同学们都摇摇头。

师：想不想知道我的研究发现？

生：想！

师：通过我的研究，我发现作家有个特点——

（点击课件）——必须写书！

生：这算不上作家的特点，肯定有很多作家没写书的。

师：特别喜欢反对我的学生，既然你反对了，举个例子，让大家听一听。

生：（想了想）想不起来。

师：因为高老师读的书不够多，从我所读过的中外著作来看，包括每年获得诺贝尔文学奖的作家，人人都写书了。比如，2012 年诺贝尔文学奖获得者莫言，就写过好多好多的书。我的这一发现，无法保证是完全正确的，希望你继续读书，说不定能找到例子！

生：我找到了，前面不是说我们都是作家吗？我们全班同学没有一人写书的。

（同学们立即响起了掌声）

师：反对好像很有道理。我来反驳你，其实你们都写书了！如果你把三年级到现在所写的文章都拿出来，设计一个封面，排好目录，装订起来就是一本"书"！

生：（孩子们惊讶了）真的哟！

师：是真的！我们人人都会写书的。有一个问题，想请大家继续思考，你们认为写文章容易，还是写书容易？

生：写文章容易。

师：同意这一观点的同学举手。

（全班只有一人没有举手）

生：你为什么不举手？说说原因。

生：我认为写书比写文章容易。

师：为什么？

生：（想了想）我说不出来。

师：你的观点与我一致。虽然那么多同学认为写文章比写书容易，但我不赞同。你找不到原因，我来帮助你。有可能其他同学也会因此而改变自己的看法。

三、大声朗读一本书——人人真的能写书

师：（请看大屏幕）下面我给大家读一本书，相信大家会喜欢的。

（屏幕出现《图书馆老鼠》）

师：有谁读过这本书？

（同学们都摇摇头）

师：这是一本图画书，是一本非常有趣的图画书。请听——

图 12-1　图书馆老鼠

图书馆老鼠

（［美］丹尼尔·柯尔克文/图，阿甲、何敏译，中国少年儿童出版社，2013）

师读：山姆是一只图书馆老鼠。他的家在图书馆墙角的一个小洞里，就在少儿工具书架的后面。他觉得生活真的很棒。

白天，图书馆里到处都是人。人们在过道里走来走去，读书、借书、还书，在电脑上敲敲打打。这时，山姆蜷曲在他的小洞里，睡得正香。晚上，人们都回家了，房间里黑黑的、静静的。这时候，图书馆可就是山姆的了。

山姆每天晚上都在读书，他读啊，读啊，山姆读图画书，也读分章节的故事书。他既读传记和诗歌，也读教人做饭的书和有关运动的书，他还读神话故事，鬼怪故事，还有谜团重重的推理小说……他读了成堆的书。

山姆的脑子装得满满的。他知道很远的地方发生的事情，还能在心中画出那里的模样。丰富的想象，奇特的幻想，在他的脑子里都快装不下去了。

师：同学们猜猜，山姆读了那么多的书，接着他会干什么呢？

生：（齐）肯定会写书。

师：你们都有了作家的资质了！

师读：一天晚上，山姆决定，从这天起他要写一本自己的书！

山姆从图书馆馆员的桌上拿来几张方纸片，折成书页的样子。他又找到一支滚到书架底下的铅笔，开始写起来。"写你熟悉的事"——这是山姆在一本讲"怎么写作的书"上读到的。所以，山姆就写"身为一只老鼠的经历和感受"。为了给自己的书画插图，他就在小镜子前摆好姿势，然后把看到的样子画下来。

师：为什么山姆不写陌生的事，胡乱想想的事呢？

生：熟悉的事最好写。

师：你们平时写作是不是也写熟悉的事？

生：有时候是，有时候不是。

师：有时候不是，什么意思？

生：写假的东西。

师：山姆不是这样的。请接着听——

师读：山姆非常努力地写啊、画啊，终于，他的第一本书完成了。他给这本书起名叫《吱吱！一只老鼠的一生》。他在封面上写道："山姆文/图"。他来到图书馆放传记/自传类图书的分区，把自己的第一本书塞到书架上。然后，他回到自己的小洞里，等待着。

师：他在等待什么呢？

生：等人来看。

师：你们真是棒极了！真的都可以做作家了！

师读：第二天下午，阳光透过了窗子洒进了图书馆。

"这是什么？"一个女孩问。她是被老师派来做一篇读书报告的。

"我还从未见过这样的东西！"一位馆员说着，把这本《吱吱！一只老鼠的一生》放到自己的桌上。稍后，她把这本书拿给其他馆员一起看。

山姆决定再写一本书，书名叫作《孤独的奶酪》。他在写这本书的时候，总觉得肚子非常饿。还好，在走廊的垃圾篓旁边，他总能找到足够的面包屑来吃！当山姆画完了所有的插图，他一路小跑来到放图画书的分区，把他的新作得意地摆到书架上。然后，他回到自己的小洞里，等待着。

师：他又在等待什么呢？

生：（齐）还是等待读者。

师读：第二天上午，阳光透过窗子洒进了图书馆。

"这是什么？"一个小男孩问。他正在找一本关于卡车的大书。

"这是山姆写的另一本书。"那位馆员回答。

"只是，这个山姆是谁呢？"她心里想着，把这本《孤独的奶酪》放到自己的桌上。

稍后，在说故事时间，她把这本书读给了小朋友们听。

山姆决定写一本分章节的故事书，书名叫作《老鼠公馆之谜》。当山姆写到吓人的部分时，他自己也被吓出了一身鸡皮疙瘩。那天晚上正好是满月，明晃晃的月光透过窗子，照进黑漆漆的图书馆里。山姆悄悄地爬到放推理小说的分区，偷偷地把刚写完的书放到书架上。然后，他回到自己的小洞里，等待着。

第二天，阳光透过窗子洒进了图书馆。

"这是什么？"一位少年问。他正在找一本睡前读的真正吓人的故事书。

"这个山姆是谁？我们必须得查出来。"那位馆员说，"我会在公告板上留张纸条，告诉他，非常乐意见到我们的新作家！"她把《老鼠公馆之谜》放到自己的桌上。稍后，她与放学后来参加写作班的孩子们一起分享了这本书。

那天夜里，山姆发现了这张纸条。上面写道：

亲爱的山姆：

我们图书馆里所有的人都非常喜爱您的书，我们都很好奇。这个神秘的山姆到底是谁呢？不管您是谁，很显然，你非常有天赋。不是每个人都有这种天赋，能写出哪怕是这样的一本书来，更不用说三本书啦！我们想举办一个"作家见面会"，这将会很有趣，而您就是我们的特邀嘉宾！孩子们会很喜欢听您朗读自己的书，并希望能分享您的写作秘诀。

您真诚的朋友——

馆长　福瑞斯特太太

山姆觉得又高兴又紧张。图书馆里的孩子们喜欢他的书，他很开心。他们想要见他，他也感到很得意。可是，让老鼠去见人类？——老鼠通常会非常害羞的！山姆一点儿也不明白："人类为什么会觉得写作和编故事那么困难呢？只要他们愿意试一试，就会发现写作真的是乐趣无穷呀！"

师：请想一想，作家为什么用"害羞"一词而不用"害怕"呢？

（学生在座位上重复："老鼠是害怕人类的，作家为什么用害羞呢？"）

生：害羞很有意思。

生：用害羞更有趣。

师：你们说得很好。你们看看，这两个词，哪个更加精准？

（学生反复读）

生：读这一段看，的确害羞一词用得更精准，因为作家从一开始就是把老鼠当人来写的。

（生掌声）

师：一名真正的作家，精准的用词，那是必需的。词用得精准了，书会更有味的。猜一猜，老鼠会不会见人类？

生：我认为会，因为这只老鼠是作家，人们不会把他打死的。

生：我认为不会的，老鼠真的没有办法见人类，你没听说过吗，"过街老鼠人人喊打"？

师：认为会的举手，认为不会的举手，说不准的就不举手。

（统计结果，一半以上的学生认为老鼠会去见读者，少部分认为不会，说不准的只有一两个人）

师读：山姆有主意了，他来到馆长的桌上，找到一些他需要的东西。整个晚上，他写啊、画啊，然后，剪啊、叠啊，做出了一张张长方形书页，再用订书器把它们装订好，做成了一本本老鼠大小的小书。

早上，当馆员打开少儿借阅室的房门时，门上贴着一张纸，上面写着："今天与作家见面！"山姆做的展品就摆在第一张桌子上，第一个发现它们的是一个小女孩。

"这是什么？"小女孩问。桌上摆着一个纸巾盒，盒的两边竖着两支铅笔，铅笔之间拉着一条横幅，上面写着："与作家见面！"还有一个箭头指向下面。

师：老鼠准备与读者见面吗？

生：（齐）老鼠来与读者见面了。

师：老鼠在哪里？

生：（齐）在空纸盒里。

师：确定？

生：确定。

师：这可是一流作家与三流作家的区别。请听——

师读：小女孩低下头，向那个空纸盒里看去。"噢！"她惊讶地叫起来。原来，在盒子的底部放着山姆的小镜子，在那面镜子里，小女孩看见一张笑吟吟的脸，那不是别人，正是她自己。"我？"她说，"一个作家？"在镜子旁边，放着一堆空白的小书和一排已经削好的铅笔——是山姆用他的小牙齿削的。

师：（同学们都点了点头）老鼠在哪里？

生：老鼠没来。

师：什么是一流作家？什么是非常有创意的作家？你们明白吗？

生：（齐）明白了！

师：与作家见面，就是与谁见面？

生：与自己见面！

师：那谁是作家？

生：（齐）我是作家！

师：声音大一点地说两遍。

生：（齐）我是作家！我是作家！

师：此时，大家都知道了自己是作家，读到这里，你觉得写文章容易，还是写书容易？为什么山姆一直没有写文章呢？

生：（齐）写书真的比写文章容易！

师读：这一整天，还有从那以后的好多天，许多人来到这个小展台前"与作家前面"。不久，人们自己写、自己画的书摆满了整整一个书架。以前他们从未写过一本书，现在，他们都会讲述人们从未听过的故事了！

山姆是一只图书馆老鼠。他的家在图书馆墙角的一个小洞里，就在少儿工具书架的后面。整个晚上，山姆坐在他的小洞里，想了又想：下一本书该写什么呢？一本推理小说？一个冒险故事？一本搞笑的书？还是写一个真实的故事呢？山姆想说的故事实在太多了。"啊哈！"他想好了，"我只要一个一个把它们写下来就行了！"

山姆捡起他的铅笔，开始写起来。

师：故事到这里就读完了。听完这本书，你们有写书的打算吗？你难道不想用自己的双手和大脑，在自己的本子上创作属于自己的书吗？

自己回家想想，开始写书吧，开始做真正的作家吧！下课！

这样教一本《图书馆老鼠》，小朋友就能开始写书了吗？不可能！要让每位学生爱上写书，一定要从课程的角度出发，要给学生上一组关于"写书"的课。

《图书馆老鼠》原本是一本图画书，后来出现了一套以"图书馆老鼠"为名称的系列书（见图 12-2），这套书共有 5 本，而原来的《图书馆老鼠》译名改成了《神秘的作家》，其他 4 本分别是《爱写作的朋友》《探险家莎拉》《博物馆大冒险》《温馨的家》，这五本书都要教，要细教，因为每一本承载的写作智慧是不一样的。

图 12-2　图书馆老鼠绘本系列

《神秘作家》给予学生四种写作思想：一是"读得越多，写得越好"；二是人人都是作家，我也是作家；三是所有人的第一本书最好写写自己，因为写熟悉的内容更有把握，因为别人不知道你，有新鲜感；四是人要接二连三地写书，不能写一本就停止。

《爱写作的朋友》给予学生两种写作思想：一是人不能停止写书，停止了永远不叫爱写作；二是"合作写作"是要明白的事，绝大多数的书需要合作完成，一人负责写文字，一人负责画图。

《探险家莎拉》给予学生两种写作思想：一是真正的作家都要会探险（书，本身就是一种独特的探险）；二是写作永远少不了多种形式的研究，没有研究其实就没有更深刻的写作。

《博物馆大冒险》给予学生三种写作思想：一是一位真正的"写作者"，不能只待在家里，必须要走出去；二是世界本身就是一个超级"博物馆"，看世界，看懂世界，才能写好；三是一定要学会用笔记本记录行走中的发现、不懂、思考等。

《温馨的家》给予学生两种写作思想：一是一个真正热爱写作的人，一定有一个温馨的家；二是家中肯定有很多很多书，家应该是世界上最美的图书馆。

这样教就能让学生感受到"书"的丰富多彩，就能激发学生产生我要写的欲望。一个人会写书了，写文章就简单了。写作应从写书开始，这不是新理念，这是真正能够改变学生写作的理念。

二、写诗

看上下五千年，四大文明古国，最早的文学样式居然都是诗歌。不知什么原因，我国爱诗的人突然间少了。中国青年报记者周易、项南采访了"中国诗电影"计划总导演、著名诗人海啸，他认为："中国当代真正的诗人不超过 100 位。"一个拥有 13 亿人口的国家，原来是世界写诗大国，怎么诗人变得这么少了呢？

古希腊人说：诗人就是创造者。诗就是创造的意思。有学者认为：一个国家写诗的人少了，就意味着这个国家的创造力在减弱；一个国家没有诗人了，就意味着这个国家整体缺少创造力！这不是危言耸听！我曾经读过俄罗斯人寻找到的苏联解体的若干原因，文学家将此归结为诗人在苏联成为稀有品种，因为物欲横流，写诗的人没有办法生存，当时的写诗大国苏联只剩下可怜的 5 个诗人，而这 5 位诗人，在靠政府低保生活着。这让俄罗斯人明白了一件事——"当一个国家诗人没有了，这个国家就不存在了"。这不是笑话。

在 2013 年诺贝尔奖北京论坛上，2006 年经济学奖得主埃德蒙·菲尔普斯非常极端地说："中国已经在短期内弥补了技术方面的很大差距，得到了巨大的成功，但是，我也看到很多工厂，创新力还是零，没有什么新的。"(《诺奖得主：中国年轻人做公务员是"严重浪费"》2013 年 9 月 12 日《新京报》)2014 年 5 月 28 日美国副总统拜登在科罗拉多参加军校毕业典礼时，攻击中国没有任何创新精神。他的狂言，让世界上有很多人在网上骂拜登无知。进入 2018、2019 年，中美贸易问题成了世界第一大新闻。美国打压中兴、华为等中国企业，让中国人、世界上很多人愤怒。为什么？华为产品在 2017 年同类产品中所占份额就是世界第一了，发明专利总量远远超过其他同类产品，其 5G 技术处于绝对领先世界水平。变化真大！我真的不知道华为人是不是也爱写诗歌。

也许你会认为，把工厂创新、民族创新与诗歌放在一起，太滑稽了。其实不然！我们来看看发达国家对于诗歌的态度：英国，在百前年，爱德华·利尔诗集《荒诞书》的出版，没有想到这本书出版不久，让整个英国人爱上了写诗，后来，这本书也成为美国中小学生必读书，我国也将其列为中学生必读书；日本有数以万计的诗人，如今，那么难的俳句仍然让无数日本人投入精力去创作，而日本各地，很多机构每年都会举办大量的诗会，2018 年诺贝尔获奖者名单一公布，2001—2018 年，18 年间，日本居然有 18 人获得诺贝尔奖，世界震惊，不能说日本的创新成就与全民性的爱诗无关；芬兰、荷兰有数千位民众喜欢的诗人。美国在这方面怎样呢？美国每年的 4 月是诗歌月，那时每个学校都要教诗歌，无论你到哪个班级都能看到诗歌。美国小学就开始写诗，但他们学写诗，就像孩子学乐器一样，让孩子"play with language"，就是玩语言游戏。在写诗过程中，学生可以违反一般语法规则。美国考试作文也不考诗歌，但从小学到高中都跟诗歌打交道，有时到了大学也要求写几首诗歌呢！很多教师没有读过《居里夫人的故事》，读这本书你会发现居里夫人特别有意思，童年、青年、老年，都没有放弃写诗，就是去世的那一年外出度假还写了一首诗呢！

全民爱诗、读诗、创作诗，是因为诗有着无穷的魅力，这种魅力就是创造！

统编本小学语文教材在四年级下册的第三单元与综合性学习结合，专门编排了现代诗。编写者想以此培养学生对现代诗的兴趣。该单元共有四篇课文。课文及语文园地中还让学生会仿写一段诗。在综合性学习里，一是让学生合作编小诗集，二是举办诗歌朗诵，三是试着写诗。还试图让学生认识诗歌的特点，记几条关于诗的名言。如此教材下的教学，能否让更多的学生爱上诗呢？只能等一轮实验结束再看了。

诗歌为什么需要好好教，还需要引导学生创作？世界著名数学家、国家最高科技奖获得者、中国科学院院士、国际高等学校科学院院士、复旦大学数学研究所名誉所长谷超豪教授说："在我的生活里，数学是和诗一样让我喜欢的东西。诗可以用简单而具体的语言表达非常复杂、深刻的东西，数学也是这样。"这句话告诉我们，诗歌是用简单而具体的语言表达非常复杂、深刻的东西。这种哲学层面的认识是伟大的，是魅力无穷的。不懂诗歌，不会写诗，其实就是拒绝拥有这种诗的智慧，拒绝那些复杂深刻的东西。这是中国数学家的认识，那外国的专家是怎么说诗的？

托马斯·特兰斯特勒默被当今瑞典称为最优秀的诗人。1954 年第一本诗集《诗十七首》出版，在瑞典引起轰动。1990 年患脑出血致半身瘫痪后，仍坚持写作纯诗。2011 年获得诺贝尔文学奖，被誉为："欧洲诗坛最杰出的象征主义和超现实主义大诗人。"那是因为："诗人把自己耳闻目睹的一切——风、雨、日、月、天、地、人，通过个人文学与哲学的推动力及社会体验，熔铸成一个个独立的整体——诗歌。"他使用许多联想的手段，用很少的字来表达非常强烈的感情。有人说，他 50 年代的诗歌就已经达到了日本俳句的水平。

中外名家观点是如此地一致！用很少的文字，表达复杂的、深刻的、强烈的内涵！面对这一点，我们中小学语文教师明白吗？比如，柳宗元的《江雪》：千山鸟飞绝，万径人踪灭。孤舟蓑笠翁，独钓寒江雪。多年来，我们有的教师把这首诗教成了柳宗元非常孤独（每行中的第一个字组成了"千万孤独"），还说柳宗元在"钓"某种希望。我一直认为这是表层的意义，不是诗歌应有的、复杂的、深刻的内涵。

柳宗元是唐宋八大家之一，他会这么简单地、直白地、单独地言说自己多么孤独吗？虽然这首诗是他被贬永州或柳州（至今没有定论）写的，但这位了不起的改革家，文学上的大家，就这么脆弱吗？多年来，人们一直认为这是一首藏头诗，我个人觉得单独将其理解为藏头诗，太简单了！

柳宗元生于 773 年，安史之乱之后。发生于天宝十四载（755 年）的安史之乱是唐朝历史的分水岭。柳宗元 819 年去世，唐朝是 907 年灭亡的。柳宗元为什么要变革？柳宗元的幼年在长安度过，因此对朝廷的腐败无能、社会的危机与动荡有所见闻和感受。九岁时遭遇建中之乱，建中四年，柳宗元为避战乱来到父亲的任所夏口。年仅 12 岁的柳宗元在这时也亲历了藩镇割据的战火。长大后，柳宗元做了官，因为与王叔文等政见相同，也曾被提拔为礼部员外郎。王叔文等掌管朝政后，积极推行革新，采取了一系列的改革措施，这就是著名的永贞革新。革新的主要措施：抑制藩镇势力，加强中央的权力；废除宫市，罢黜雕坊、鹞坊、鹘坊、狗坊、鹰坊的宦官（称为五坊小儿）；贬斥贪官污吏；整顿税收，废除地方官吏和地方盐铁使的额外进奉等。柳宗元为什么被贬，原因很简单，绝大多数的统治者不愿意变革。而永州或柳州都是个特别的地方，那里数百年也难遇一场雪，偶尔下一场，也很难达到诗中所描写的那个样子。而有学者发现这首诗不是简单的藏头诗，而是镶嵌诗。第一行有个字"山"，第二行有三个字"万、人、灭"，第四行有个字"江"，这五个字可以组合成"万人灭江山！"这是多么深刻的表达呀！这句话什么意思？

唐朝鼎盛时期，天宝年间，全国人口达 8000 万之多，之后较长时间保持这个人口数，而唐朝官民比例一比三千九百多人，上下官员两万多位，改革往往触及的是当官者的利益。柳宗元通过这首诗告诫后人——"万人灭江山"，就是这万名不愿意改革的官员，将让国家灭亡。这首诗表达了如此复杂深刻的思想。

《江雪》这首诗是柳宗元的传世之作，也被称为唐诗中难得的极品之作！如上解释，可让我们读出这首诗真的不一般。有人说，这样理解不对，但从诗无达诂的角度，又何尝不可呢？又有教师说，小学生这样理解太难了，他们根本不懂！布鲁纳说过："只要方法正确，五岁孩子也能学会微积分！"其实，真的不难，小孩子能懂！在教学中，我引导孩子明白了：作为一个家庭，如果父母中的某一位缺点太多，有了问题，一方提出来，另一方死活不听，这个家有可能要破碎，孩子们点点头表示理解；如果你们未来做个老板，有了自己的企业，如果你的职员给你提出建议，你坚决不听，结果会怎样？同学们齐说，这个企业一定会破产；如果你将来做市长，老百姓给你提建议，你坚决不听，将会怎样？……苏教版小学语文教材中，这首诗放在四年级上学期，我把考证的内容在课堂上讲了，学生听得很认真，从他们的眼神里可以判断出他们在思考这首诗。多少诗词，需要我们教得深刻，教得通透。由于许多中小学教师不敢深刻、通透地教，不敢用自己的理解来教，也不敢引导学生拥有自己的思考。这样的现状，不少学生很有可能永远也难以懂得许许多多的诗的价值了。我认为只有深刻地教，学生创作的灵感才能被激发出来，才知道诗歌的创造在哪里。

古诗词要背诵，要大量地积累。但因为限制太多，学生很难去创作古诗词。而对于学生来说，童诗创作是没有任何问题的。因为"孩子是天生的诗人！"而童诗非常好写，是每个孩子都可以写的。怎么带着孩子写童诗？首先带着他们把下面的书读完。

①《需要什么》[意]贾尼·罗大里文，西尔维娅·伯安妮图，赵文伟译，安徽少年儿童出版社，2014。

②《一首能治愈鱼的诗》[法]尚·皮耶·希迈昂文，[法]奥利弗·塔里克图，武娟译，外语教学与研究出版社，2018。

③《你是我的奇迹》，[韩]崔琡僖著，麦田文化译，天津人民美术出版社，2012。

④谢尔·希尔弗斯坦作品集：《爱心树》《阁楼上的光》《一只会开枪的狮子》《失落的一角》《失落的一角遇见大圆满》《一只加长十分之五的长颈鹿》《人行道的尽头》《向上跌了一跤》《谁要一只便宜的犀牛》《稀奇古怪动物园》，[美]谢尔·希尔弗斯坦著，南海出版公司。

⑤《日安课本》，[德]约瑟夫·雷丁著，保罗·雷丁图，绿原译，湖北教育出版社，2003。

⑥《打着星星的灯笼——诺贝尔文学奖获得者与儿童的心灵对话》，泰戈尔等著，冰心等译，湖北少儿出版社，2005。

⑦《当我很小的时候》，[英]A. A. 米尔恩著，任溶溶译，浙江少年儿童出版社，2007。

⑧《向着明亮那方》，[日]金子美玲著，安然译，新星出版社，2017。

⑨《狄金森诗选》，[美]狄金森著，蒲隆译，人民文学出版社，2004。

⑩《百年中国儿童诗选》，谭五昌、谯达摩、谭旭东选编，北岳文艺出版社，2004。

⑪《小蝌蚪想回家——感动小学生的 100 首儿童诗》，陈忠义主编，九州出版社，2005。

⑫"写给童年的诗"系列：《跟在李白身后》（王立春著）、《小哈哈斗哭精》（任溶溶著）、《柔软的阳光》（金波著）、《大肚子蜘蛛》（高洪波著）、《绿叶之歌》（王宜振著）、《小蚂蚁进行曲》（徐鲁著）、《全世界有多少人》（薛卫民著）、《蚂蚁恰恰》（萧萍著），江苏凤凰少年儿童出版社，2017。

⑬世界经典儿童诗系列：《只要好听我就听》（任溶溶著）、《夜里什么人不睡觉》（任溶溶著）、《假使丢了的东西能开口》（任溶溶著）、《三幅

画像》([苏]马尔夏克著)、《没有实现的心愿》([苏]马尔夏克著)、《捡了个烟斗的熊》([苏]马尔夏克著),新时代出版社,2010。

这些书,学生读着读着,就会自动写起来了。如果学校愿意,用这些童书,编写一个童诗课程,一至六年级,每天读一首,与诗为伍。一年下来,每个年级肯定会有很多很多学生写出多首童诗,有些诗甚至可能会超过这些名家的诗。而学校,如果每年能编印学生的诗集,这所学校不就是真正意义上的诗意的校园了吗?

三、写剧本

百年来,我国小学生作文,大概从来没有要求学生写过剧本,也许大家一致认为这一文体不适合孩子。即使全国各地每年都有课本剧表演、比赛,其剧本也大都是教师改写的,学生也许连改写的机会都没有,创作剧本就免谈了。

研究美国小学语文,有一大发现。美国多个州的母语教材居然从小学一年级开始引导学生写剧本,小学六年还多次引导学生写剧本。一年级教材中明确告诉学生剧本是世界上最好写的文章;四年级教材中明确告诉学生剧本是世界上最赚钱的文章,一个剧本一旦被好莱坞采纳,版税你想象不到的高;六年级教材中告诉学生美国历史上真有一位高中生的剧本被好莱坞采纳。好莱坞的大片,大家喜欢与否,不需要我多说。每一次看,就是震惊!好剧本不一定就能拍成好电影,但没有好剧本永远不会有好电影。

我国小学低年级写作叫"写话"。其实剧本也是写话。为什么美国学生爱写剧本,我们的学生对写话没有什么感觉?美国小学一年级的剧本写作教材是怎么编写的?不复杂,就直接告诉学生,把与父母、同学所说的话,分别记下来就行了,如果演一演就知道了,自己所写下来的对话就是剧本。我们小学一二年级也要求学生写这样的剧本,经常玩一玩,演一演,难道不行吗?

这不是说我们的教材编写有问题,教材所编写的"写话"是课程标准的落实,我们的课程标准就是明确要求写话。其实借用剧本的方式,让学生写真正的话,可能比我们课本中的那种写话训练更能让学生感受到写作真的不难。

现在家家有手机，一家人在一起说话，录下来，整理一下，就是一个剧本。隔三岔五地玩一玩，两年时间玩几十次，一二年级的孩子就会因此而爱上写作。这不是理想型的写作教育，这是完全可以操作的引领。

告诉四年级学生剧本是世界上最赚钱的文章，不是让学生拜金，而是告诉学生写好剧本也是养活自己及家人的一个渠道。被采纳的剧本获得的版税肯定是高的，但教师不得不告诉学生简单的一两页的剧本是永远不会被采纳的。这时教师就要带领学生进入图书馆看看一部电影的剧本是什么样子的，一部电视剧的剧本是什么样子的。这么长的剧本，并没有吓倒学生，反而让他们清楚，要写长文章了。所以，到美国考察基础教育的，或者读过黄全愈"素质教育在美国"系列书的，一定会知道美国三年级以上的学生，一篇作文写十页、几十页，那都是正常的。坚持写剧本，能够把文章情不自禁地写长。长文章都会写了，短文写作还会有多难呢？

有教师会问，有没有办法让三至六年级的学生尝试写写剧本呢？看统编本十二册教材，不得不说，教材中没有这个安排。我在前面的课外作文中讲过，用一个学期玩一玩剧本写作是可行的。另外，有一套书叫"可爱的鼠小弟"，我国已经翻译出版 26 本了。如果每位学生能拥有这套书，就可以把这 26 本书中的文字转化成 26 个剧本。写着写着就会知道剧本是非常简单、特别有意思、特别灵活、特别有创意的写作。

当然，很多童书，比如图画书、桥梁书及较厚的书中的精彩片段，也是可以转化成剧本写作的。这样的训练简单而非常有价值，教材、教师、学生都不该拒绝呀！

四、写读书报告、调查报告、研究报告

我国的基础教育对读书报告、调查报告、研究报告等写作一直没有要求，我们只写记叙性文体、说明性文体、议论性文体、应用性文体、非连续性文本的基本样式的文章。我们不做读书报告，只写简单的读后感，像调查报告、研究报告也只是偶尔简单没有什么规范地做一次，这种缺失对我们国家整体性的创造、创新等有没有影响呢？

有人会说，小学生没有必要写这些成人化的文章。这样的观点是不

正确的。美国等许多国家是从小学生一年级开始写调查报告、读书报告、研究报告，每学期或每学年一次，如果不做，未来申请读大学，肯定受影响，这是成长档案中非常重要的内容。这些写作能培养学生哪些能力？读书、思考、科研、发现、创作、创新、解决问题等自主学习、自导学习的能力。

有一本图画书叫《我的绵羊是个大麻烦》。这是一部奇特的书，是一部对于我国学生来说创意无限的书。这本书是英国儿童文学作家珍妮·伯索尔与美国哈利·布里斯共同创作的。(漆仰平译，长江少年儿童出版社，2018)这是书中主人公格斯·W. 的课后作业，主人公完成后将它交给了斯莫林斯基夫人，老师还给出了评语。这是一篇研究报告，是一篇非常特别、非常有趣的研究报告。

《格斯的绵羊研究报告》，从图上看，这不是一篇文章，而是一本书。这本书有哪些文字？书的内容如下：

我最喜欢的宠物是绵羊。我们的院子里一共有 17 只绵羊。17 只绵羊用"绵羊"表示，不用说"绵羊们"。

绵羊男孩子叫"公羊"，他长着一对特角。那特角可除不掉。

绵羊女孩叫"母羊。"如果对她说："嘿，母羊！"她才不答应呢！你就算大喊大叫也没用。

绵羊宝宝叫"小羊羔"。如果你把弟弟和小羊羔换一换，你妈妈可能就会说："萨米怎么被干草盖着？"

要是在绵羊头上裹着睡衣，那他们看起来就会有点儿愚蠢，特别是裹着你的弟弟最爱的那件海豚睡衣。

要是系上围巾，他们也会变得傻乎乎，而且还会把围巾毁掉。你妈妈会说："格斯，那不是你丢了围巾之后，斯莫林斯基夫人借给你的那条吗？"

绵羊住在外面，就算是下雨天也不回家。要是你用一只绵羊当雨伞，你爸爸会说："好家伙，格斯！你怎么把自己搞得这么脏？"

绵羊长着羊毛，而不是头发。如果你剪下一些羊毛，你妈妈会严厉地呵斥说："格斯，立刻把剪刀给我，你该懂事了。"

你个头太大，不能骑在羊身上。你弟弟当然也不行。他会哇哇大哭，你爸爸会埋怨："格斯，你想什么呢？"

无论你教多久，绵羊都学不会玩滑板。他们也学不会骑车。他们还不会爬树。

你绝不可能把绵羊放进独轮手推车里面。

你也不可能把他们放进小轿车，再大的小轿车也不行。

你可以让绵羊去你家。

他们不会喜欢厨房的。

他们会把地毯当成草，并且会努力地吃掉。

他们还会去嚼你妈妈的兰花。

他们不会吃掉你的弟弟。不过，你弟弟还是会大声哭喊。你妈妈会吃惊地叫道："我们在楼上才不过一分钟。"

你可以告诉他们，这都是你弟弟的错。到头来，你会被赶进自己的房间。这时，你爸会说："格斯，你这次太离谱了。"

之后，你爸爸会来到你的房间并说道："格斯，今天下午不允许你从窗户溜出去和绵羊说话！"

这个研究报告老师是怎么评价的？

B+

老师的评语：字写得有进步，格斯。请转告你的妈妈，感谢她赠送的巧克力和新围巾。

——斯莫林斯基夫人

小学生最初写得研究报告，就是这样的，应该是相当鲜活的。当然，这与成人的研究报告肯定不一样。但没有这种研究报告的写作与喜爱，哪会有后来的规范化研究报告的创新？

我教小学那么多年，只在六年级让学生写一次调查报告。调查内容还不敢做复杂的，只是让学生调查家庭成员读书情况，然后写一篇文章，我也不敢叫读书报告，因为我不能给他们一个规范的格式。英美等国家学生写这些报告性文体，宽泛的要求只限于一二年级，从三年级开始，对这些报告类文体就有了明确的格式规范。

下面是我的学生孙铎菲的作品：

关于家庭成员读书情况调查报告

这是我统计的家庭成员读书情况：

爸爸表示自己也不太清楚，好像挺久没看书了。在我的印象里也是如此，所以我记爸爸一年读书 0 本。

接下来是妈妈。她说自己去年大概看了二十多本书。我回忆了一下，去年看到过妈妈读书的时候的确不少，估摸着就记这一年妈妈读书 25 本。

　　然后是姐姐。姐姐今年初二了，电话那头的她表示一年差不多读 100 本书。以前，经常听老妈说姐姐特别爱看书，果然如此。我立即写下姐姐去年读书 100 本。

　　我自己感觉在同龄人中读书算较少的，一年间少的时候只读六七十本，多的时候 100 多本，我就取了中间数，记去年读书 80 本。

　　这么一比下来，我爸爸是最不喜欢读书的。他平时的时间第一花在工作上，第二花在睡觉上，第三花在网络上。听长辈们说，他从小就不爱学习，更别说读什么课外书了。我也挺"佩服"我爸爸的。

　　在统计中，姐姐是最喜欢读书的。这一点在平时就体现出来了，她的学习成绩一直名列前茅，还非常有气质，有一种大家闺秀的感觉。所以妈妈经常让我好好向她学习。姐姐喜欢读书，跟妈妈也有关系。妈妈是一名初中数学老师，也喜欢读书，也许是她影响了姐姐吧。

　　统计结果进一步地说明，我们家还算不上爱读书的家庭。

　　这是一篇不错的文章，但与真正的调查报告相比，问题就在格式上。有人会说，要求太高了。英美等国家三年级开始，小学生所写的调查报告、研究报告、读书报告、论文等，对格式要求非常严格，有人说这不是教小学生写八股文吗？从格式看，的确像，从内容看，根本不是八股文。这就是说文体格式必须规范。调查报告的格式是怎样的？大概样式如下：

　　1. 规范的标题。基本格式为"××关于××××的调查报告""关于××××的调查报告""××××调查"等。也可以是自由式标题，比如正副题结合使用等。

　　2. 正文。正文一般分前言、主体、结尾三部分。

　　(1)前言。前言一般精练概括、直切主题，能起到画龙点睛的作用。一般要写明调查的起因或目的、时间和地点、对象或范围、经过与方法，以及人员组成等调查本身的情况，说出最重要的问题及结论来等。

　　(2)主体。这是调查报告最主要的部分，这部分详述调查研究的基本情况、做法、经验，以及分析调查研究所得材料中得出的各种具体认识、观点和基本结论。

　　(3)结尾。提出解决问题的方法、建议，或总结全文的主要观点，或提出问题引发人们的进一步思考，或展望前景发出鼓舞和号召等。

　　由于教材中不让学生写调查报告，教材也不会有这样的规范。其实我班学生所写的调查报告，学生也能改成规范化的调查报告。

　　我国台湾地区小学语文教材，编入了非常明确的读书报告、调查报告的格式。教材中明确告诉学生写读书报告、研究报告，后面一定注明资料来源，所用文献必须一一列出。

　　坚持如上几项写作训练，不是用其来指责教材的不足，而是为了让中小学生形成真正的写作素养。教材没有编这些内容，是因为课程标准没有这方面的要求。正在修订的九年义务教育语文新课程标准，假如有了这些内容，教材就会编入。即使没有这些内容，教师也可以在自己班级里实验，在自己的孩子身上实验，请相信他们会因此而爱上写作的。

后记　为了儿童写作素养

20世纪初，我国现代语文教育开始了。一个多世纪来，收效如何？请看下面几段文字：

1942年，改革派领军人物叶圣陶先生说："国文教学几乎没有成绩可说。"

1978年，语言学界泰斗吕叔湘先生在《人民日报》著文评论："十年的时间，2700多课时，用来学习本国语文，却是大多数不过关，岂非咄咄怪事！"

1995年，张志公先生坦承："中国人学自己的语文甚至比学外语还要难，这是说不过去的事！我们这些搞语文的人是要承担责任的。"

2007年，《羊城晚报》记者采访著名作家王蒙，他说，"语文教学和文学解读把孩子教傻了"，"我要是考作文，都能交白卷"。

2007年和2008年，北京大学温儒敏先生分别对北大中文系新生与外校学生调查：学生对中学语文教学不满乃至反感。

2012年，教育部普通高中课标调研组大范围调查：学生对语文教学评价为所有学科倒数第一。

2013年2月1日《中国青年报》撰文《北大教授呼吁：救救语文教育》，北京大学张海霞教授因绝大多数学生文稿不通，批评："这语文都怎么学的？！"疾呼："救救语文教育，救救我们的中华文化。"①

静心思考名家论述，寻找问题的症结是非常必要的。我工作30年了，工作之初教小学数学，接着到教师进修学校教了12年百余遍的《小学语文教材教法》，后来到民办学校、公办学校教了15年的整本书阅读、小学语文课程等。30年间，我把中国小学语文教学史读完了，把我国百年的教学大纲、教学纲要、课程标准读研过了，民国时期语文国文教材读了几套，我还研读过中华人民共和国成立七十年来内地的诸套

---

① 潘新和：《潘新和谈语文教育》，南京，江苏凤凰科学技术出版社，2018。

小学语文教材，另外，还把台湾地区正在使用的三套语文教材（39 本）读完了，香港地区的语文教材也读了几本。我还将正在使用的母语教材与 50 个国家的小学母语教材做过比较研究。我找到了一些原因。

1. 百年课文量呈下降趋势，但下降量还是较少

著名教育家叶圣陶与丰子恺先生主编的《开明语文课本》很有影响。只要读过这套教材的，一个学期学习 42 篇课文，那是清清楚楚的。

我国中小学语文的课文量是怎样的？先说一说 2001 年 9 月至 2019 年 6 月，第一次新课程改革的多套教材的课文量：课文最多的是上海版小学语文教材，很厚的大开本，每学期学 80 篇左右；人教版的教材每学期编了 35 篇左右的课文；苏教版的教材每学期编了 22～26 篇，是全国 14 套小学语文教材中最少的。2016 年 9 月开始，全国使用的统编本教材三至六年级的课文量是每学期 26～28 篇（一二年级算上写字中的课文，一个学期学 24～29 篇课文）。我国台湾地区的语文教材每学期编 12～14 篇课文。

这么多的课文，根本没有办法做到通透之教。用 1～3 课时来学习一篇课文，学生所学的东西一定是肤浅的，想用课文教写作，都没有时间。不管哪位名师之课，永远不能深入其中。

我们的语文教材课文量如果能减少到 10 篇左右，教师用 1～2 周的时间来教，也许课文才能学得通透，作文质量才能提高。

2. 九年义务教育阶段认识 3500 个汉字，量少

在识字量上，《义务教育语文课程标准（2011 年版）》沿用原来的规定："认识 3500 个左右常用汉字。"其中小学是要认识 2500 个汉字。我在教《小学语文教材教法》时就知道"小学认识 2500 个字"的由来，这个数字是对当时的报纸、杂志等做的统计。

现在是智能时代，是大数据时代，现在统计认识多少个字是合适的，比以前任何一个时代都容易。这些年在这方面没有新的调查数据，但不得不说"2500 个字"低了！我国台湾地区的小学生六年学会 3500 个字，比大陆的小学生多了 1000 个字。不得不说，识字量过少，会影响学生的阅读素养、写作素养。

3. 一个人的语文素养形成离不开大量阅读

《义务教育语文课程标准（2011 年版）》继续使用"九年课外阅读总量应在 400 万字以上"，小学六年是"5 万字＋40 万字＋100 万字"，初中是 260 万字，从 2017 年版的高中语文课程标准中看到高中三年的课外阅读量是 300 万字。这个量，无法保证让我们的学生养成读书习惯，让全体学生爱上写作。我认为，九年达到 4000 万字才是科学的，也是可行的。

4. 还没有真正意义的写作教材

衡量一个人的语文素养，大体从一些文章中可以看出。不得不说，中华人民共和国成立七十年来，我们的中小学，特别是九年义务教育阶段，一直没有严格意义上的写作教材。从 2001 年《全日制义务教育语文课程标准（实验稿）》开始，我们是用"写话、习作、练笔、写作"编创教材的。小学一二年级的写话只有几次！习作每学期 8 次，课文及语文园地中的小练笔若干次，初中的写作是每学期 7 次。教材是什么样子？我看过 2006 年上海版的小学语文教材中的写作部分，厚厚的教材，习作部分只有一页，就是 8 个题目，应该说是我国最简单的习作教材。人教版的每学期 8 次习作教材加起来最多 3 页纸，编写方式是上面口语交际几行，下面是习作话题几行。苏教版三年级每学期 8 次习作，四至六年级每学期 7 次习作，每次习作教材 1～4 页纸不等，平均 2.5 页，一册习作教材总量是 16～20 页。现在使用的统编本教材中的习作部分，的确是中华人民共和国成立以来最好的习作教材，第 5～11 册，每册 8 个单元共 8 页纸，第 12 册 6 个单元，共 6 页纸，再加上每册单元习作中 11 页的内容，也就是说统编本习作教材每册也只有 20 页左右。

我研究过许多国家的小学写作教材与教学。很多国家的一次课内写作教材是 6～8 页，非常地细。另外，他们不使用写话、习作、练笔这样的词语。他们从小学一年级起，就叫写作，像"创作"一词也很早出现在小学母语教材中了。我国是 2017 年高中语文课程标准才出现"创作"一词的。

5. 一些能培养学生的写作素养的文体样式被忽略

12 年的语文教材从来不教学生"写书""写诗""写剧本""写读书报告、研究报告、调查报告"。我在第 12 堂课中详细讲述这样的方式，能极大地提高学生的写作兴趣。而小学阶段，好多该讲的文体，要么淡化了，要么窄化了。

6. 课文教学模式单一

茅盾文学奖获得者陈忠实先生在《第一次借书与第一次创作》这篇散

文中这样写道：

上到初中二年级，中学语文老师搞了一次改革，把语文分为文学和汉语两种课本。汉语只讲干巴巴的语法，而文学课本收录的尽是古今中外的诗词散文小说名篇，我最喜欢了。

印象最深的一篇课文是《田寡妇看瓜》，一篇篇幅很短的小说，作者是赵树理。我学了这篇课文，有一种奇异的惊讶，这些农村里日常见惯的人和事，尤其是乡村人的语言，居然还能写文章，还能进入中学课本，那这些人和事还有这些人说的这些话，我知道的也不少，我也能编这样的故事，写这种小说。

这种念头在心里悄悄萌生，却不敢说出口。穿着一身由母亲纺纱织布再缝制的对襟衣衫和大裆裤，在城市学生中间无处不感觉卑怯的我，如果说出要写小说的话，除了嘲笑再不会有任何结果。我到学校图书馆去了，这是我平生第一次踏进图书馆的门，冲赵树理去的。我很兴奋，真的借到了赵树理的中篇小说单行本《李有才板话》，还有一本短篇小说集，名字记不得了。我读得津津有味，兴趣十足，更加深了读《田寡妇看瓜》时的那种感觉，这些有趣的乡村人和乡村事，几乎在我生活的村子都能找到相应的人。这里应该毫不含糊地说，这是我平生读的第一和第二本小说。

我真的开始写小说了。事也凑巧，这一学期换了一位语文老师，是师范大学中文系刚刚毕业的车老师，不仅热情高，而且有自己的一套教学方法。尤其是作文课，他不规定题目，全由学生自己选题作文，想写什么就写什么。这真是令我鼓舞，便在作文本上写下了短篇小说《桃园风波》，大约三四千字或四五千字。我也给我写的几个重要的人物都起了绰号，自然是从赵树理那儿学来的。赵树理的小说里，每个人物都有绰号。故事都是我们村子发生的真实故事，农业生产合作社由初级转入高级，把留给农民的最后一块私有田产——果园也归集体，包括我们家的果园也不例外。在归公的过程中，发生了许多冲突事件，我依一个老太太的事儿写了小说。同样不能忘记的是，这是我写作的第一篇小说，已不同于以往的作文。这年我十五岁。①

这几段文字给予我许多思考：一是课文的选择要能唤醒学生知道这篇文章自己也能写，二是课文教学之后要能让学生走进图书馆借书去

---

① 陈忠实：《人生就是欢声和泪盈》，贵阳，贵州人民出版社，2018。

读，三是课文及整本书的阅读之后能引导学生真正地写起来。这种通透式课文学习模式，是科学的母语学习模式。在这条路上，还看不到多少教师和学生。

7. 习作、写作教学方法陈旧

读曹勇军、傅丹灵合著的《中美写作教学对话十五讲》才知道我国的中学的写作教学现状，那就是我国的中学写作教学在广泛使用着"宿构""套作"。2019 年高考，三套全国卷的写作要求中，都提到了不要"套作"。很庆幸，我读初中、师范时，没有这两个词，我的语文老师没有用这两个词来教我，要是教我，我肯定无法爱上写作。

什么是"宿构""套作"？简单地说，就是教师让学生在大脑中存一些文章（其实也是死记硬背下来的），中考、高考时，灵活根据写作要求，看看套哪一篇合适，略加改动，就可以了！

这样的写作教学，在中学是相当普遍的。好处在哪里？中考、高考作文得分不会低，有时还会很高。

8. 对背诵的要求不宜过高

对于死记硬背，我坚决反对。看现在的小学语文试卷，考死记硬背的题实在是太多了。世界上没有哪个国家的母语试卷会考"根据课文内容填空"，并且占分那么多！另外，看我们的统编本小学语文教材，要求学生背诵的东西是历年来教材中最多的。有人说，教材可没有用死记硬背这个词，是的，的确没有用。但因为有了"背诵"的要求，不死记硬背行吗？有教授说，死记硬背是个伪概念，我是坚决反对这种错误的认知。何为死记硬背？课堂上背、上课前背，背了之后反复检查，然后听写，错了要罚抄几遍，再听写。一首古诗所用的总时间，得好几个小时。这是简单的"背诵"吗？这是真的为了孩子核心素养的教学吗？

其他国家的母语教学是不是也如此背诵呢？他们对此是怎么认识的？例如，在美国每个学校都强调教学要培养"高层次思维"。高层次思维包括：想象性思维、创造性思维、逻辑性思维、辩证性思维和批判性思维。思维是一步一步发展的，这些从小就要开始培养。其中批判性思维是最高级别的思维。在思维方式和思维品质的培养上，美国特别重视站在别人的角度看问题的"他者思维"的培养，就是要站在他人的立场上替他人想一想：如果你是穷人，你怎么想；如果你是领养的，你又怎么想——这是美国一般教师就有的思维习惯，教学中很常见也很普遍。比如"小红帽和狼外婆"的故事，就不能仅仅从小红帽的角度去想，还要从狼外婆的角度去想，不能只从一个角度看问题，不能太以自我为中心，还要尊重他人，培养一种理解他人、尊重他人的同理心。而这种思维训练还又与想象力的培养以及无处不在的合作精神的培养等结合起来。不仅培养批判性思维，更从全面的人、完整的美德的培养上着眼。

我们中小学语文课堂，要不要高阶思维？高校里有专家反对，他们说：小学生是记忆的黄金期，就应该多背诵，甚至认为13岁之前背诵什么一辈子就怎么怎么样，背一部《老子》胜过万卷童书……对这些观点，实在不想反驳了！现在小学那么多的背诵，期中、期末考试卷中那么多的"根据课文内容填空"，在小学一年级至六年级的试卷中，高阶思维的题一个都看不到，多少阅读理解题出得毫无意义。六年不做不考创造力的题，批判性思维、创造性思维，数年看不见！可怕不可怕？所幸统编本教材中有了一些想象训练，但还是有所限制。

低层次思维的事最好做，高阶思维的事是非常难做的，但难的都不去想，都不去做，一年又一年，一个民族，一个国家，创新力还会有多少呢？不对比，不思考，不研究，不实践，我们的阅读与写作课堂就只能在低层次的水平上徘徊。

9. 中小学的图书馆对学生的开放度不够

任选一个市县，走进其所有的中小学学校图书馆看一看，你会发现很多很多学校的书非常新。无数的小学不能分年级建立图书馆，没有给学生建立"图画书馆（绘本馆）""桥梁书馆""童书馆"。无数所学校的图书馆里的书不能按时按需搬入班级中，因为安全，学校图书馆开放的时间非常有限。周末、寒暑假的学校图书馆都是大门紧锁！

……

如上问题，不是一时半会儿能解决的。等待解决后再教，不现实，也不可以。在班级中实践起来，才是最重要的。

2019年秋季开始，全国小学生都用统编本教材了。如何让我的写作课堂风生水起，如何构建我的小学写作教学，这是必须抓紧做的事。在我力所能及的时空里，想尽办法解决上面的问题，在不断地实践中，把12堂有长有短的课汇集在一起，但愿能给一线教师一点启示。我把初稿给了我最要好的几位全国名师，请他们给我的小书美颜、美言，我占用了全国名师、挚友管建刚兄、何捷兄、丁素芬女士很多时间，真的过意不去，他们的赞美让我想不到语词来回谢了。感谢，感恩！

孙昕主编从未谋面，书稿发去，孙主编立即把伊师孟老师介绍给我。与伊老师好像没有任何距离，好像多年的朋友一样，居然熟悉了。伊老师拿到书稿，一直夸奖我。这是我从来都没有遇见过的编辑！当伊老师告诉我论证通过，我只能简单地发给伊老师"感恩、感谢"字眼。感谢孙主编、孟老师！感谢北京师范大学出版社的编辑老师们！

思来想去，唯有不停止读好书，教好书，写好书，才能对得起大家！

高子阳

2019 年 6 月 18 日

参考文献

[美]于尔根·沃尔夫．创意写作大师课．史凤晓，刁克利，译．北京：中国人民大学出版社，2013.

[美]斯蒂芬·克拉生．阅读的力量．李玉梅，译．乌鲁木齐：新疆青少年出版社，2012.

[英]Peter Frederick．有说服力的写作：驾驭文字的艺术．樊旺斌，译．北京：机械工业出版社，2013.

王爱娣．美国语文教育．桂林：广西师范大学出版社，2007.

高子阳．儿童写作教学新论．西安：陕西人民教育出版社，2012.

[美]吉姆·崔利斯．朗读手册 I．沙永玲，麦奇美，麦倩宜，译．海口：南海出版公司，2009.

[美]吉姆·崔利斯．朗读手册 II．梅莉，译．海口：南海出版公司，2011.

[美]多萝西娅·布兰德．成为作家．刁克利，译．北京：中国人民大学出版社，2011.

朱晓进主编．著名特级教师思想录（小学语文卷）．南京：江苏教育出版社，2012.

潘新和．潘新和谈语文教育．南京：江苏凤凰科学技术出版社，2018.

[美]戴维·珀金斯．为未知而教，为未来而教．杨彦捷，译．南京：浙江人民出版社，2015.

李家同．大量阅读的重要性．北京：中国人民大学出版社，2012.

曹勇军，傅丹灵．中美写作教学对话十五讲．上海：上海教育出版社，2018.

[美]詹姆斯·斯科特·贝尔．如何创作炫人耳目的对话．修佳明，译．北京：中国人民大学出版社，2016.

[美]卡伦·坦珂斯莉．教会学生阅读：策略篇．王琼常，古永辉，译．北京：教育科学出版社，2008.

陈忠实．人生就是欢声和泪盈．贵阳：贵州人民出版社，2018.

中华人民共和国教育部．义务教育语文课程标准(2011 年版)．北京：北京师范大学出版社，2012.

温儒敏主编．义务教育教科书语文(一至六年级)．北京：人民教育出版社，2019.

王露．聚焦"观察"，学习表达——统编版语文三年级上册习作单元教材解读与教学建议．小学教学研究，2018(10).

施黎明.《我来编童话》文本教学解读及教学活动设计．小学语文教师，2018(10).

黄国才．读懂教材　用好教材——统编教材三年级下册教学建议．小学教学(语文版)，2019(3)